教师教育资源库丛书

- 安徽省高校人文社科重点研究基地2014年重点招标课题《基于教师教育课程标准的实践性课程资源库建设研究》研究成果
- 安徽省高等教育2013年、2014年振兴计划重大教学改革研究项目《（教师专业标准）框架下的教师教育研究》（2013zdjy131）、《师范院校与中小学“无缝对接”教师教育模式建构与实践》（2014zdjy099）研究成果
- 安徽省高校人文社科重点研究基地合肥师范学院教师教育研究中心2014年规划项目研究成果
- 安徽省教育科学规划专项课题——“翻转课堂”在中学理科教学中的实践研究成果，研究生教育教学改革项目——中学物理 “翻转课堂”教学模式的实践研究成果。
- 本书出版得到安徽省基础教育改革与发展协同创新中心资助

- 安徽省高校人文社科重点研究基地2014年重点招标课题《基于教师教育课程标准的实践性课程资源库建设研究》研究成果

物理课
教学设计经典案例研究

主　编　王从戎

副主编　杨思锋　顾江鸿　万德华

李效锋　杨　全

U0949828

WUHAN UNIVERSITY PRESS

武汉大学出版社

图书在版编目(CIP)数据

物理课教学设计经典案例研究/王从戎主编.—武汉:武汉大学出版社,2015.6
教师教育资源库丛书
ISBN 978-7-307-15821-4

Ⅰ.物…　Ⅱ.王…　Ⅲ.中学物理课—教学设计—案例　Ⅳ.G633.72

中国版本图书馆 CIP 数据核字(2015)第 103150 号

责任编辑:范绪泉　　责任校对:汪欣怡　　版式设计:马　佳

出版发行:**武汉大学出版社**　(430072　武昌　珞珈山)
(电子邮件:cbs22@whu.edu.cn 网址:www.wdp.com.cn)
印刷:武汉珞珈山学苑印刷有限公司
开本:787×1092　1/16　印张:13　字数:301 千字　插页:1
版次:2015 年 6 月第 1 版　2015 年 6 月第 1 次印刷
ISBN 978-7-307-15821-4　定价:35.00 元

版权所有,不得翻印;凡购买我社的图书,如有质量问题,请与当地图书销售部门联系调换。

教师教育资源库丛书

编委会名单

安徽省高校人文社科重点研究基地
合肥师范学院教师教育研究中心
组编

顾　问　朱旭东　杨世国

主　任　吴昕春

副主任　宋冬生

主　编　李继秀

副主编　胡　昂　孙晓青

编委会成员（按音序排列）：

操申斌　郭要红　胡　昂　李继秀

李友银　卢翠霞　刘晶辉　钱立青

孙晓青　唐　洁　吴秋芬　杨思锋

张　峰　赵　杰　殷世东　吴桂翎

吴忠霞

总　序

2012年，为落实教育规划纲要，构建教师专业标准体系，建设高素质专业化教师队伍，教育部研究制定了《幼儿园教师专业标准(试行)》《小学教师专业标准(试行)》、《中学教师专业标准(试行)》(三者以下都简称《专业标准》)和《教师教育课程标准》。

2014年教师节前夕，习总书记在同北京师范大学师生座谈时指出，百年大计，教育为本；教育大计，教师为本。努力培养造就一大批一流教师，不断提高教师队伍整体素质，是当前和今后一段时间我国教育事业发展的紧迫任务。一流教师是有理想信念、道德情操、扎实学识、仁爱之心的教师。为了培养造就一流教师，我们要建设高质量、公平、开放、灵活、一体化和专业化的教师教育体系，加大对师范院校支持力度，找准教师资格制度、教师教育课程、师范生实践能力培养等教师教育改革的突破口和着力点，不断提高教师培养培训专业化水平。

面对“以能力培养为导向”的教师教育需求，《教师教育资源库丛书》陆续面世了，丛书是由安徽省高校人文社科重点研究基地合肥师范学院教师教育研究中心组编的，是2013年、2014年安徽省振兴计划重点教研课题、省级研究基地重点招标课题和基地规划课题的研究成果，是教师教育研究中心与校教务处、学科教学论教研室、教师教育学院部分教师通力合作、认真研究的成果，也是学校在教师教育研究中第一次出现的多部门、跨学科协同研究，至此感谢一群志同道合的研究者们。值得欣慰的是，此套丛书的问世或许能够更好地突出学校师范教育悠久的历史和优势，更好地彰显学校的办学定位：“师范性、应用型”，更好地服务于在我国即将开始的“全面启动实施卓越教师培养计划”(2014年8月，教育部颁布了《关于实施卓越教师培养计划的意见》[2014]5号)，更好地服务于职前职后基础教育教师的培养培训。

第一批出版的丛书由11本既相对独立又相互关联的分册组成。它们是：姜忞的《语文课教学设计经典案例研究》、张新全的《数学课教学设计经典案例研究》、蒋道华的《英语课教学设计经典案例研究》、王从戎的《物理课教学设计经典案例研究》、姚如富的《化学课教学设计经典案例研究》、傅文茹的《思想品德课教学设计经典案例研究》、梁占歌的《体育与健康课教学设计经典案例研究》、马晴的《美术课教学设计经典案例研究》、汪昌华的《先学后教课堂教学模式典型教学课例研究》、李继秀的《中小学回溯——以成长的故事感悟教师》、翟莉的《优秀教师成长案例及教育故事研究》。有的分册实行双主编制，一部分来自高师院校长期从事学科教学论研究和教育理论研究的教师，另一部分来自基础教育一线的教研员或优秀教师。丛书的立足点是基于教师专业标准、教师教育课程标准、符合基础教育课程改革特质，旨在实现理论与实践的结合、高师院校与基础教育学校的结合，使我们正在培养的未来教师能够最直接、最具体、最真实地感受到基础教育学校经常发生的事，感受教师这个职业所需要的专业理念与师德——职业理解与认识、对待学生的态度与行为、教育教学的态度与行为、个人修养与行为，所需要的专业知识——学生发展知识、学科知识、教育教学知识、通识性知识、教育教学设计知识，以及所需要的专业能力——教学组织与实施能力、激励与评价能力、沟通与整合能力、反思与发展能力。也希望未来的教师们形成理论联系实际的思维和习惯，在离开母校后既能规范熟练地掌握教育教学技能，又能保持对理论的兴趣，穿行于理论与实践之中，形成难能可贵的教师思维，获得持续的专业成长力。

《语文课教学设计经典案例研究》、《数学课教学设计经典案例研究》、《英语课教学设计经典案例研究》、《思想品德课教学设计经典案例研究》、《体育与健康课教学设计经典案例研究》、《美术课教学设计经典案例研究》、《化学课教学设计经典案例研究》、《物理课教学设计经典案例研究》每本书 20 万字左右，分两部分。第一部分是理论分析。阐释现代学习理论、教学理论指导下的各学科教学设计所必需掌握的中小学课程改革理念、课程标准、教师专业标准、教学设计的要求，为学科教学设计铺垫学理基础。第二部分是经典教学设计案例及点评。每学科选取 20 个省内外名师和近年来获得省(市)级以上教学大赛一等奖的教学设计经典案例进行分析研究，案例以初中为主，兼顾小学。各学科教学设计在内容上兼顾不同题材的教学案例，如：语文教学是以阅读教学为主，兼顾拼音教学、识字写字教学、写作教学、口语交际教学等。选择的案例以人教版和苏教版为主，案例点评力图以简约的形式对该教学设计的内容、格式、特色等进行梳理，为读者学习、模仿指明路径。之后我们将继续推出生物、历史、地理、音乐学科的教学设计经典案例研究，以覆盖中小学各学科，成为师范类各专业学生教学设计技能培养时的指定教材、必读案例。

《先学后教课堂教学模式典型教学课例研究》一书对中小学课堂教学经典案例进行编写与评析，是一本关于师范院校教学论与学科教学法课程的辅助教材。在对教学模式基本理论进行研究的基础上，在理论研究的导引下，对先学后教(或以学定教)教学模式进行了学科化的实践探索。建立主干学科语文、数学、英语、政治学科主要内容领域的先学后教教学模式典型课例(教案)，也就是目前在全省很多学校推行的学案。通过主干学科课堂教学模式的典型课例研究，推进教学改革，建立“减负增效，高效课堂”，实施素质教育，提高教师对基础教育课程改革的适应性。

《中小学回溯——以成长的故事感悟教师》由 100 多篇短文构成。短文是从我校教师教育学院、中文、英语、数学、物理、化学、生物、体育、美术、音乐等教师教育专业学生作品中精心挑选出来的。文中学生用自己的成长经历，结合所学的教育理论，讲述了自己的故事，感悟教师职业，他们深深体会到“将来我会像我老师那样……”、“将来我不能像我老师那样……”、“教师的一句话、一个点头、一个微笑……终生难忘……改变我的一生……”。其文字朴实，字里行间体现出学生的真情实感。每篇学生的作品都配有教育学、心理学专家的精彩点评。

《优秀教师成长案例及教育故事研究》精选了教师教书育人和自我专业发展过程中具有真实性、典型性和启发性的故事和案例。其中有我校杰出校友的故事和案例 4 例。教育案例是连接教育理论和教育实践之间的桥梁，能够让师范生在真实生动的教育实践中领悟抽象的教育理论，感悟教育情境、培养教育信念、习得教育智慧，学会像专家型教师那样思考教育问题、规划教师的自我成长。

书稿也是建立在对教师培养规律研究基础上的。如果把教师发展阶段分为“培养、任用、培训”三个阶段，那么高师学生属于“培养”阶段，这个阶段关于未来教师角色是模糊的印象。庞大、复杂的教育理论对于师范生来说是抽象的，没有同化吸收的“根基”，难以建立起有效的知识体系，更谈不上应用。到了实习阶段，他们开始关注自己的能力，诸如怎样当教师？怎样做班主任？如何走向讲台？教什么？怎么教？甚至直接关注自己未来的职业竞争力，就业应聘能力等问题。此时的师范生进入快速“专业成长期”，整个学习生活发生了重大变化：从只关心专业学科知识到关注中小学教材；从关心教材内容到熟悉课标、把握教材重点、难点；从关注学的方法到关注教的方法；从书本知识到教案的内容；从自己懂到学生懂；从知识技能到过程方法、情感态度价值观；从理论到经验、生活、动手实践；从知识本位到学生本位；从结果到过程；从只关注如何在有限的时间内把知识讲完、是否能控制课堂、是否能被学生接受、受学生欢迎、自己课堂上的表现到关注把内容讲深、讲透、讲活、关注教学情景的创设、教学活动的设计、关注学生的主动主体、参与互动等。虽然这些要求、环节要在“培养、任用、培训”几个阶段有重点地逐步实现，但是对于高师生来说，这个过程来得很快，脚步急促。因为只要走上讲台，只要扮演起教师的角色，就要像个教师的样子，就希望自己成功、有效、优秀。

《教师教育资源库丛书》将有效地帮助高师学生将“模糊”的教师形象逐渐清晰起来；寻找到教育理论学习的“根基”，建立起理论联系实践的桥梁；在模仿与感悟中快速入轨，形成教师必备的专业信念与理想、知识与能力，形成职业竞争力和就业应聘能力。

本丛书满足我国基础教育改革对教师培养、培训的要求，适应中小学教师专业标准下的高等师范院校教师教育课程改革的需要。

本丛书在写作过程中参考、引用了国内外有关研究成果和文献资料，在此对这些著作权人和作者表示敬意和感谢。

本丛书得到了省教育科学研究院学科教研员的审阅，在此表示感谢。

由于我们水平的限制，本书的不足和问题一定存在，敬请各位同仁和读者提出宝贵意见和建议。

2015 年 5 月

引　言

教学设计就如同一张行军地图，如果不参考这张地图，就不能顺利实现从出发地到目的地的行程。同理，如果教学不按照一定的设计与计划进行，就不能顺利地完成预定教学任务。

教学设计亦称教学系统设计，它把课程设置计划、单元教学计划、课程教学过程、媒体教学材料等看成不同层次的教学系统，并将其作为它的研究对象。它是依据对学习需求的分析，提出解决问题的最佳方案，使教学效果达到优化的系统决策过程。

教学设计对学科教学产生了很大影响，主要体现在以下几个方面：(1)教学设计有利于教学工作的科学化、系统化。教师根据教学设计理论，可以系统地科学地将教学目标、教学内容、教学条件及学生条件等各种因素有机整合，使教学更有效果。(2)教学设计有利于发展和完善教师业务素质结构。在教学设计过程中，一方面，它可以促使教师认真学习教学设计理论，提高自己的理论水平和优化知识结构；另一方面，它促使教师从具体的教学实践中不断总结经验，丰富教学设计的内涵。(3)教学设计有助于教师的知识共享。

教学设计案例是具有示范意义和研究价值的教学实例。它在转变教师的教学观念、变革学生的学习方式、开发学生的智慧潜能、提升学生的情感态度、张扬学生的创新精神等方面能给人以深刻启示。案例(或疑难问题)讨论能促进从理论到实践的转移。这种方法最早应用于律师与医生的培养。20世纪70年代以后，案例讨论被移用到教师培训中来，现已发展为课例学习(Lesson Study)。

教学设计能力培养是落实《中学教师专业标准》和《教师教育课程标准》的要求，通过教学设计理论的系统学习、教学案例的研读，无论是对师范生的教学能力培养，还是对新进教师的入编考试和教师进修研读，都是必要的学习材料。

本书安排两大模块：理论探讨篇和经典案例篇。理论探讨篇分为三部分：教学设计的含义及类型、现代教育理念下的物理教学设计、中学物理典型课型的教学过程设计。经典案例篇主要通过收集、整理近期获得优秀教学设计大赛的案例以及专家的案例分析与点评，分为初中和高中两部分。其目的是提供这些优秀教学案例，供读者研读和分析，获得启迪，产生共鸣。一方面可以提供师范生初学者了解教学设计的理论、典型案例的教学设计分析，掌握教学设计的基本方法和步骤、了解不同课型的教学设计的特点。另一方面也可以供进修教师和教育硕士通过典型案例的研究，拓展思维，提升教学能力和教研能力。

师范教育如何适应当前国家教育部提倡的专业技能型人才培养的需要，如何落实“三新三会”的培养目标。针对这些，本人认为师范教育的模式、教师教育的课程设置的改革已迫在眉睫。不能躺在传统教学模式上一成不变，过多强调理论学习，学不致用。一方面不能满足一线教育对师范生的培养要求，另一方面也不能适应现代教师选聘的需要。对此，进行一些理论课程的改革：诸如开设了许多与实践相结合的课程，有《物理教学设计与有效教学》、《中学物理课程标准与教材研究》、《教学技能训练》、《中学物理实验》等。这些课程的开设无疑为学生们的未来专业发展打下了坚实的基础。但是，我们发现学生缺乏实际教学的经验。经过研究，我们发现教学设计案例研究可以弥补学生的经验不足，尽管我们目前开设的这些教师教育类专业课程都与教学设计有关联，但是实际教学中，我们又缺乏典型的教学设计案例分析与研究。这次教师教育研究中心的这个课题，正好可以填补这方面的空白。因此，我们组织了省内外高校教师、省市教研员及一线中学名师参与编写此书。

鉴于编者经验、水平有限，加之时间仓促，书中难免存在疏漏或不妥之处，恳请读者提出宝贵意见。

王从戎

2015 年 5 月

目　录

上编　理论探讨篇

下编　经典案例篇

上编　理论探讨篇

第一章　物理教学设计概述

一、教学设计的含义及类型

（一）教学设计的含义

教学设计是以学习理论、传播理论等为基础，应用系统科学的方法来研究教学过程，综合考虑教学过程中的多种因素，在分析课程标准、教材内容、学生特征的基础上确定学习需要，从而制定学习目标，根据学习内容的类型选择相应教学策略、设计教学模式、进行教学评价，从而实现教学过程的最优化①。

教学设计亦称教学系统设计，它把课程设置计划、课程大纲、单元教学计划、课程教学过程、媒体教学材料等看成不同层次的教学系统，并将其作为它的研究对象。它是依据对学习需求的分析，提出解决问题的最佳方案，使教学效果达到优化的系统决策过程②。

教学设计的最大优势是克服了传统备课中对教学状态的直觉描述，凭经验教学，教师的职业能力的提高全凭个人摸索的缺陷，能够充分利用人类对教育教学所积累的丰富知识，对新教师的迅速成长也是一条捷径。

戴维·梅瑞尔(David Merrill)等在《教学设计的回归》中界定的教学设计概念，引起了人们的普遍关注。文中指出："教学是一门科学，而教学设计是建立在这一科学基础上的技术，因而教学设计也可以被认为是科学型的技术(science-based tachnology)。"③

教学设计就如同一张行军地图，如果不参考这张地图，就不能实现从出发地到目的地的行程。同理，如果教学不按照一定的设计与计划进行，就不能顺利地完成预定教学任务。对教学设计的进一步理解可以从以下几个方面展开：

第一，教学设计旨在创设一个有效的教学系统，教师在分析教材和了解学生心理特征的基础上，通过精心设计教学程序、制定教学过程、课程教学实施、教学反馈等过程，完成预期的教学任务，帮助学习者达到预期的学习目标。

第二，教学设计可以在不同层面上进行。第一类是宏观教学设计。它往往从改造教育、社会与人的发展之间的关系入手，致力于推进面向新世纪、培养新人才的教学体制改革。第二类是中观教学设计。主要是从学科或若干单元层面上进行。从这个意义上说，中

① 王建中．中学物理教学设计与案例研究．北京：科学出版社，2012：3.
② 阎金铎，等．中学物理教学概论．北京：高等教育出版社，2003：186.
③ 盛群力，李志强．现代教育设计．杭州：浙江教育出版社，2000：53.

观教学设计实际上等同于“课程设计或课程开发”，也可被称为“学科教学设计”。第三类就是微观教学设计。微观教学设计主要是对某一门学科的单元、模块和课时，甚至还可以包括教学片段的设计。微观教学设计的面最广，应用最普遍，也是广大教师课堂教学实施的有效系统工程。

第三，教学设计对学科教学产生了很大影响，主要体现在以下几个方面：(1)教学设计有利于教学工作的科学化、系统化。教师根据教学设计理论，可以系统科学地将教学目标、教学内容、教学条件及学生条件等各种因素有机整合，使教学有序高效。(2)教学设计有利于发展和完善教师业务素质。在教学设计过程中，一方面，它可以促使教师认真学习教学设计理论，提高自己的理论水平和优化知识结构；另一方面，它促使教师从具体的教学实践中不断总结经验，丰富教学设计的内涵。(3)教学设计有助于教师间的知识共享。

(二)教学设计的类型

教学设计是一项多因素、多侧面、多层次、复杂的系统工程。就其规划的作用来分，可以分为两大类。

1. 宏观设计

教学的宏观设计在于解决教学的总体规划，制订教学体系的远景蓝图，以及解决教学的宏观方法问题。教学宏观设计主要包括四个方面。

(1)制订课程计划。课程计划是培养各级各类人才的总体规划。课程计划的制订要从培养各种人才的需要及各种人才成长的规律出发，全面安排学生有效学习的课程数量、学习活动方式、课时安排与分配(包括课堂教授和实验操作的配合)等，才能从整体上保证教学系统的正常运转。

(2)制订课程标准。课程标准是根据课程计划中规定的各门课程的目的、任务而制订的各种教学纲领性文件。课程标准的制订要依据本学科在培养各级各类人才中的地位与作用，确定本学科在造就各种人才方面的目标和任务；要依据实现各种教学目标的需要，以纲领的形式规定各科所需要传递的知识、技能、策略。

(3)编选教材。所谓教材，就是通常说的教科书或课本，也包括讲义、讲授提纲、参考书、辅导材料等。教材是直接实现教学目标的工具和手段，因此，在依据课程标准编写教材时，一要切实符合各级各类人才的培养规格；二要充分反映学习规律，以利于各种人才的迅速造就；三要妥善处理教材本身的内在逻辑要求与学习规律的要求，以提高教学成效；四要注意教材的科学性和思想性。

(4)制订教学成效考核的办法。教学成效的考核在于了解学生的学业成绩，了解教学目标的实现状态，并对今后的教学活动进行调整。教学成效的考核将在下一章具体阐述。

2. 微观设计

教学的微观设计是指确定教学活动的计划以解决教学的短期规划问题。这种设计是针对一个课题或单元进行的，属于一种短期规划。教学的微观设计主要包括六个步骤：(1)确定教学目标，即确定教学结束时所要达到的状态；(2)了解学生的准备状态，即了解学生原有水平；(3)制订教学程序计划，包括安排教学过程、内容，确定教学的组织形式，选择教学的方式方法及传递经验的媒体；(4)进行教学活动，即执行教学程序计划；(5)确定教学成效考核的内容及方式，以确切了解教学的实际效果；(6)对教学成效作出确切的评价，并对教学是否需要继续作出判断。

上述教学微观设计中的六个步骤在教学系统中是相互联系、相互制约的连续步骤。其中确定教学目标和了解学生的准备状态是制订教学程序计划的前提；教学程序计划是改变学生原有状态，实现教学目标的规划；教学活动是教学程序计划的执行过程，即实际实现教学目标的过程；考核与评定是对教学活动成效的鉴定，是对教学活动计划是否完成及是否需要修改的检查。可见，教学活动是一项十分复杂而又艰巨的系统工程。

二、教学设计模式

(一)教学设计的典型模式

1. 肯普模式①

这一模式由肯普(J. E. Kemp)在1977年提出，后来又经过多次修改才逐步完善(见图1.1)。该模式的特点可用三句话概括：在教学设计过程中应强调4个基本要素，需着重解决3个主要问题，要适当安排10个教学环节。

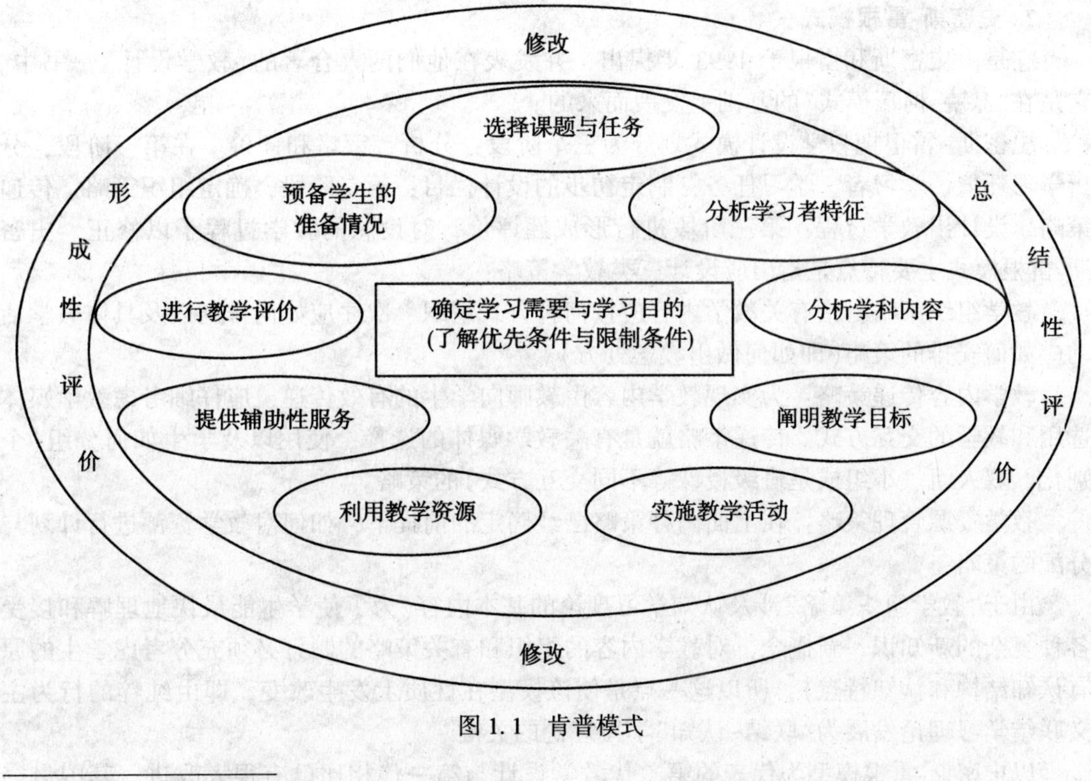

图1.1 肯普模式

① 王建中．中学物理教学设计与案例研究．北京：科学出版社，2012.

(1)4 个基本要素。这是指教学目标、学习者特征、教学资源和教学评价。肯普认为，任何教学设计过程都离不开这四个基本要素，由它们即可构成整个教学设计模式的总体框架。

(2)3 个主要问题。肯普认为任何教学设计都是为了解决以下三个主要问题：① 学生必须学习到什么(确定教学目标)；② 为达到预期的目标应如何进行教学(即根据教学目标分析确定教学内容和教学资源，根据学习者特征分析确定教学起点，并在此基础上确定教学策略、教学方法)；③检查和评定预期的教学效果(进行教学评价)。

(3)10 个教学环节。这是指：①确定学习需要和学习目的，为此应先了解教学条件(包括优先条件与限制条件)；②选择课题与任务；③分析学习者特征；④分析学科内容；⑤阐明教学目标；⑥实施教学活动；⑦利用教学资源；⑧提供辅助性服务；⑨进行教学评价；⑩预测学生的准备情况。

为了反映各环节之间的相互联系、相互交叉，肯普没有采用直线和箭头这种线性方式来连接各个教学环节，而是采用如图所示的环形方式来表示 ID 模式。图中把确定学习需要和学习目的置于中心位置，说明这是整个教学设计的出发点和归宿，各环节均应围绕它来进行设计。各环节之间未用有向弧线连接，表示教学设计是很灵活的过程，可以根据实际情况和教师自己的教学风格从任一环节开始，并可按照任意的顺序进行；图中的“形成性评价”、“总结性评价”和“修改”在环形圈内标出，这是为了表明评价与修改应该贯穿在整个教学过程始终。

2. 史密斯-雷根模式

它是由史密斯和雷根于 1993 年提出，并发表在他们两人合著的《教学设计》一书中。它是在“狄克-柯瑞模式”的基础上发展而来的。

史密斯-雷根把教学设计模式划分为三个阶段：分析、策略和评价。在第一阶段，分析学习环境、学习者、学习任务，制定初步的设计栏目；第二阶段，确定组织策略、传递策略，设计出教学过程；第三阶段进行形成性评价，对设想的教学过程予以修正。史密斯-雷根模式主要特点是指出应设计三类教学策略：

教学组织策略：指有关教学内容应按何种方式组织、次序应如何排列以及具体教学活动应如何安排的策略(即如何做出教学处方)。

教学内容传递策略：为实现教学内容由教师向学生的有效传递，应仔细考虑教学媒体选用和教学的交互方式。传递策略就是有关教学媒体的选择、使用以及学生如何分组(个别化、双人组、小组或是班级授课等不同交互方式)的策略。

教学资源管理策略：在上面两种策略已经确定的前提下，如何对教学资源进行计划与分配的策略。

由于“教学组织策略”涉及认知学习理论的基本内容(为了使学生能最快地理解和接受各种复杂的新知识、新概念，对教学内容的组织和有关策略的制订必须充分考虑学生的原有认知结构和认知特点)，所以这一点是使该模型在性质上发生改变，即由纯粹的行为主义联结学习理论发展为“联结-认知”学习理论的关键。

以史密斯-雷根模型为代表的第二代教学设计与第一代相比已有很大改进，其中最突出的是：明确指出应进行三类教学策略的设计，并把重点放在教学组织策略上，而教学内容的组织和有关策略的制订必须充分考虑学生原有的认知结构，这就与认知学习理论密切相关。由于教学组织策略可进一步分成“宏策略”和“微策略”两类，这两类策略目前均有较成熟理论研究成果（ET 和 CDT））可直接引用，这就为以史密斯-雷根模型为代表的 ID2 的推广应用创造了条件（见图 1.2）。可见，理论基础较牢固是 ID2 的主要优点。

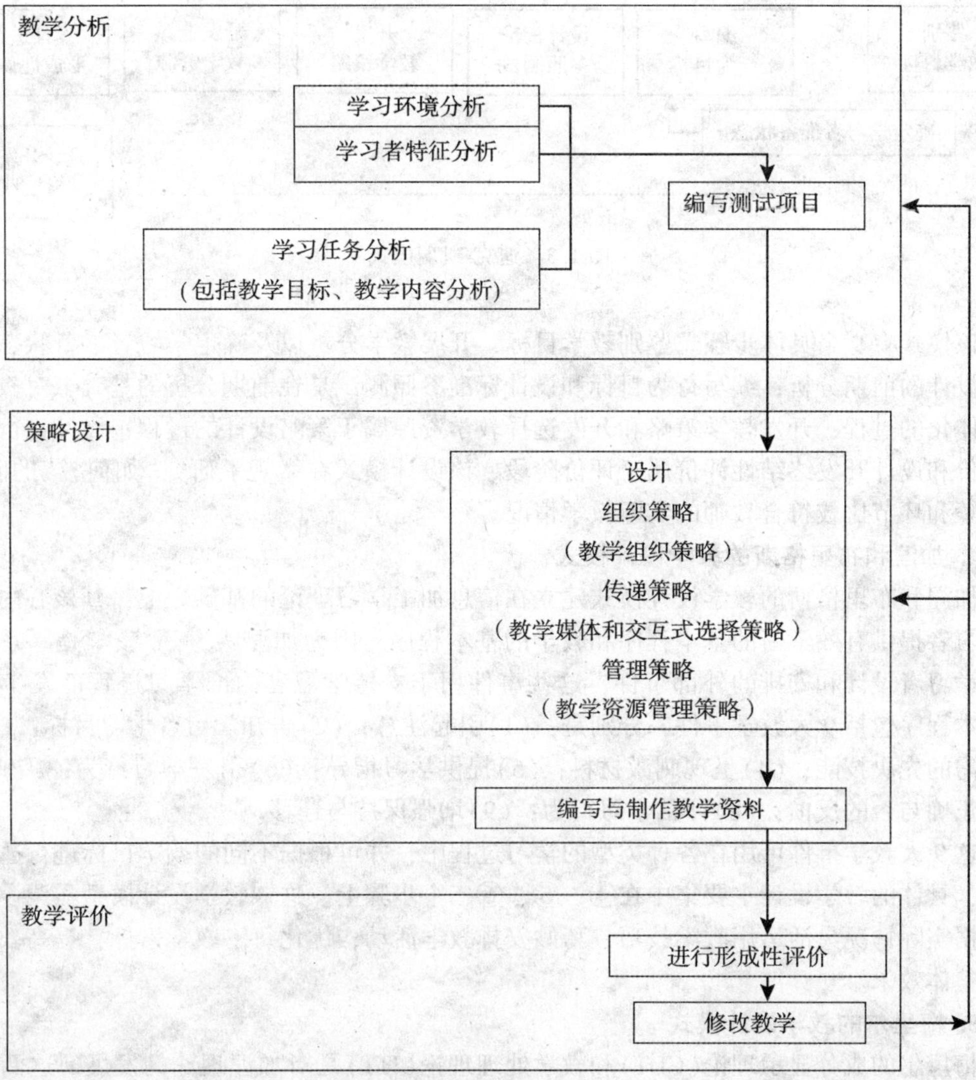

图 1.2　史密斯-雷根模式

3. 迪克和凯瑞的教学设计模式①

迪克和凯瑞的教学模式，从确定教学目标开始，到终结性评价结束，组成了一个完整的教学系统开发过程，得到普遍的应用。如图 1.3 所示。

① 王较过．中学物理教材研究与教学设计．西安：陕西师范大学出版社有限公司，2014：122.

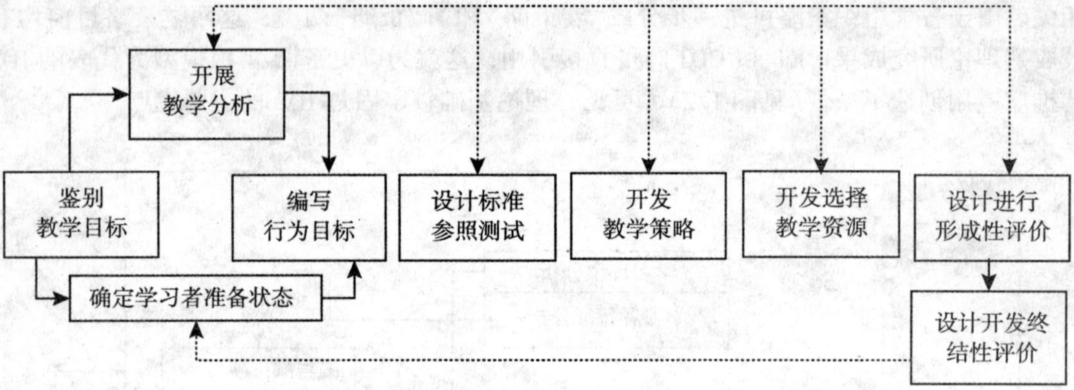

图 1.3 迪克-凯瑞模式

该模式有 9 个具体步骤。鉴别教学目标、开展教学分析以及确定学习者准备状态属于教学设计的前期分析；编写行为目标和设计标准参照测试是在前期分析的基础上对教学目标具体化的过程；开发教学策略和开发选择教学资源属于策略设计的过程；设计进行形成性评价和设计开发终结性评价属于评价阶段。该设计模式在微观上研究"如何教"的问题，其步骤和环节比较符合教师的实际教学情况。

4. 加涅和布里格斯的教学设计模式

加涅和布里格斯的教学设计模式建立在信息加工学习理论的基础之上，其核心内容是为学习者提供有效学习的基本程序和教学的基本程序。因为加涅认为，"教学是一系列精心为学习者设计和安排的外部事件，这些事件用于支持学习者内部学习过程的发生。"这一基本程序包括 9 大教学事件，分别是：(1)引起注意；(2)告知学习者学习目标；(3)回顾所需的先决技能；(4)呈现刺激材料；(5)提供学习指导；(6)引发学习行为；(7)提供行为正确与否的反馈；(8)评估学习行为；(9)增强保持与迁移。

这 9 大教学事件可用在各种类型的学习过程中，并可根据不同的教学目标进行适当的调整，具体的教学设计主要集中在④、⑤、⑥三个步骤上。这一教学设计模型强调设计者要根据实际情况灵活运用教学技巧，巧妙安排教学活动，优化每一教学事件，提高教学活动的整体效果。

5. 梅里尔的教学设计模式

梅里尔的成分显示理论(CDT)和教学处理理论(ITT)是对加涅理论的发展。这两种理论根据预期的学习结果来规定教学条件。他将学习目标分为两个维度：横轴是内容类别(事实、概念、原理、过程)，纵轴是行为水平(记忆、运用、发现)，两个维度组合出 12 种特定的目标类型，如记忆概念、发现事实、运用原理等。在他的成分显示理论中，分别描述了实现这些目标的过程步骤。在教学处理理论中，他又提出了 13 种学习类型及相应的教学策略，他称这些策略为"处理"，并将它们归并为三个主要范畴：(1)成分处理，包括鉴别、执行和解释；(2)抽象处理，涉及分类、概括、决策和迁移；(3)联合处理，包括传播、类比、替换、设计和发现。

成分呈现理论作为一般性的模式，可以适用于任何科学和任何教学环境，但它基本上是以集体教学定位的。成分呈现理论应用实例如图 1.4 所示。

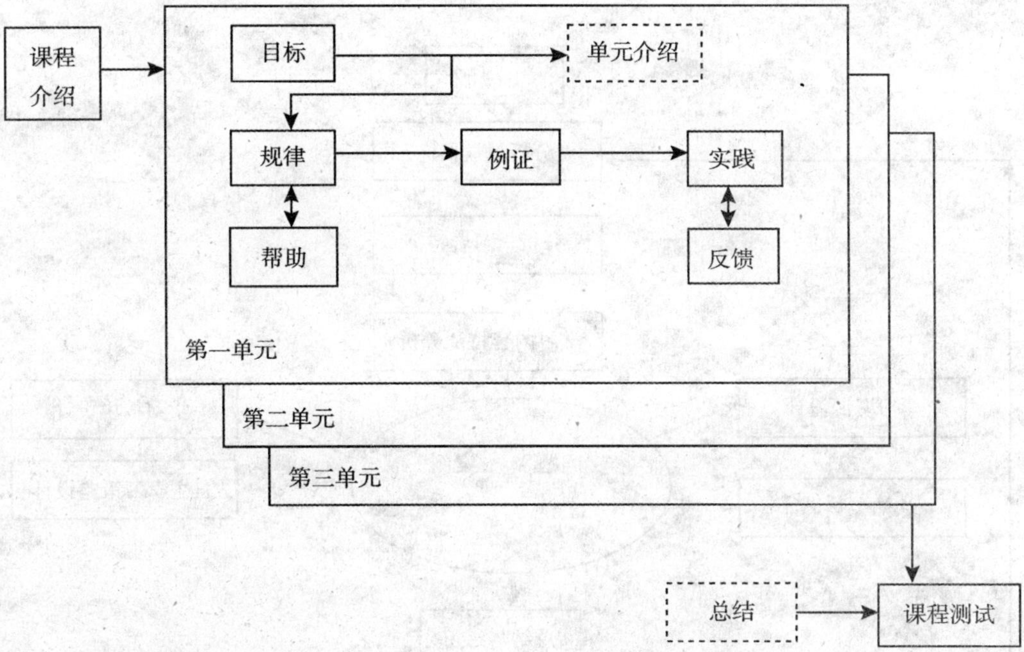

图 1.4　成分呈现理论应用实例

图 1.4 表示一个教学培训项目，其课程划分为若干单元，每一个单元都有各自的目标。为实现目标所实施的教学包括单元介绍、规律、例证、实践、反馈和帮助。学习者在确定了每一个部分要学习的内容及有关的序列后，就可以选择符合自己特点的学习策略。

(二)基于建构主义的一般教学设计模式①

基于建构主义的一般教学设计模式强调要发挥学习者在学习过程中的主动性和建构性，根据初级学习和高级学习划分，提出了自上而下的教学设计思想和知识结构网络的概念，重视"情景"、"协作"在教学中的重要作用。提出一系列以"学"为中心的教学策略，如支架式教学策略、认知学徒教学策略、随机进入教学策略、抛锚式教学策略等，这些思想和学习策略，为构建建构主义教学设计模式奠定了很好的基础。建构主义教学设计强调学生是认知过程的主体，是意义的主动建构者，因而有利于学生的主动探索、主动发现，有利于创造型人才的培养，这是其突出的优点。

基于建构主义的一般教学设计模式，它以问题(或项目、案例、分析)为核心，建构学习情境、学习策略、学习资源、学习工具等设计、总结与练习、教学评价设计等环节。围绕学习任务这个"定向点"，通过设计"学习情景"、"学习资源"、"学习策略"、"认知

① 余胜泉，等．基于建构主义的教学设计模式．电化教育研究，2000(12)：7-13.

工具”、“管理和帮助”而展开，它们共同服务于由教学目标、学习者、学习内容而决定的学习任务(问题、案例、项目、分歧)这一核心。结束部分的教学评价也是设计过程的重要环节，它是修改的基础，是教学设计成果趋向完善的调控环节，如图1.5所示。

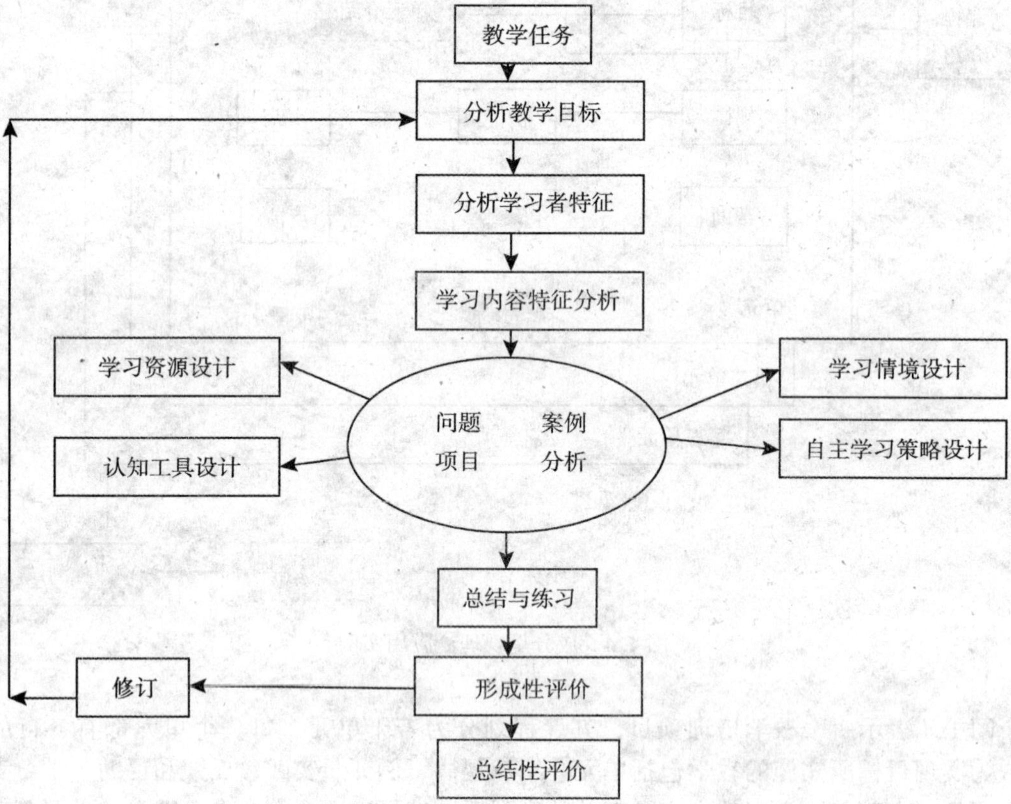

图1.5　基于建构主义的一般教学设计模式

1. 分析教学目标

教学是促进学习者朝着目标所规定的方向产生变化的过程，它贯穿于教学活动的始终。建构主义指导下的学习同样要遵循这一基本原则。分析教学目标是为了确定学生学习的主题即与基本概念、基本原理、基本方法或基本过程有关的知识内容。分析教学目标首先要考虑学习者这一主体。教学目标不是设计者或教学者施加给学习过程的，而是从学习者的学习过程中提取出来的。其次，还应尊重学习主题本身内在逻辑体系特征。建构主义在哲学上强调学习内容的自主建构，强调事物的多样性、复杂性，不同人对同一事物可得出不同的理解，因此是无法预先设立学习目标的。但是，事物有其复杂的一面，也有其客观的一面，事物的某些属性在一定条件下是可能达到共同理解的，所以，我们在以建构主义理论指导教学设计时，一定要考虑教学目标的确定，避免陷入非理性主义的陷阱，但同时也应注意避免将教学目标简单化的倾向，不能采用传统的行为式的教学目标。

教学目标的编写应有一定的弹性、可变化性，如采用认知目标分类的层次来标识(掌握、理解、应用……)。建构主义强调知识的情景性、整体性，强调知识应在真实任务的大环境中展现，学生在探索真实的任务达到学习的目的，所以在编写教学目标时，应该避免传统教学目标分析过度抽象、过分细化、过分分散、过分单调的逻辑关系，而应该采用一种整体性的教学目标编写方法。另外，还要区分学习目标与教学目标，支持学习者在学习中追求他自己的目标。教学目标是所有学习者都应达到的学习目的，学习目标则是学生自己确定的，它们往往并不一致，学习目标往往是多重的，不同学习者由于知识背景和兴趣爱好的不同，其学习目标也不完全相同。

建构主义教学设计这种重整体、轻细化具体的教学目标的编写方式，是不是意味着传统的教学目标分析方法(如归类分析法、解释结构模型法等)就没有用了呢？不是的，建构主义强调要在真实情景与学习环境中体现学习知识，对所学知识结构的详细分析，将有助于设计更合理的真实任务与真实的学习环境，减少非学习范围的错误探索、提高学习效率。

2. 分析学习者特征

建构主义教学设计中学生是学习的主体，是意义的主动建构者。从哲学角度看学习者是内因，外界影响是外因，内因是事物发展变化的决定因素，外因通过内因起作用。这就可以解释为什么在同一课堂中，教师实施同一教学，但不同学生的学习结果却存在较大差异。为了取得较好的教学效果，就必须充分了解学习者的特征，并进行有针对性的设计。学习者特征分析涉及智力因素和非智力因素两个方面。与智力因素有关的特征主要包括知识基础、认知能力和认知结构变量；非智力因素有关的特征则包括兴趣、动机、情感、意志和性格。

对于学习者的分析，主要目的是设计适合学生能力与知识水平的学习问题，提供适合的帮助和指导，设计适合学生个性的情景问题与学习资源。

确定学习者的知识基础一般采用“分类测定法”或“二叉树探索法”。学习者的认知能力按照布鲁姆的“教育目标分类”理论分为6个等级：知道、领会、应用、分析、综合、评价。在教学实践中，一般采用逼近法来测量学习者的认知能力。认知结构是指个体观念的全部内容与组织。它是影响新的意义学习与保持的关键因素，决定着学习者进行意义建构的成功与否。认知结构变量有三：认知结构的“可利用性”、“可分辨性”、“稳定性”分别指旧知识中对新知识起吸收固定作用的程度、新旧观念的异同点、起吸收固定作用的原有观点的稳定性。在实践中利用知识点之间的关系进行分析，尤其注意兼顾学习者之间的个别差异。

3. 学习内容特征分析

学习内容是教学目标的知识载体，教学目标要通过一系列的教学内容才能体现出来，建构主义强调学习要解决真实环境下的任务，在解决真实任务中达到学习的目的，但真实的任务是否会体现教学目标，如何来体现，这需要我们对学习内容做深入分析，明确所需学习的知识内容、知识内容的结构关系、知识内容的类型(陈述性、程序性、策略性知识)，这样，在后面设计学习问题(任务)时，才能很好地涵盖教学目标所定义的知识体系，才能根据不同的知识类型，将学习内容嵌入建构主义环境中的不同要素中，如陈述性知识可以通过学习资源的方式提供，而策略性的知识，则可通过设计自主学习活动来体现并展开。

4. 设计学习任务

建构主义所阐述的学习就是基于真实问题情景下的探索、学习的过程，就是解决实际问题的过程，问题构成了建构主义学习的核心。与客观主义不同，建构主义用问题来驱动学习，而不像原来那样充当概念、原理的例子，学习是为了解决问题，而不是把解决问题看成学习的一个应用。

提出学习任务，是整个建构主义教学设计模式的核心和重点，它为学习者提供了明确的目标、任务，其他辅助设计使得任务更加明确具体，使得学习者解决问题成为现实的可能，使得学习者在解决问题过程中，确实能够达到教学目标的要求。学习情景设计，有助于将问题置于一个真实的任务环境中，这有助于学生知识与能力的迁移；相关案例和信息资源有助于问题的理解和可行性方案的提出；认知工具帮助学习者解释和把握问题的各个方面；自主学习策略可以为学生提供可供选择的问题解决模式；帮助与管理是在问题解决的易出现问题的环节，设计实用的帮助与指导，必要时，还要设计如何施加人格影响，以消除因挫折而出现的泄气情绪。

学习任务可以是一个问题、案例、项目或是观点分歧，它们都代表连续性的复杂问题，能够在学习的时间和空间维度上展开，均要求采用主动的、建构的、真实的情景下的学习，构建学习任务时，应充分考虑如下原则：

在教学目标分析的基础之上提出一系列的问题。这些问题可分为主问题和子问题，子问题的解决是主问题解决的充分条件，同理下层子问题的解决是上层子问题解决的充分条件，这样就形成一树状谱系图。

学习任务要涵盖教学目标所定义的知识，只能更加复杂，不能更简单。

设计学习任务要符合学习者的特征，不能超越学习者知识能力太多。

要设计开放性的问题，解决问题的目的不是期望学生一定就能给出完美的答案，而是鼓励学生参与，使其了解这个领域。

5. 学习情景设计

建构主义强烈推荐学生要在真实的情景下进行学习，要减少知识与解决问题之间的差距，强调知识的迁移能力的培养。因此，建构主义的教学设计需要将设计的问题具体化，教科书上的知识内容是对现实生活的抽象和提炼，而设计学习情景则是要还原知识的背景，恢复其原来的生动性、丰富性，同一个问题，在不同的情景背景中(不同的工作环境、社会背景)，其表现是不相同的。

学习情景指为学生提供一个完整、真实的问题背景，以此为支撑物启动教学，使学生产生学习的需要；同时支撑物的表征、视觉本质又促进了学习共同体中成员间的互动、交流，即合作学习，驱动学习者进行自主学习，从而达到主动建构知识意义的目的。

建构学习情景中有三个要素：

一是学习情景的上下文或背景：描述问题产生的背景(与问题有关的各种因素如自然、社会文化及背景的组织管理等)有利于控制、定义问题。

二是学习情景的表述及模拟：具有吸引力的表征(虚拟现实、高质量视频)为学习者提供一个真实、富有挑战的上下文背景，学习者在学习过程中自然会遇到各种锻炼机会。

三是学习情景的操作空间：为学习者感知真实问题提供所需要的工具、符号等。

在设计学习情景时，我们应注意：

(1)不同学科对情景创设的要求不同：一种是学科内容有严谨结构的情况(数学、物理、化学等理科内容皆具有这种结构)，这时要求创设有丰富资源的学习情景，其中应包含许多不同情景的应用实例和有关的信息资料，以便学习者根据自己的兴趣、爱好去主动发现、主动探索；另一种是学科内容不具有严谨结构的情况(语文、外语、历史等文科内容一般具有这种结构)，这时应创设接近真实情景的学习情景，在该环境下应能仿真实际情景，从而激发学习者参与交互式学习的积极性，在交互过程中去完成问题的理解、知识的应用和意义的建构。在这两种环境中均应有自包含的帮助系统，以便为学习者在学习过程中随时提供咨询与帮助。

(2)在进行教学目标分析的基础上选出当前所学知识中的基本概念、基本原理、基本方法和基本过程作为当前所学知识的“主题”(或“基本内容”)，然后再围绕这个主题进行情景创设。

(3)学习情景只是促进学习者主动建构知识意义的外部条件，是一种“外因”。外因要通过内因才能起作用。设计理想的学习情景是为促进学习者自主学习、最终完成意义建构服务的。明确这一点对研究以学为中心的教学设计非常有意义。

(4)学习任务与真实学习情景必须相融合，不能处于分离或勉强合成的状态，学习情景中要能够以自然的方式展现学习任务所要解决的矛盾和问题。

6. 学习资源设计

为了了解问题的背景与含义、建构自己的智力模式和提出问题解决的假设，学习者需要知道有关问题的详细信息，并需要学习必要的预备知识，因此在教学设计时，必须详细考虑学生要解决这个问题需要查阅哪些信息、需要了解哪方面的知识，这些都可以学习资源的方式为学生提供。

学习资源是指提供与问题解决有关的各种信息资源(包括文本、图形、声音、视频和动画等以及通过互联网获取各种有关资源)。学生自主学习、意义建构是在大量信息的基础之上进行的，所以必须在学习情景中嵌入大量的信息。丰富的学习资源是建构主义学习的一个必不可少的条件。另外还要注意怎样才能从大量信息中找寻有用信息、避免信息污染，因此教学设计中要建立系统的信息资源库(或使用现有的资源管理系统)，提供引导学生正确使用搜索引擎的方法。

7. 自主学习策略设计

自主学习策略是指为了支持和促进学生有效学习而安排学习环境中各个元素的模式和方法，其核心是要发挥学生学习的主动性、积极性，充分体现学生的认知主体作用。从整体上来讲，学习策略分为四类：主动性策略、社会性策略、协作性策略和情景性策略。常见的自主学习策略有：教练策略、建模策略、淡出策略、反思策略、支架策略、启发式策略、自我反馈策略、探索式策略、讨论策略、角色扮演策略、竞争策略、协同策略、伙伴策略、抛锚策略、学徒策略、随机进入策略等。

在设计自主学习策略时，主要考虑主、客观两方面因素。客观是指知识内容的特征，它决定学习策略的选择。譬如对于复杂的事物和具有多面性的问题，由于从不同的角度考虑可以得出不同的理解，为克服这方面的弊病，在教学中就要注意对同一教学内容，要在不同的时间、不同的情景下，为达到不同的教学目的，用不同的方式加以呈现。这样学习者可以随意通过不同途径、不同方式进入同样教学内容的学习，从而获得对同一事物或同一问题的多方面的认识与理解，因此，对于此类问题我们采用随机进入学习策略。主观方面则指作为认知主体的学生所具有的认知能力、认知结构和学生的学习风格。学生是认知的主体，学习者的智力因素(知识基础、认知能力和认知结构变量)和非智力因素(兴趣、动机、情感、意志和性格)，尤其是与智力因素有关的特征对学习策略的选择至关重要。

8. 总结与练习

适时地进行教学总结可有效帮助学生将自学的、零散的知识系统化。但总结时不能太细，应为知识体系串讲，简明扼要，否则会重蹈传统教育的覆辙，限制学生的思维。教师总结之后，应为学生设计出一套可供选择并有一定针对性的补充学习材料和强化练习，检测、巩固、拓展所学知识。这类材料和练习应经过精心挑选，即既要反映基本概念、基本原理又要能适应不同学生的要求，以便通过强化练习纠正原有的错误理解或片面认识，最终达到符合要求的意义建构。

9. 教学评价

评价意味着根据某些标准对一个人或他的业绩进行一种鉴定或价值判断。建构主义结果评价中最基本的变化或许就是在确定评价的目标方面。如果学习是知识自我建构的过程，那么是否还需提出最适宜的目标？事实上，有谁能比建构者更好地评价知识的建构呢？

因此，源于建构观的评价应该较少使用强化和行为控制工具，而较多使用自我分析和元认知工具。建构主义的学习并不是用以支持学习者像镜子一样反映现实的，而是支持对富有意义的解释进行建构。但评价是应参照目标的，否则便会陷入无标准的虚无主义，对于一些基本的教学要求，评价要依据客观的教学目标，但这不能是评价的全部，更多地应该包括学习任务的整体性评价、学习参与度的评价等。评价通常包括形成性评价和总结性评价，它们在教学过程中起着不同的作用。

形成性评价是在某项教学活动过程中，为了能更好地达到教学目标的要求，取得更佳的教学效果而不断进行的评价。它能及时了解阶段教学的结果、学生学习的进展情况以及存在的问题，因而可据此及时调整和改进教学工作。形成性评价在教学过程中用得最频繁，需要注意的是：由学生进行的都是自我建构的学习，对于同样的学习环境，不同学生学习的内容、途径可能相关不大，如何客观公正地对他们学习的结果作出评价就变得相当困难。很明显，对他们实施统一的客观性评价是不合适的。目前，人们比较赞同的是通过让学生去实际完成一个真实任务来检验学生学习结果的优劣。

总结性评价又称“事后评价”，一般是在教学活动告一段落后，为了解教学活动的最终效果而进行的评价。学期末进行的各科考试、考核都属于这种评价，其目的是检验学生的学业是否最终达到了各科教学目标的要求。建构主义所说的考试、考核与以往不同在于它更注意学生个人实际解决问题的能力。总结性评价重视的是结果，借以对被评价者作出全面鉴定，区分出等级并对整个教学活动的效果作出评定。

三、教学设计的历史与发展趋势

(一)教学设计的历史

美国学者迈克尔·艾劳特(Michael Eliot)在1988年总结了20世纪60年代以来各个时期、不同理论背景下的教学设计模式①。他认为，教学设计过程的发展应该分为三个阶段。第一阶段，将教学设计视为应用科学。将行为主义心理学理论应用到教育中，强调将行为目标作为教学设计的标准，注重学习的行为及其先决条件，侧重学习任务的分析，注重教学设计的序列化，主要任务是分解学习内容，并转化成各种类型的具体的学习目标，选择恰当的教学媒体和方法为教师提供可行的教学序列，重点是“如何教”。斯金纳的程序教学就是影响较大的此类教学设计模式。在这种模式中，教学设计者是专门的分析专家，教师则将实施方案转化成具体的活动操作人员，其优越性在于，反映了教学设计的时效性和可操作性，但是过分强调分解教学环节，对教学的整体性重视不够。第二阶段，教学设计者和教师不仅仅是设计者和操作者，更是教学艺术家。强调应该以综合的方式传授知识和技能，要选择在师生之间互动性强的教学策略和序列，在教学过程中不断吸取新知识和新技能，使教学成为一个开放的系统，重点是“教什么”。第三阶段，侧重解决问题的过程与方法。学习必须通过学习者自行探究，解决学习过程中的问题，教学设计者就成了创造者。进入20世纪50年代，教学设计在第三阶段的基础上又有所改进，学习被看做动态的过程，学习能否取得成功，与学习者原来的知识和经验密切相关。因此，教学设计的目的不再是建立一套供学习者学习的步骤，更注重指导学习者建构知识的结构和体验，重点是“为何教”。

我国教学设计在很大程度上受到北美风格的影响，据其所依据的学习理论不同，可以把它划分为三个发展阶段：

第一阶段，从20世纪80年代中期至90年代初，我国教育界是把教学设计作为教育技术学系或教育技术专业的系列课程之一引进来的，重视教学媒体的使用，系统的教学设计是主要类型，从教学的科学规律出发，旨在把对教学问题的确定、分析，对解决问题方案的设计、试行和修改乃至评价等一系列教学内容和程序的设计，都建立在系统科学方法的基础上，从而使教学活动的设计摆脱纯经验主义，纳入到科学的轨道。

第二阶段，20世纪90年代中期到90年代末，认知心理学成为教学设计的指导思想和理论，同时教学设计受到了系统论和传播学的影响，这个时期仍然把教学视为一个封闭的教学系统，教学设计的场所局限于课堂。这时期大学教学论教师或研究者成为教学设计的主体。进入20世纪80年代后期，认知学派的战略目标受到了质疑，因为人们逐渐发现了隐藏其理论背后的两大致命弱点：一是将人类复杂的行为同基本的信息加工及其组织联系在一起，试图将复杂行为还原为一连串的简单的行为；二是在说明信息加工的神经机制

① 徐英俊．教学设计．北京：教育科学出版社，2001：41.

时，从根本上忽略了人类所特有的自然学习情境中社会、历史、文化对高级认知的中介作用。①

第三阶段，20 世纪 90 年代末一直到现在，建构主义等相关理论成为教学设计的指导思想，同时与具体学科紧密相联系的教学设计开始兴起。这个时期教学设计的总特点就是运用建构主义的知识观、学习观和教学观来指导与建构教学设计的理论与实践。建构主义对教学设计的启示：第一，从教学设计的视角来看，既然学习不是由教师把知识简单地传授给学生，而是由学生自己建构知识的过程，学习不是简单的信息输入、存储和提取，而是新旧知识经验之间双向的相互作用过程，也就是学习者与学习环境之间的互动过程，因此教学就是要避免教师课堂上的个人独白，而是要创设优化的学习环境，以支撑和促进学习者个体知识的建构。而且这样的环境应该是以制造适当的“困惑”、以帮助并引导学习者的”困惑”为主旨，把问题解决作为教学设计的主要内容。第二，学习是在先前经验的基础上进行的一个自主的活动，但是在这个过程中，态度、知识、能力等建构不是从零开始的，而总是以一个已有的(知识)结构作为基础的。这些已有的知识，即经验，始终是解释那些作为知识建构信息的出发点。那么，教学设计时就要对学习者先前经验进行分析，搞清楚学习者究竟需要什么和想要学习什么，因为对教学设计者来说，只有清楚地知道学习者预先的观念和经验，才能开发出适合学习者态度、知识、能力，并对学习者进行有效体验的学习环境。第三，既然科学的学习不仅仅是一个个人的现象，它同样是一个社会过程，必须通过对话、沟通的方式，大家提出不同的看法去刺激个体反省思考，在交互质疑辩证的过程中，以各种不同的方法解决问题，是一种知识的社会协商，教学就是要让所有的学生发出自己的声音，允许多元的价值存在，并形成对共同价值进行分享。因此，要求教学设计创建一种超越传统班级授课制的新型学习组织形式——学习者共同体。

尽管目前存在许多教学设计模式，但是绝大多数教学设计模式来源于两大传统：一是客观—理性主义，二是建构—阐释主义。历史上，教学设计在认识和方法论上深受客观主义的影响，如知识的外在客观存在性、精确性，知识获得的个体性和线性过程，决定论、可预测性和因果关系等。许多从行为主义心理学乃至信息加工心理学出发的以及从教育技术发展而来的教学设计理论都可归属于这一传统。这种现状直到 20 世纪 80 年代末 90 年代初，随着相关科学理论革命如混沌理论的渗透和建构主义认识论的兴起才有所改观。

典型的教学设计模式，也可以说是经典的传统的教学设计模式，突出性特征是基于客观主义的。可以说，迄今为止，教学设计领域中的模式研究绝大多数是基于客观主义的模式，也是对教学实践影响最大的教学设计思潮。在客观主义认识论看来，教学过程是传递客观知识的过程，这一过程具有客观性和规律性，其结果完全是可预测和可重复的。因此，教学应遵循客观规律，遵循固定的程序和步骤。由于复杂知识可以还原、分解为简单知识，因此可以对知识教学进行缜密的程序设计。受客观主义认识论所支配的教学必然具有外在控制性质。教学是传递固定的、程式化的“客观”知识的过程，学生的心灵是被教学过程塑造的对象，它需要忠实地接受以分门别类的学科形式体现出的“客观真理”。这样，教师是知识的象征、权威的化身，学生是被动的、复制“客观知识”的接受者，教学

① 裴新宁．面向学习者的教学设计．北京：教育科学出版社，2005：142.

即是对学生施加控制的过程。考察基于客观主义认识论的教学设计模式，我们可以发现，它们构建了上百种适用于不同层次和应用于不同领域的便于操作的、程序化的教学设计过程模式，开发了诸多精细严密的分析方法和决策技术，如学习内容和任务分析方法、教学方法和媒体选择的决策技术，并逐步形成一整套突出循序渐进、合理有序、精细严密地运用系统方法进行分析、决策和评价的理论体系，并作为知识形态的要素的核心成分在教育技术学科体系中占据重要地位。虽然基于客观主义的教学设计模式在表现形式上有这样或那样的差异，但是它们还是在本质上体现出许多相似的特点。

（二）教学设计的发展趋势

1990年以来，国际教学设计领域有两个最引人注目的变化，其一是认识论、学习心理学和教学设计的整合；其二是由于所有类型信息的数字化、凭借互联网的远程指导以及计算机运算速度的提高和存储容量的增加使得技术有可能以新的方法应用于教育。教学设计的理论和实践发展到今天，已经和现代教育技术、学习理论的最新进展紧密地联系在了一起。教学设计的发展也体现在世界各国教育教学改革的各个方面，并昭示了如下趋势：

趋势之一：以“学”为中心的教学设计是顺应建构主义学习理论的要求而提出的，明确以“学生为中心”，就是要让学生在学习过程中充分发挥主动性，要体现学生的首创精神，让学生有多种机会在不同的情境下应用他们所学的知识，将知识迁移和应用。同时，学生在学习过程中从事自我监控、自我测试、自我检查等活动，判断和检测其学习行为是否有效以及是否达到学习效果。

树立“以学生为中心”的教学设计观，就是给学生创造一个和谐的、自由的、引人入胜的环境，鼓励学生自己提出问题，并经过猜想、解决，以此来体验自尊和责任感，相信每个学生都有创造的潜能，尊重学生的个性和特长，承认学生的差别和不同需求，改变传统的、简单的、“工厂化”的培养方式，强调个性化、人性化教育，因材施教，促进学生个性的健康发展。

趋势之二：教学设计越来越注重跨学科研究和跨领域应用。教育学的研究越来越出现跨学科的趋势，教学设计的研究也越来越多地需要在一个更大的知识共同体中进行。目前的关注点可能在于，当代的学习理论本体论和认识论基础完全不同于传统教学设计的客观主义基础。在对以学生为中心的学习环境的研究中，我们主要关注的是基于问题的、项目的、探究式的和开放的学习环境，还有认知学徒方式、建构主义学习环境、基于目标的情境、抛锚教学等。①

趋势之三：教学设计越来越注重信息技术与教育理念的整合。教学设计的一个主要变化来自技术对教学内容和方法的影响。但没有一定程度的教学设计，技术不会在本质上自动改进教育。一些最有魅力的技术应用拓展了可以呈现的问题的本质和可以被评估的知识和认知进程。通过利用多媒体、交互性和对刺激呈现的控制而丰富任务环境，进而对认知能力的很大范围进行研究比以前任何时候都切实可行。技术提供的新能力包括了直接跟踪和支撑问题解决技能、把学习者解决难题的行动过程可视化、建模和模拟复杂推理任务

① 王建中．中学物理教学设计与案例研究．北京：科学出版社，2012：10.

等。技术也使得对概念组织和学生知识结构的其他方面进行数据收集，以及对他们参与讨论和小组项目的表征成为可能。

趋势之四：教学设计越来越注重各种因素整合下的学习环境的建构。学习不是传输的过程，也不是接受的过程。学习是需要意志的、有意图的、积极的、自觉的、建构的实践，该实践包括互动的意图-行动-反思活动。知识和技能通常是在个体运用知识和技能的“境脉”(context)中获得的，这是一个与环境有关的问题。环境的发展是与个体作为组织中的成员的发展密切相关的。人类在特定群体中所能支配的知识和技能的总量是如此之大，以至于通常不可能在使用专业技术的特殊环境中进行个体到个体的传授。而且，可以使用知识和技能的环境可能很复杂、很遥远或是很危险，以至于必须创设一个为学习而设的特殊环境来代替“真实”的情况。

趋势之五：教学设计越来越注重新的评估理念和方法。教学设计越来越呈现出把课程、教学、实施和评估进行总体规划的趋势。需求分析、信息和方法的结构分析、个体差异的分析、社会文化差异的分析成为评估的重要内容；信息技术成为评估的主要工具。认知、观察和解释，这三个元素必须清晰地联系在一起并被设计成一个相关的整体。评估需要超越对局部技能和离散的知识点的关注，而要把推动学生进步的更复杂的方面包含进来，具体主要包括以下几个方面：对元认知的评估、对境脉与迁移的评估、对社会文化大环境的评估等。①

四、传统教案与现代教学设计

(一)传统教案与现代教学设计的概念分析

虽然教学设计理论引入国内已有20多年，教学设计也经历了三个发展阶段，但是在全面实施新课程的背景下，理论研究与实践应用脱节较为严重，应用的重点还停留在知识的重点难点的处理与教学方法的改进上，出现了“新瓶装旧酒”的尴尬局面。那么对于传统教案和现代教学设计的对比与分析研究尤为重要。在传统教学中，教案是实施课堂教学的方案，设计的依据是教学大纲，是教学大纲的具体化。目前教案的形式主要是：

教案必须有教学目的与要求、教学重点、教学难点、教具准备、课时安排、教案正文、教后感想。正文中又包括导入、每一部分的详细教法、过渡语、小结、总结等。这样的教案，从导入新课到布置作业，从一般内容到重点、难点，从教师引导到学生活动，从提出问题到可能出现的答案，大到总体结构，小到一句话，一个也不能少。众所周知，教案中的“教学目的与要求”是原文照抄教师参考书。既然参考书上已有，教师读了心中有数即可，为何还要再抄写一遍呢，这真是典型的“现代八股文”。教学的过程包括五个环节：复习、新授、组织教学、练习巩固、布置作业，一直使用了前苏联教育家凯洛夫的模式。教学设计是以获得优化的教学过程为目的，以系统理论、传播理论、学习理论和教育理论为基础，运用系统的方法分析教学问题、确定教学目标、制定教学策略、试行解决方

① 罗伯特·D. 坦尼森，等. 教学设计的国际观. 任友群，等. 译. 中国教育报，2006-3-30：8.

案、评价试行结果、修改方案的一个过程。当前比较权威的教学设计概念的定义是：教学设计是运用系统方法分析教学问题和确定教学目标，建立解决教学问题的策略方案、试行解决方案、评价试行结果和对方案进行修改的过程。该定义与张祖忻、史密斯、雷根、皮连生、何克抗等专家所提出的教学设计概念的观点大体一致，即它们都强调教学设计是一个系统化的过程，包括如何编写目标、如何进行任务分析、如何选择教学策略与教学媒体、如何编制标准参照测试等。教学设计是教学理论和教学实践之间的桥梁。

一般来说，可以从学习理论的角度将教学设计理论与方法划分成三代：基于行为主义学习理论的第一代教学设计、基于认知主义学习理论的第二代教学设计和基于建构主义学习理论的第三代教学设计。在具体的教学设计实践中，应当对各种理论和方法取长补短，还要考虑教学系统外部环境的变化，特别是教育理念的改变和现代信息技术的发展。当然不能什么都采用建构主义，过度地强调建构主义，忽视传统教学中的精华，同样会带来不少问题。现代教学技术就是这三代教育技术的优化组合。

教学设计的基本程序是：

1. 前期分析，包括学习背景分析、学习需要分析、学习者分析和学习任务分析；
2. 制定教学目标，教学目标是实施教学的依据，也是教学评价的依据；
3. 制定教学策略，教学策略是解决怎么样实施教学的整体方案，具体包括教学内容的安排顺序、教学模式、学习方式、教学方法等内容；
4. 教学媒体的选择、组织和设计；
5. 制定具体的教学设计方案；
6. 试行教学设计方案，并对方案进行评价，对方案存在的问题进行修改、完善。

（二）传统教案与现代教学设计差异分析

1. 教案设计与教学设计的理念不同

传统教学观念认为：知识是客观的，可以传递给学生；学生只是接受知识的容器；教学是教师向学生灌输知识的过程。现代教学观念认为：知识不是纯客观的，是学生与外在环境交互过程中建构起来的；学生是有生命意识、社会意识、有潜力和独立个性的人；教学是师生交往、积极互动、共同发展的过程。

2. 教案与教学设计对教学目标要求不一样

传统教案用“教学目的”表达教学目标，而教学目的是由教学大纲规定的，教学大纲规定了教学任务的上限，教学中不能超纲偏纲，教师没有创造发挥的余地；教学目的的表述也较笼统，操作性不强，教师较难把握；教学目的以教师为阐述主体，体现了教师的主导作用，目标是使学生掌握基本知识和基本技能，即所谓“双基”。

教学设计中用教学目标来表达目标，教学目标根据课程标准制定，课程标准设定教学任务的下限，教师具有较大的创造发挥余地；教学目标在表达上也更具体，可操作性强(例：“领会”目标层次可供选用的行为动词有分类、叙述、解释、鉴别、选择、转换、区别、估计、引申、归纳、理解、举例说明、猜测、摘要、改写等)；教学目标以学生为阐述主体，强调知识与技能、过程与方法、情感体验与价值观(即三维目标)的统一。

3. 教学分析内容不同

传统教案中，只分析教学重点与难点。新课程理念下，课堂教学不再仅仅是传授知识，教学的重点是教材、教法和教学活动，都是着眼于学生的发展。在教学过程中如何促进学生的发展、培养学生的能力，是现代教学观念的一个基本着眼点。因此，教学由“教”教材向“用”教材转变。以往教师关注的主要是“如何教”的问题，那么现今教师首先应关注的是“教什么”问题。也就是需要明确教学的任务，进而提出教学目标，选择教学内容和制定教学策略。在教学设计中，首先要对学习背景、学习需要、学习者、学习任务进行分析。

4. 教案设计与教学设计运用教学策略的侧重点不同

传统教案中，侧重传授的策略和帮助学生记忆的策略，媒体选择以传统媒体为主，强调技能训练和知识的掌握。在教学设计中，侧重学法指导、情景创设、问题引导、媒体使用、反馈调控等策略，媒体更加丰富，除传统媒体外，还包括多媒体计算机、互联网、电子白板等，强调知识、技能、方法、态度、价值观和谐统一。

5. 传统教学与现代教学的教学过程也有较大差异

传统教学以讲台、教材、教师为中心，教学过程包括 5 个环节：复习、新授、组织教学、练习巩固、布置作业；教学过程是传授知识、学生被动接受知识的过程。20 世纪 80 年代提出了以学生为中心的教学论；90 年代提出了双中心(学生主体、教师主导)教学论，双中心论争议较大，一个事物应该只有一个中心，所以认为是一个悖论。

在新课程背景下，倡导“交往教学过程”教学论，“交往教学过程”教学论超越了教师主体论、学生主体论、双主体论，强调师生之间、生生之间平等对话，强调体验与共鸣，强调理解与共识，领悟是个体的一种感悟。“交往教学过程”教学论主要内容体现在 5 个统一：教学是教与学的统一；教学是教养与教育的统一；教学是认知过程与知识掌握过程的统一；演绎与归纳得到适当的统一；直接知识与间接知识的统一。在教学过程中，创设情景，鼓励学生在体验、探究、发现、思考、问题解决过程中获得自身提高和发展。

6. 教学效果评价不同

传统教学中，主要通过考试来测量学生掌握的内容符合教学大纲的程度。考试只是评价的一种手段，测量知识的掌握情况，强调知识体系的掌握，较难体现价值取向。在新课程中，评价的内容包括知识与技能、过程与方法、情感态度与价值观，评价的目的是使学生在知识、技能、方法、态度、能力等各方面都得到发展，强调元认知，为终身可持续发展奠定基础，评价更体现了一种价值观。

从传统教案与现代教学设计的比较和分析可以看出，“摆脱传统教学观念的束缚，构建现代教学观念”的转折点是掌握和使用好现代教学设计技术，我们只有弄清了传统教案与现代教学设计的区别，才能够真正理解并掌握现代教学设计的理念和技术，在进行教学设计时不会将二者混淆。

第二章　新课程理念下物理课教学设计

物理课教学设计是一项涉及多种因素的系统工程，任何一个好的物理教学设计都必须考虑到现代教学理论，它是教学理论与教学实践的产物。中学物理教师只有以科学的现代教学理论为指导，充分认识中学物理教学活动规律，才能设计出符合教学活动规律的教学方案。同时，还要研究分析教学对象，分析学生的身心状况、认知发展的特点、学生的学习需要，使得教学目标处于学生的“最近发展区”，另外还要考虑物理教学的独特性。①

一、物理课教学设计的内容

物理教学设计的内容主要包括6个方面：教学任务分析、教学对象分析、教学目标设计、教学策略设计、教学媒体选择、教学评价设计。其中教学对象、教学目标、教学策略和教学评价共同组成教学设计过程的最基本的要素，互相联系、互相作用、互相制约，是构成整个物理教学设计的基础。

(一)教学任务分析

教学任务分析可按以下步骤进行：单元教学内容分析；课时教学内容分析。其中课时教学内容的分析主要是指对所要学习的内容在物理知识体系中所处的地位的分析，对知识—方法—能力结构进行分析，既要分析教学内容的知识结构，还要分析获得这一知识所遵循的认识过程和所运用的科学方法，以此确定发展学生的能力因素。对所要学习的内容在学生发展和实现培养目标方面的作用的分析，对学生应学习哪些内容、技能和态度，即确定学习内容的范围和深度的分析，应根据课程标准的三维目标确定单元目标和课时目标，并在此过程中着重分析学生需要学习哪些知识和技能、应达到什么程度和水平。

【案例】

人教版高中《物理》(选修3-1)“探究电磁感应产生条件”一节课时教学内容的分析。

现行高中物理教材中，“探究电磁感应产生条件”一节是学生在初中学习过电磁感应的有关内容，在高中学习了电场的基本性质、磁场的基本性质后，知道了磁的电本质，初步理解了电磁现象之间联系的基础上，以实验为基础，运用由特殊到一般的

---

① 胡炳元．物理课程与教学论．杭州：浙江教育出版社，2002：85.

科学抽象法，即从实验现象的多样性发现共性，抽象出电磁感应现象的本质，它是进一步学习法拉第电磁感应定律、楞次定律、交变电流和电磁波的基础。

这节教学内容的学习中，可以使用比较简单的器材进行科学探究，是高中物理课中适合采用科学探究学习方式的内容。可以看出，本节内容的学习对于法拉第电磁感应定律的理解、生产生活中电磁感应现象的解释、电磁感应定律的应用、交流发电机的原理的理解的学习尤为重要。因此，本节“探究电磁感应产生条件”是高中物理电磁学教学的重点内容之一。见图 2.1。

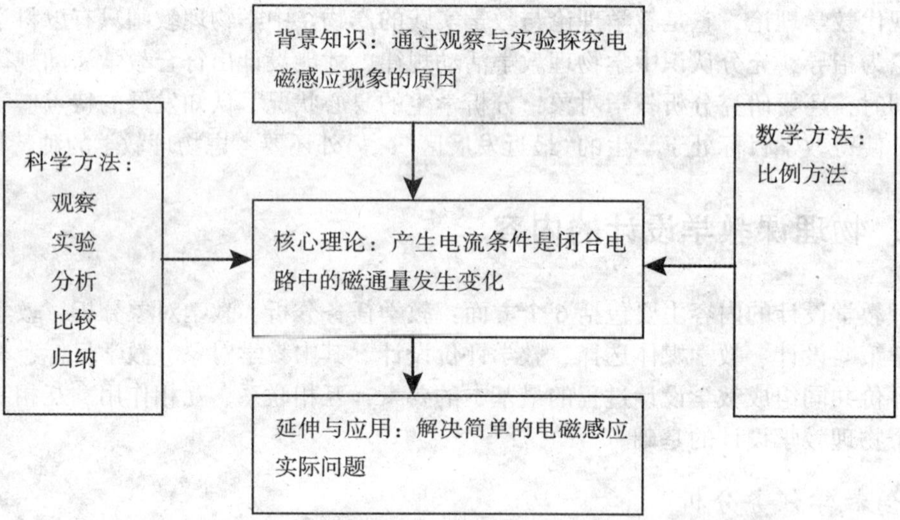

图 2.1 探究电磁感应产生条件知识—方法—能力结构

(二)教学对象分析

在教学设计中，要坚持以学生的学习为中心，了解学生的原有知识基础(pre-conception，前概念)、学习能力、学习态度。因此，对教学对象进行分析是教学设计的基础。在“探究电磁感应产生条件”一节中，学生在初中已学习过电磁感应现象，具有一定的知识基础，同时也具有一定的观察、实验、比较、分析和初步归纳能力。

【案例】

沪科版 8 年级《物理》“大气压强”一节教学中，学生对于大气压的存在其实在小学自然课和平时的一些科普读物中多少都有了一些了解，但这些了解仅仅停留在表面现象。通过本节课的学习要让学生对知识的了解更深刻、更系统，所以在设计大气压存在的实验时，把例举大气压存在的现象先留给学生，再通过教师演示和学生动手实验，使学生对大气压的存在有丰富的感性认识。

对于大气压强的测量，用吸盘和弹簧测力计测量的方法学生容易理解，易于操作，所以在这里开展了学生实验，使学生能更好地参与到课堂上来，也给了他们更多的展示自我的机会。但对于托里拆利实验，这个实验理解有一定难度，可以采用由“覆杯实验”逐步过渡到托里拆利实验的方法，使学生对知识的了解有一个认知梯度。

对于大气压强知识的应用，学生往往知其然而不知其所以然，所以在教学的过程中还需要教师通过典型的例子，让学生在分析具体问题的过程中真正明白是怎样利用上大气压的。

(三)教学目标设计

要对课时教学目标进行设计和编写，应根据《课程标准》的三维目标的要求，结合本节教学内容和学生情况的基础上，说明学生应达到的学习结果并加以表述，表述时应使用具体、明确、科学的物理专业术语。

一个完整、具体、明确的物理教学目标应包括4个部分：

1. 行为对象(audience)：教学中学习的主体是学习者。
2. 行为动词(behavior)：所使用的表达学习目标的行为动词要具体准确，尽可能使之具有可评估、可理解的特点，即要有操作性。
3. 行为条件(condition)：影响学习者产生学习结果的特定的限制和范围。
4. 行为程度(digree)：教学所要达到的最低标准和水平。

【案例】

人教版《物理》(选修3-1)《电磁感应现象产生的条件》一节的教学。

1. 知识与技能

(1)理解电磁感应现象的本质，会应用感应电流产生的条件解释与电磁感应有关的物理现象。

(2)通过研究电磁感应现象的实验操作，提高实验操作技能。

2. 过程与方法

(1)在探究“电磁感应现象”过程中，初步学会实验—分析—猜想—实验验证—归纳结论的科学探究方法。

(2)在研究电磁感应现象中，学习抽象与概括的思维方法。

3. 情感、态度与价值观

(1)了解法拉第发现电磁感应现象的过程，体会科学家探索自然规律的科学态度和科学精神。

(2)在探究中，体验成功的喜悦，体会合作的快乐，同时培养合作学习的习惯。

(四)教学策略设计

教学策略是教学设计的有机组成部分，是对特定教学情境中为完成教学目标和适应学生认知需要而制定的教学程序计划和采取的教学实施措施。① 物理教学策略是指在物理教学目标确定下来后，根据一定的物理教学任务和学生的认知特征、情感特征以及动作特征，有针对性地选择与整合相关的物理教学活动、教学方法以及教学组织形式，并计划和安排教学时间，形成的具有效率意义的实际教学方案。物理教学策略是为了有效地解决教师"如何教"和学生"如何学"的问题，具体包括：教学活动的安排，教学方法的选用，教学组织形式的选择和教学时间的安排等四个方面。

设计教学策略的方法：

1. 教学环节的设计。在教学内容分析的基础上，可按照知识、技能的相对完整性将教学知识、教学技能发展序列分成几个教学环节。

2. 认识活动的设计。教学环节只是把总的知识技能的学习任务分解成几个部分，要实现这些任务应采取哪些认识活动还没有解决，教学过程中的认识活动应依据教学目标、学生原有认知结构以及认识材料的特点来设计。

3. 教学组织形式的设计。一般来说，接受式的学习适合班级集体授课的形式，发现式学习适合小组与集体相结合的组织形式，技能型内容也可以采用实验教学的形式。教学组织形式主要取决于教学内容需要和教学目标的情感态度目标的取向。

【案例】

沪科版八年级《物理》"大气压强"一节。

教学方法：实验探究法。

教学流程设计（见图 2.2 教学流程设计）。

（五）教学媒体选择

教学媒体在物理教学中尤为重要。可以利用多媒体模拟学生无法在课堂上直接观察到的实验现象或生活现象，突破教学难点。利用多媒体的音频、视频材料进行物理教学的情境设计，让学习变得生活化，引起学生的好奇心和求知欲。利用多媒体呈现信息量较多的教学内容，提高教学效率。

教学媒体有许多种类，它包括：语言媒体、文字媒体、图标媒体、幻灯片媒体、影视媒体、计算机多媒体系统等。但是多媒体的选取要根据具体的教学内容的特点和学生的年龄段的心理特征，宁缺毋滥。

（六）教学评价设计

物理教学评价设计是教学设计的最后阶段，也是教学设计全过程中的一项重要内容，是衡量课堂教学的效果、教师教和学生学的质量问题。物理教学评价是根据一定的标准和指标体系，运用各种有效的方法和手段收集有关的信息，对物理教学活动以及物理教师教

① 张大均，余林. 试论教学策略的基本涵义及其指定的依据. 课程·教材·教法，1996(9).

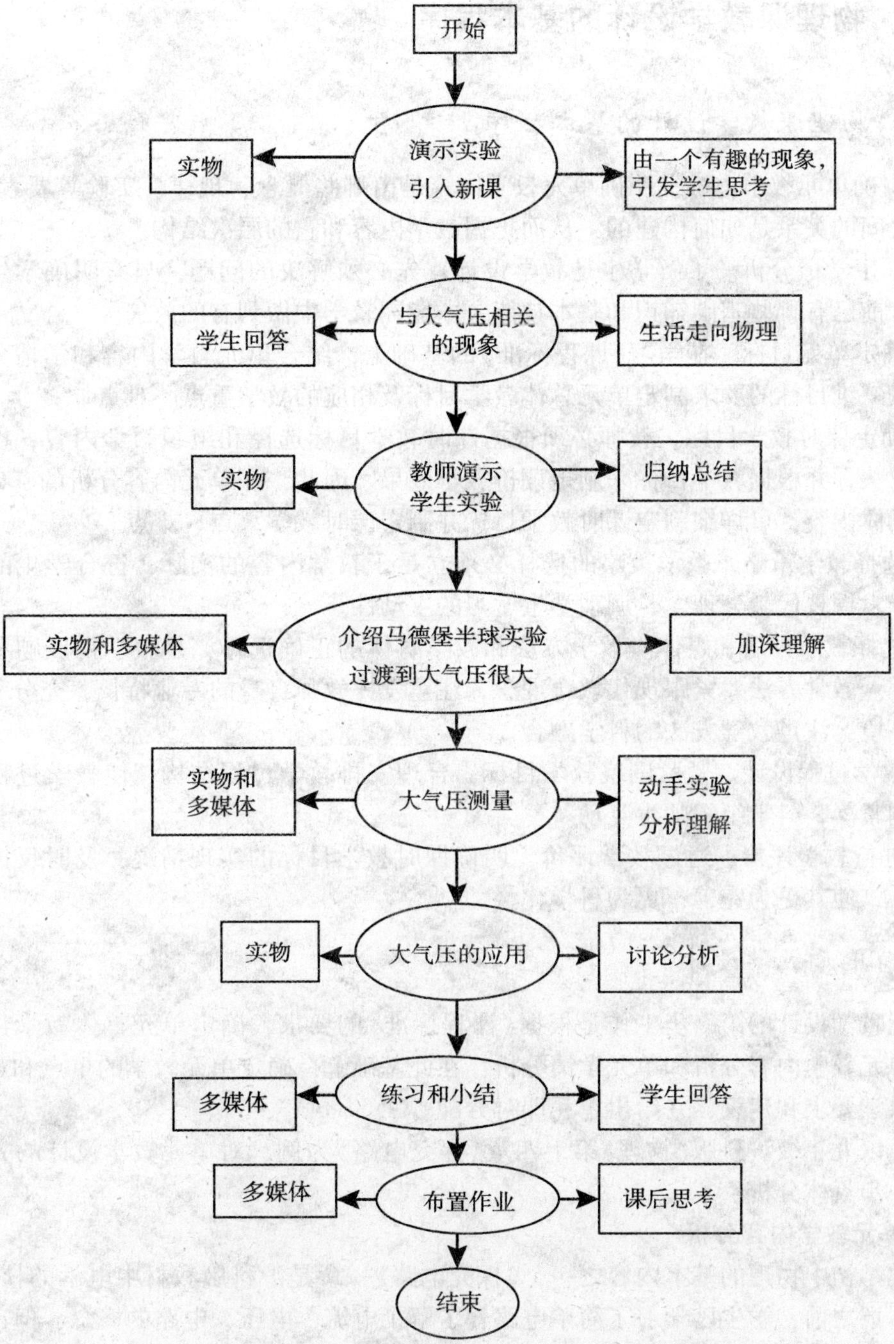
开始
演示实验
引入新课
实物
由一个有趣的现象，
引发学生思考
与大气压相关
的现象
学生回答
生活走向物理
教师演示
学生实验
实物
归纳总结
介绍马德堡半球实验
过渡到大气压很大
实物和多媒体
加深理解
大气压测量
实物和
多媒体
动手实验
分析理解
大气压的应用
实物
讨论分析
练习和小结
多媒体
学生回答
布置作业
多媒体
课后思考
结束

图 2.2　教学流程设计

的怎样、学生学得怎么样的效果进行价值判断的过程。

二、物理课教学设计的基本程序

(一)物理课教学设计的基本程序

1. 明确单元教学内容。明确单元教学内容是由哪些概念、规律、实验等要素构成的，各要素之间的关系是如何构建的，从而把握教学内容和它的层次结构。

2. 学生学情分析。了解学生是教学设计首先必须解决的问题，只有明确学生在学习科学概念前已有哪些基础知识和基本技能，才能在教学中做到有的放矢。

3. 确定单元目标。在学习《课程标准》的基础上，结合单元教学内容和学情分析的基础上，按三维目标的要求制定单元总体教学目标及相应的教学重点、难点。

4. 确定课时教学目标。教师必须根据课时教学目标选择和组织教学内容，设计教学策略和方法，并根据教学目标来制定评价教学效果。因此，在单元内容分析的基础上，结合课时具体内容，可详细制定课时教学目标并制定课时教学重点、难点。

5. 选择教学策略。教学策略的选择必须立足于教学内容的实际，符合学生的认知特点，充分发挥现代教育理念，调动学生学习的主动性。

6. 选择教学方法和媒体。教学方法和教学媒体的正确选择，是教学得以顺利进行的重要保证。教学方法要紧跟现代教育理念，注重发挥教师自身的专业特长，充分利用周边的有利环境，注重教学方法的科学融合。

7. 教学过程设计。紧紧围绕教学目标，合理安排教学过程结构，使教学过程的各个环节协调紧凑，科学组织师生互动。

8. 进行教学评价。通过教学评价，明确课时教学目标的实现情况，及时反馈，修订教学设计，使其更为完善，更为科学化。

(二)单元教学设计

单元教学设计的第一步工作是根据《课程标准》的要求，确定单元整体教学目标，然后进行单元教学内容分析和单元学情分析，在此基础上，确定单元教学的重点和难点，提出单元教学要求和建议，并给出单元课时分配。

下面以九年级沪科版《物理》第十四章《探究电路》为例，对单元教学设计的方法与内容作进一步具体分析。

1. 单元教学内容分析

电学是初中物理的基本内容之一，《探究电路》一章是沪科版教材中电学的核心内容。在学习本章之前，学生已学习了简单电路，了解了电流、电压、电路的概念，但还没有把电学中最重要的三个物理量电流、电压和电阻的关系联系起来。本章不仅学习了电学中最重要的定律——欧姆定律，而且对串、并联电路进行更深入的理解和应用，同时本章也是后面一章学习电功、电功率的知识基础。这种安排既符合学生由易到难、由简到繁的认识规律，又保持了知识的结构性、系统性。所以，无论从课程标准的要求上看，还是从物理学知识的扩展上看，本章节都具有承前启后的重要作用。

本章有两大特点，一是综合性增强，知识的系统性、逻辑性强，要综合运用前面的电流、电压、电阻知识；另外一个特点是与生活实际联系比较紧密，体现了新课程标准"从生活走向物理，从物理走向社会"的基本理念。

2. 单元学情分析

在学习本章之前，学生已学习了简单电路，了解了电流、电压、电路的概念，但还没有把电学中最重要的三个物理量电流、电压和电阻的关系联系起来。同时，学生初步掌握了电流表、电压表、滑动变阻器的使用，了解了基本电路。但是实验设计能力不够，需要教师的指导设计实验，数据及图像处理能力较弱。对于家庭用电知识有一定的生活经验，但是缺乏理性的用电常识。

3. 单元教学目标

维度1：知识与技能

(1)掌握最基本的物理概念、规律。

(2)理解欧姆定律并能计算。

(3)会连接串联和并联电路。

(4)会利用串联、并联知识解答和计算简单的电路问题。

(5)了解家庭电路的组成、连接方法及安全用电知识，会使用测电笔。

(6)会使用各种变阻器，会同时使用电压表、电流表测电压、电流。

维度2：过程与方法

(1)通过实验探究，经历从猜想到制定计划与方案、实施探究的过程。

(2)进一步了解和掌握物理方法——控制变量法、等效替代法。

(3)尝试用图像法对实验数据进行分析处理。

(4)通过挂图和实际电路课件，形象地了解安全用电的常识。

维度3：情感、态度与价值观

(1)让学生体验和经历科学探究的过程，保持对科学的求知欲，形成尊重事实、探究真理的科学态度。

(2)培养学生严谨的科学态度和坚持不懈的科学精神。

(3)通过生活与物理、物理与社会的联系，培养学生理论与实践相结合思想。

4. 单元教学重点、难点

教学重点：

(1)理解欧姆定律的适用条件并能进行简单的应用；

(2)熟练运用各种电表及电路连接；

(3)掌握串、并联电路的电阻规律；

(4)掌握实验探究的基本方法；

(5)掌握伏安法测电阻的实验方法。

教学难点：

(1)研究电流与电阻、电压关系的探究实验设计及数据图像处理；

(2)判断接入电路的滑动变阻器电阻的大小变化；

(3)运用欧姆定律解决动态电路问题；

(4)运用欧姆定律解决电路问题。

5. 单元教学要求及建议

(1)欧姆定律是电学中的基本定律，是进一步学习电学知识和分析电路的基础，是本章的重点。要求学生通过探究活动得出，从而更进一步体验科学探究的方法。从知识上讲，要用到电路、电流、电压和电阻的概念；从技能上讲，要用到电流表、电压表和滑动变阻器等。学生要通过自己的实验得出欧姆定律，最关键的是实验方法。学生对实验方法的掌握既是重点也是难点。这个实验难度比较大，主要在实验的设计、数据的记录以及数据的分析方面，学生出现错误的可能性也比较大，所以实验的评估和交流也比较重要。

(2)本节课“探究电流跟电压、电阻的关系”是一个完整的科学探究过程，让学生经历科学的探究，学习科学猜想、设计实验、设计实验表格、分析论证，感悟科学方法。因此，这节课无论在知识学习上还是在培养学生运用知识解决实际问题的能力上都具有十分重要的作用。所以教学中，在注重学生的理论联系实际能力的同时，更要关注学生的科学探究能力的提高。

(3)第五节“家庭电路”，是讲述家庭电路和安全用电的知识，这些知识既是上节知识的延伸和扩展，又与实际联系得非常密切。教材安排了两个实用性很强的实验，设法让学生做一做。“注意用电安全”部分，以图文并茂的形式，让学生了解家庭安全用电的主要知识，生动有趣。

教材分析中各个栏目和素材所具备的功能也不是孤立的，是相互渗透、相互促进的。这需要我们以后在教学中加强学习和研究，灵活地、创造性地使用教材。

6. 单元课时分配

本章 5 个单元，共分为 4 节，建议 8 课时：

第一节	电阻与变阻器	2 课时
第二节	欧姆定律	2 课时
第三节	串、并联电路的电阻关系	1 课时
第四节	伏安法测电阻	1 课时
第五节	家庭用电	1 课时
复习课		1 课时

(三)课堂教学设计

课堂教学设计时既要明确教学任务，进行学情分析，制定具体的教学目标，又要设计出比较详细可行的教学过程。下面以沪科版 8 年级《物理》《大气压强》一节案例说明课堂教学设计的基本方法。(详见第四章案例 4-1)。

第三章　中学物理基本课型的教学设计

一、物理概念课教学设计

(一)物理概念课教学设计的理论基础

物理概念是物理学大厦的基石。物理概念的学习和教学不仅是中学物理教育研究的内容，也是中学物理教学实践中遇到困难最多、教师参与程度最高的部分。事实上，科学有效的物理概念教学及其设计必须以促进学习者的概念转变为首要目标。

1. 概念转变

这是个体在学习过程中在前概念的基础上不断对所学概念进行有意义的切割、契合，同时又不断完成对前概念的超越和克服，从而达到科学概念的不断建构的过程。

奥苏贝尔有这样的一句名言："影响前概念的唯一重要因素，就是学习者已经知道了什么，要探明这一点并应据此进行教学"。① 前概念和科学的物理概念都是来源于人的实践活动，它们都是由认识主体的认识活动所产生。根据其是否易于转换成科学的物理概念，可将其分成两类，一类是虽然与科学的物理概念不一致，但在提供给学生一定的预备知识之后，再辅之以有关的实验引导，便不难使学生形成正确的物理概念，例如从不同物质轻重的概念转换成密度的概念。从结构上来说，这类概念在学生头脑里的形成并不涉及认知结构的转变，是属于认知同化过程。然而，另一类前概念则与此大不一样，在学生的原有经验中，这些前概念在儿童时期的头脑中已经有了相当长的发展时间，且已形成了系统的却并非科学的概念。比如，学生在日常生活中经常看到铁块沉于水中的现象，于是就在头脑中形成了铁块可以沉没于任何液体中的前概念。当讲授阿基米德原理、演示铁块漂浮于水银面上时，许多学生根本不相信，认为这是教师在玩魔术。这就是前概念对物理概念教学的影响。在这种情况下，教师必须努力促使学生原有认知结构的解体和新认知结构的建立，以实现认知上的顺应。

2. 针对前概念的教学策略

学生带着先入为主的前概念进入物理课堂，这是物理教学中的正常情况。基于前概念的特征和影响，关键是我们先要了解学生大脑中存在着哪些前科学概念，并努力把它们转换成科学的物理概念，从而也就能更成功地避免错误概念的产生。为此，教师在开始教有关的物理内容之前，应通过一定的方式，如提问、问卷调查、试题测试等，去深入了解学

① 阎金铎，郭玉英. 中学物理教学概论. 北京：高等教育出版社，2009：143.

生大脑中前概念的存在情况。

(1)认知冲突策略

认知冲突策略指的是建立在认知冲突和解决冲突基础上的教学策略。学生的认知冲突可分为两种：一种是学生对某一物理现象的认知结构与真实的物理现象之间的矛盾与冲突；另一种是学生对同一物理事实的两种不同认知结构之间的矛盾与冲突。一般来说，解决冲突首先要揭示学生的前认知，并让学生明确自己以及别人的想法；然后尝试解释矛盾事件，引起概念冲突；最后教师鼓励和引导学生进行认知调整，建立与科学概念相一致的新的概念。

在物理概念教学中，可通过测试和访谈了解学生的前认知，并根据学生暴露的问题进行教学设计，从而在具体的教学实施过程中使学生的概念发生转变。

(2)发展学生原认知的策略

建立在学生现有观念基础之上，教师引导学生从现有观念向科学观念发展和拓宽，在我国传统教学中大量成功的教学案例普遍采用了发展学生原认知的策略。

无论采用哪种教学策略，为了帮助学生形成概念，教师都必须加强物理实验，并充分利用图形、图片、电视录像、多媒体课件等手段，为学生提供丰富的感性材料，引导学生经历知识发生、发展的过程，促进学生的思维活动，降低学生形成物理概念的难度。

(二)物理概念课教学设计的整体思路

见表 3.1。

表 3.1

	步　骤	教学手段与策略说明
1	为什么要引入这个概念，如何引入这个概念	巧设情境，引入概念
2	它是如何表述的	抓关键字，把握内涵 下定义的方法(如用比值定义物理量的方法)
3	这个概念和其他概念之间的区别	列表比较
4	这个概念的应用	把握概念的外延，并进行理论联系实际的教学
5	看看它是哪种类型的物理量	是基本量还是导出量，是矢量还是标量，是过程量还是状态量，是常量还是变量
6	单位是什么？它的物理意义是什么？	注意符号的规范书写
7	求解这个物理量有哪些方法和途径	组织学生讨论，归纳
8	如何测定这个物理量，是直接测量还是间接测量，有几种测量方法？	进行实验研究
9	这个物理量和别的物理量有何关系，这种关系反映何种规律？	课堂延伸

(三)物理概念课教学过程的设计

物理概念是反映物理现象和物理过程本质属性的一种思维方式，是物理事实的抽象。它是在大量观察、实验的基础上，运用逻辑思维的方法，把一些事物本质的共同特征集中起来加以概括而形成的。物理概念课教学过程设计应根据课程标准的要求、物理概念的特点和学生的认知特点来设计，大致包含三个教学环节：

1. 创设情境，引导学生发现问题

在物理概念课的教学中，首先给学生创设一个适应教学要求、借以引导启发学生发掘问题、思考问题、探索事物的本质的概念学习情境。

【方案1】

运用实验

引人入胜的实验不仅能激发学生强烈的求知欲，而且可以为学生提供建立概念所需的感性材料。运用实验来展示有关物理现象和过程，不但学生在生活中能感受到，而且创设的情境越新颖生动，就越能引起学生的兴趣和积极主动地思考。运用实验引入新概念，包括教师演示实验和学生边学边实验两种形式。

案例《大气压强》一节中，在新课引入中，因2009年春节晚会上魔术大师刘谦的精彩演绎，使得“魔术”这一艺术形式迅速在全国火爆起来，本篇教学设计可以通过一个小魔术：大家请看，这是一个装满水的矿泉水瓶，现在老师要用这根粗铁钉将瓶子刺破，我们可以想象，当铁钉拔出后会发生什么现象呢？

利用吸盘实验来说明大气压的存在我们司空见惯，但将“吸盘”与“真空罩”组合起来实验(将一个吸盘玩具球放到真空罩中，用抽气机向外抽气后，会发现吸盘能“自动”吸附在罩壁上，将空气放入后，吸盘又“自动”脱落下来。)，这就是一种创新之举了。学生通过观察和思考，仿佛能看到了“大气压”这只“无形的手”在对吸盘产生作用，因此，对“大气压客观存在”的认识自然也是印象深刻的。

对于“灌满水的瓶子，用嘴吸不出来水”的实验，在上海举行的一个交流研讨会上，一位老教师很自豪地介绍自己的做法：在啤酒瓶的盖子上凿了一个孔，然后，请一名同学上台喝这瓶酒，当然这位同学怎么也喝不到，其他同学急了，争先恐后地上来尝试，有的学生急得仰起脖子将瓶口朝下，用嘴使劲吸都喝不到。然后，老师在瓶盖上又凿了一个孔，此时学生发现从刚才的孔中就很容易喝到酒了。我们可以想象当时的课堂氛围一定很热烈，但这种让多名学生尝试去喝同一瓶酒的做法，本身就不“卫生”更不“文雅”，况且你选择的是青少年不宜品尝的啤酒。所以，说到这里，大家就不难理解：为什么今天老师用“注射器”来代替“学生的嘴”去吸饮料的用心所在了。

在学生动手尝试自己设计实验验证大气压存在的过程中，可以将学生实验的精彩镜头用数码相机抓拍下来，然后现场导入到大屏幕上进行分享和交流。这一创新性做法无疑是高效的。因为，“学生的学习资源绝不仅限于教材和老师，学生代表的发言或者是同学们在实验过程中的探索和体验，都是课堂教学中很好的资源”。

【方案 2】

利用学生积累的生活经验

学生在日常生活中，观察和接触过许多物理现象和应用物理知识的事例。善于恰当地利用学生已有的生活经验，也能创设良好的物理环境。例如：在进行“摩擦力”概念的教学时，可以利用典型的、生活化的事例来创设物理环境。教师以《小鬼当家》中的片断引入课题，小主人公巧妙利用摩擦力知识与歹徒周旋，在轻松的气氛下，唤起学生对生活中有关摩擦力的原有认识。以搓手等简易实验，引导学生猜想影响摩擦力大小的因素，使他们的前概念明晰化。学生认为：压力、接触面粗糙程度对摩擦力大小有影响，压力越大、接触面越粗糙，摩擦力将越大，这些前概念与物理概念一致，为教学提供了良好的基础。教师预先提供实验器材，让学生自主设计实验方案，以实验事实验证了自己的猜想，使他们深切地体验到探究成功的喜悦，最后以自行车等为例，应用在课上学到的摩擦力知识，使学生的一些原有认识与物理概念统一起来，达到了预期的教学目标。

正像该案例中出现的情况，有学生出于生活的体验，提出速度和接触面的大小也会影响到摩擦力的大小，与物理学中的摩擦力概念不一致，尽管教材中并未探讨这些因素，但这会影响到学生对摩擦力概念的全面理解，学生所表达的原有认识是非常好的课程资源，为实现概念转变提供了良好的教学契机，运用课堂中提供的实验器材，完全可以引导学生对自己的认识进行验证、分析，以引发认知冲突，实现前概念向科学概念的转变。

【方案 3】

抓住新旧知识的逻辑展开

新概念往往与已学过的概念、规律之间存在着有机联系。抓住新旧知识之间的联系，从已有知识出发，通过逻辑展开，把新概念自然引申出来。例如：“加速度”概念教学，根据已经建立起来的概念建构新的概念，由“速度—速度的变化—速度变化的快慢—加速度”，步步深入引出加速度的概念，可以使学生认识到引入新概念的必要性和客观性，使知识系统连贯，便于学生理解、掌握和不断深化，也有利于发展学生的逻辑思维能力。

【方案 4】

利用物理学史资料引入新课

在物理教学中渗透物理学史教育，可以开阔学生的视野，让学生了解科学家研究问题的思路和方法，学习他们的科学态度和科学精神。教师向学生讲述物理学史上那些脍炙人口的故事和传说，如科学家的趣闻趣事、重大发现的来龙去脉等史料，既可以达到引入新课的目的，又有助于扩大学生的视野、启发学生科学思维、掌握科学研究方法。

案例：可以通过介绍马德堡半球实验引入大气压强，介绍帕斯卡的裂桶实验，引入液体压强等；又如，在引入光的干涉概念时，首先介绍托马斯·杨在历史上第一次解决相干光源的问题，成功地做出光的干涉实验的史料，激发学生对新概念学习的浓厚兴趣。

利用物理学史资料引入新概念，语言要简练生动、富有启发性，既要让学生感到有趣，又要能启迪学生的思维，提出步步深入的问题。切不可轻描淡写地介绍物理学史料，尔后直接提出要学习的新概念，这样会使教学拘泥于形式，而不能充分发挥物理学史的教育功能。教师应该在讲述史料的基础上，用其中所涉及的物理现象、物理过程引导学生分析、猜想，在学生发表自己的看法时，抓住学生的疑惑点，切入新概念的学习。

2. 采用适当教学策略，引导学生经历科学思维过程

引导学生发现问题后，教师应采用适当的教学策略，让学生参与科学思维过程，通过比较、分析、综合、归纳等方式，排除次要因素，抓住主要因素，找出所观察到的一系列现象的共性、本质属性，形成概念。尽量让学生用自己简洁的物理语言或数学语言给出表述或定义，并讨论所定义概念的适用条件和范围。

学生的理解是从感性到理性的过程，是质变的过程，这是学生认识过程中最困难、最复杂的阶段。有的教师急于求成，形成结论的过程完全由教师自己包办代替，甚至简单地“搬出”结论，要学生“记住”。这样做的结果是学生的认识往往还停留在感性阶段，或者感性的材料和理性的结论在他们的头脑中，还处于“分离”状态，没有真正实现知识的自主建构。

案例：“密度”概念的教学中，学生从实验中直接取得的是几组数据，如何对这些数据进行分析、比较、抽象、概括，使学生形成“密度”这一概念呢？首先研究一组数据(同一种物质)，经过计算得出物质的质量与体积之比始终是一个恒值，但是对于和另一组数据(不同物质)作比较，发现不同物质的质量与体积比值不同，进而科学引入表述物质属性的概念“密度”——单位体积的某种物质的质量。

3. 创设物理情境的变式，促使学生巩固、发展概念

在新概念建立之后，教师要为学生创造贴近生活、贴近自然的不同物理情境的变式，使学生有机会在不同的、新颖的情境中应用、理解物理概念的内涵，以丰富和发展对概念的意义建构，激发和促进学生学习和探究的兴趣，培养学生的创新精神与实践能力。

案例："摩擦力"一节教学中，教师可以选择一个拉动静止在桌面上的木块的过程来研究，通过传感器将过程中木块所受到的力描绘出来。教师引导学生分析木块在电机的作用下，由静止到匀速运动的过程中，由计算机记录的力和时间的图像，进一步了解静摩擦力和滑动摩擦力的区别和联系，了解摩擦力大小变化的特点，并布置课后探究影响最大静摩擦力的因素，体现了课内与课外探究相结合的思路。

要真正掌握物理概念，还必须通过多种途径运用概念，以达到巩固、深化的目的：

(1)运用概念解答悬而未决的问题。在概念教学的引入阶段，为集中学生的注意力、激发学生学习的兴趣，教师可能会通过演示实验对学生展示出乎意料、感到迷惑的物理现象或提出一个学生利用已有知识无法解决的问题，让学生带着疑问进入概念的学习。但在概念学习结束后，教师应留给学生时间，让学生自己尝试利用所学的新概念来解决新课开始留下的悬念。这样既可以深化学生对概念的理解，又有利于培养学生分析问题、解决问题的能力。

(2)运用概念解释某些常见现象。在学生初步形成概念后，可以让学生尝试应用所学概念解释相关现象，巩固深化对概念的理解，同时让学生真切体会、认识物理学的价值，激发学生学好物理的愿望，形成积极的学习动机。

二、物理规律课教学设计

(一)物理规律的基本类型

物理规律是自然界中物理客体本质属性的内在联系，是事物发展和变化趋势的反映，是物理概念发展的必然结果，物理概念是物理规律建立的基础和前提。物理规律有助于物理概念的理解。①

物理规律大致包括实验规律、理论规律、理想规律。

实验规律：在物理实验观察基础上，经过归纳、推理和判断等思维方法获得的结论。即：在实验事实和数据的基础上，通过加工、总结，概括出物理规律，通常称为实验定律。如楞次定律、光的折射定律等。

理论规律：一般是指从已知命题出发，用演绎推理等思维方法推导出来的结论。即在已有的概念和定律的基础上，运用数学工具推理出新的物理规律，通常称为物理定理。如动量定理、动能定理。

理想规律：物理学中，有些规律不能直接用实验或者逻辑推理的方式来证明，但是它们却具有足够数量的经验事实来保证其科学性。如果把这些经验事实进行整理分析，去掉非主要因素，抓住主要因素，推理到理想情况下，从而总结出来的规律。如"牛顿第一定律"。还有一些内容虽然不属于物理学理论体系中的基本规律，但仍可作为物理规律看待。如"安培定则"，"左、右手定则"。

---

① 王建中．中学物理教学设计与案例研究．北京：科学出版社，2012：69.

当然，在某些情况下，实验规律与理论规律的界限并不明显，一些以实验为基础、概括实验数据得到的定律，如“阿基米德定律”、“帕斯卡定律”就是如此。

（二）物理规律习得的方法

1. 实验归纳法

这是从一些特殊的事实中概括出一般结论的思维方法，是从许多同类的个别事物中找出共性的本质属性。例如“电磁感性现象发生的条件”，本节内容以三个逐步递进的实验为基础，运用由特殊到一般的科学抽象法，即从实验现象的多样性发现共性，抽象出电磁感应现象的本质。首先学生通过大量的观察、记录，感性认识电磁感应现象发生的条件。但是对于电磁感应现象的本质，须经历比较、分析、综合、归纳等方式，抓住主要核心因素，找出一系列现象背后的共性、本质属性，形成概念。

2. 逻辑推理法

这是在已有定律的基础上结合一些概念，运用数学工具推证而得出结论的方法，如“动能定理”：动能定理是一条适用范围很广的物理定理，但教材在推导这一定理时，由一个恒力做功使物体的动能变化，得出力在一个过程中所做的功等于物体在这个过程中动能的变化。然后，逐步扩大几个力做功和变力做功及物体做曲线运动的情况。这个梯度是很大的，为了帮助学生真正理解动能定理，教师可以设置一些具体的问题，让学生寻找物体动能的变化与哪些力做功相对应。

3. 理想实验法

它是一种形象思维与抽象思维相互作用的过程，借助于逻辑推理，以真实的科学实验为基础，以逻辑法则为依据。它具有真实物理实验的一些特点，但又不同于实际实验。如“牛顿第一定律”、“理想气体状态方程”等。

4. 图像法

这是假设某一物理量 y 随另一物理量 x 而变，从实验和观察中测出一系列与 x 相对应的 y 值后，在直角坐标系中分别标出与各组测量结果对应的点，再用平滑的曲线将各点连接起来构成图像，然后分析图像找出规律，或与已经知道的数学表达式的图像对比，得出定量函数关系式的方法。如运用几何作图法研究凸透镜成像，利用图像法研究晶体的熔化和凝固规律。

（三）物理规律课教学过程设计的一般程序

物理规律的学习过程是一个复杂的认识过程，它是感性认识和理性认识、特殊认识和一般认识反复结合、相互作用的发展过程。应该让学生在获得必要的感性认识的基础上，引导学生运用“科学的抽象”来概括归纳出规律，同时要使学生理解规律的物理意义，并使学生在运用规律的过程中，从定性与定量两个方面不断加深对规律的理解①。物理规律课教学过程一般要经过三个阶段：创设情境，提出问题；实施探究，促进建构；运用规律，解决问题三个阶段：

---

① 李新乡，张军朋. 物理教学论. 北京：科学出版社，2009：241.

1. 创设情境，提出问题

科学探究始于问题。物理规律教学过程要引导学生经历科学探究过程，认识物理规律的内涵，首先必须确定需要研究的问题，教师需要有效地创设问题情境，即充分展示相关的物理现象，激励学生进行观察与思考，启发和引导学生大胆地提出问题，筛选问题，确定出所要认识和解决的科学问题。所创设的情境应该贴近学生的生活和社会环境，真实、可感，尽量激发学生的好奇心和求知欲。问题提出的方式也应该灵活处理，既可由教师基于现象或理论提出，也可以是教师启发学生提出等方式。

2. 实施探究，促进建构

在形成恰当的科学问题之后，规律教学就进入对问题的探究环节。引导学生探究科学问题，目的是促进学生的积极建构，既要引导他们探求科学问题所涉及的物理量之间的关系，还要让他们在解决问题的过程中体验、感悟建立物理规律的科学方法、科学思想。

物理规律教学中科学探究的组织，首先要确定建立规律的基本途径，即“实验归纳”或“理论演绎”，并在探究过程中恰当地体现科学探究的要素，灵活设计和安排学生的猜想、计划、操作、推证、评价、交流等活动，有效地促进学生的“探究—建构”过程，不宜一味地强求探究模式的完整。对科学问题的研究要重视定性探讨，这对学生深刻理解规律的物理意义是十分重要的。同时，规律教学要尽可能结合物理学史作一些拓展，并在评价环节反思探究过程中的科学方法、科学思想。

3. 运用规律，解决问题

教师在引导学生学习物理规律之后，要及时将规律教学导入深化、活化的阶段，指导学生运用规律，解决问题。教师需要选用一些难度适当、与实际相联系的问题，以及一些适当的新情境问题，通过示范、师生共同讨论，引导学生主动参与到问题解决的过程中来，丰富和发展对物理规律的意义建构。同时，教师要认识到，运用规律解决问题是一个长期的过程，要根据规律的重要程度以及问题解决的难度，与后续的习题教学、复习教学统筹规划，有序安排。

在实际教学中，物理规律教学的方式总是灵活多样的。因此，优质的物理规律教学不仅需要理论的指导，还需要教师在教学实践中不断探索。规律教学设计的过程中，教师在把握基本的规律教学设计理论的同时，应该特别注意以下几点：

第一，情境创设应紧密结合学生的前认知来进行。情境创设的形式是多种多样的，情境创设的研究永无止境，对于任何一个物理规律的教学，没有最好的情境创设，只有各具特色的情境创设。无论教师采用何种情境创设的方式，一个成功的情境创设必须是紧密结合学生前认知进行的。

第二，规律教学虽然没有固定的程序，但是规律教学的基本过程应当是完整的。即应当包含创设情境，提出问题；实施探究，促进建构；运用规律，解决问题三个基本的教学过程。

第三，规律教学的实施应当遵循探究—建构的现代科学教育理论。

三、中学物理实验课教学设计

（一）中学物理实验的分类

1. 探究性实验

在探究性实验教学中，为了引导学生探索、发现物理规律，获取新的物理知识，由教师提出或在教师引导下由学生提出问题，设定好实验方案，让学生自己动手，通过一系列的观察测量活动去探索研究，从而归纳总结，得出结论。

准备阶段：首先要选题合适。并不是所有的实验都可以作为探究性实验。所选的应是那些操作方便、涉及理论易懂、实验误差小的实验。

实施阶段：其次是设计实验的程序。实验程序尽可能简单一些，只要能让学生由此得出规律来就行了，不必面面俱到。

总结阶段：最后是实验的准备。教师要对实验器材认真检查、挑选，为学生顺利进行探究做好准备。

例如：研究杠杆平衡条件、研究电磁感应现象的实验。这类实验安排在有关知识的教学之前进行，或可作为教学内容并进行实验。其目的是让学生通过实验观察，对尚未学过的知识有一个感性认识，并可归纳得出初步结论，为进一步学习有关规律打下基础。同时，探索性实验还具有让学生"发现"规律、激发学习兴趣、培养求实精神与科学方法的功能。

2. 演示实验

这是指在课堂上主要是由教师操作表演的实验，有时候也可以请学生充当教师的助手或在教师的指导下让学生上讲台进行操作。指导学生对演示实验的观察和分析，可以使学生获得生动的感性认识，从而更好地理解和掌握物理概念和规律，可以培养学生的观察能力和思维能力，使学生对物理现象获得生动、深刻的印象①。演示实验的目的是为教学服务的，为的是在实验中发现规律、理解规律，从而掌握规律。演示实验要现象明晰易见，力求简单明了、直观，能充分说明问题，有足够的可见度，便于学生观察。

实验装置要恰当地优化布局，力争大型化、简单化，并充分利用多媒体手段，突出其基本的结构原理。从实验的设计、操作到分析都必须坚持实事求是的科学态度，教师在操作仪器、连接和装配仪器及演示现象时动作要准确、标准、规范、科学。对真实物理图像的近似或模拟，在演示时要向学生说明，以免误解。不能为了使演示的效果明显而违背了科学性，更不能弄虚作假。

演示实验的实验装置要牢靠稳固，要有很好的现象重复性，达到一次就能成功的程度。教师在课堂上演示实验必须确保成功。只有掌握实验的原理才能准确地抓住关键条件，从而成功地进行演示。在设计和进行演示实验时，必须在启发性上下工夫。首先通过生动的演示实验现象启发学生产生问题；其次明确问题产生的原因，如何解决问题，从而

① 顾燕红. 中学物理教学实验设计理论的初步研究. 苏州：苏州大学硕士研究生论文，2006：10.

启发学生进行探究，使学生在不断的思索、探讨中逐步掌握物理规律与知识。教师在进行演示实验的同时，要指导学生进行观察和思考。对于观察到的现象，分析所说明的问题，以至引出规律性的认识，都应尽可能由学生进行，培养学生的观察、分析能力。

3. 学生分组实验

学生分组物理实验，是指教师依据课程标准，有计划地设计实验内容、系统地训练学生的实验技能和习惯的教学方式。分组实验中，学生在教师的指导下，独立完成实验操作，处理实验数据，得出实验结论。学生分组实验是培养学生实验能力和科学态度的主要途径，也是发展学生创造思维和进行科研启蒙教育的重要途径。其目的是了解基本实验仪器的构造、原理，学会基本仪器的使用，探索和验证物理规律，培养学生独立实验的能力。

4. 验证性实验

这是验证某些物理定律的实验，例如高中实验中的验证牛顿第二运动定律、验证机械能守恒定律、验证动量守恒定律、验证玻意耳定律等实验。这类实验安排在学习过有关知识之后进行，要求学生定量分析实验数据，从中得出结论，并与所验证的定律作比较，以达到验证目的。如果实验结论与物理定律有偏离，还应分析产生误差的主要原因。

5. 基本训练性实验

这是熟悉某些基本测量仪器的操作与使用的实验。这类实验的目的是训练实验操作技能。在初中有长度、质量、时间、温度、电流等基本物理量的测量以及串、并联电路的连接等基本操作的实验，这些实验涉及刻度尺、天平、停表、温度计、电流表等仪器的使用。在高中则有游标卡尺、打点计时器、万用电表、示波器等仪器的使用。进行这类实验时，应严格强调各种仪器的操作规范，务必使学生学会正确操作和使用，而对仪器的工作原理则不需详细阐述。

6. 测定物理常数和物理量的实验

这是为测定某一物理常数或物理量而进行的实验。这类实验的目的是让学生运用已经学过的知识和熟悉的器材，测定某些物理常数和物理量。例如测定物质的密度、测定重力加速度、测定介质的折射率的实验。这类实验要求学生理解实验所依据的原理，明确实验的条件、步骤和过程。由于器材和实验条件的限制，对所测定的量的准确程度一般不作过高要求。

7. 设计性实验

这是根据目的要求自行设计的实验。这类实验对学生实验能力的要求较高，教学大纲中对此一般不作具体规定。这类实验可在高年级总复习阶段适当开设。例如初中，在学生理解串、并联电路的特点，并熟悉电流表和电压表使用的基础上，可以让学生设计只用一个电表和一个已知电阻来测量另一个未知电阻的实验；在高中，可以让学生设计实验来验证反冲运动中的动量守恒等。

(二) 中学物理实验设计的基本原则

随着课程改革的深入和实验教学的需要，中学物理实验教学改革出现微型化和信息化的变革趋势。各种类型的物理实验教学越来越强调探究实验教学。但是，无论哪种类型的物理实验教学，在进行实验教学设计时，都要遵循以下基本原则。

1. 实验原理应体现其科学性、针对性

实验原理的科学性主要指物理原理是否正确，演示实验的物理现象是否真实、正确地反映了实验原理。原理的正确性要求不能弄虚作假、制造假象代替真实的物理现象来欺骗学生。实验的误差是不可避免的，但是决不能把所有不成功的实验结果都归于误差了事，而是要用正确的原理来解释误差。例如，演示变压器的输入、输出电压之比与原副线圈的匝数成正比的时候会存在误差，此时应指出漏磁与电流的热效应是产生误差的主要原因，为了减少误差，可以采用硅钢片做铁芯，或用电阻率更小的导线绕制线圈等。

实验的设计应具有针对性。具体地讲就是要明确解决什么问题，得出什么结论，验证什么定理、定律，建立什么概念等。教材中某些重要的概念、规律等通过演示实验归纳得出，比教师单纯地讲授更容易使学生接受；对教材的某些重点、难点学生存在疑虑，必须通过实验才能使学生真正地领会。所以，我们设计实验时一定要牢记，设计的实验一定要重点突出，结论直接。例如，解释简谐运动的图像为正弦(余弦)曲线时，就可以让学生两人一组，一个人用铅笔模拟往复简谐运动，另一个人沿桌面与简谐运动垂直的方向用手匀速拉动纸条，这样纸条上就出现了正弦(余弦)曲线，学生即恍然大悟。

2. 要尽量选择常见、耐用且用途广泛的实验器材

实验器材的选择要从多方面考虑，但首先要取材方便，经济实惠，且为学生所常见。麦克斯韦曾经说过："一项试验，使用的材料越简单，学生越熟悉，就越能透彻地获得所验证的结果。"例如，在演示核的链式反应这一问题时，就可选用最常见的火柴棒来做类比实验，首先把火柴棒连接成树形，一接二，二接四……实验时，点燃边缘上的一根火柴，其他的就顺次被点燃了。这就能使学生对所学问题有很直观的理解。

在演示实验时，为了能让所有学生都清楚地观察到实验现象，经常会一而再、再而三地重复实验，故所选的实验器材一定要经得起"考验"，不能在中途损坏而影响教学的正常进行。例如，在演示初二课本上的大气压强实验时，一定要选用厚底玻璃瓶，以防瓶底在遇热时损坏。

由于购买实验器材往往需要一定的资金，所以我们提倡教师能够尽量地做到一物多用，即利用现有的装置，进行尽可能多的实验，显示尽可能多的实验现象和实验原理。这在当前仪器普遍缺乏的情况下是一种非常有效的好办法。例如，我们常见的塑料瓶，由于其具有安全性强、气密性强且透明易观察等特点，就是一种很好的实验材料。

3. 实验步骤应简单易行

实验步骤要简单、易操作。实验的操作步骤应尽量简单。结构复杂、操作繁琐的实验，往往会分散学生的注意力。只要演示实验的科学性强，现象明显，越简单越好。例如，"反冲运动"，可设计一个"水火箭"，把一个饮料瓶口用软木塞塞住，在塞上钻一个小孔，装上气门针，在瓶里装一定量的水，通过气门针往瓶里打气，到一定程度时气体就会把瓶塞冲开，同时瓶子就会向相反方向运动。这个实验，简单明了，但很能说明问题。

一般地说，观察明显、清晰的现象比观察细微、模糊的现象效果更佳，学生兴趣更浓。为了使实验效果明显清晰，我们应从这样几个方面来考虑：变小为大、变弱为强、变快为慢、变淡为浓、变轻为响……例如，水波的干涉、磁感应线等可用幻灯投射到屏幕进行放大；演示固体形变时可将烧瓶里的水染为红色；还有一些实验现象，发生在一瞬间，可借助录像、电脑进行慢放、延时等手段来解决，使实验结果更容易观察、区分和比较。

可行性是指从仪器制作、器材选择、实验条件和操作等各个步骤来保证实验的成功。常常有这样的情况，设计的实验方案是正确的，但是在实验的实施过程中，由于受到多方面因素的限制而无法成功。例如，静电实验的演示一般比较困难，其主要原因是静电电压高，使通常情况下的绝缘体在高压下变成了导体，因静电量少，电荷很快就“漏掉”了，特别是天气潮湿时更容易“漏掉”。所以，可以增加这样一个步骤，做一个简易烘干箱，里面放一只“100W、220V”的灯泡，用来烘干箱内的“湿气”，里面再放一些静电器材，如玻璃棒、橡胶棒、毛皮、丝绸、验电器等，有这样一个全天候静电实验箱，这个实验受天气的影响就小多了。

4. 实验现象应直观有趣，贴近生活

教育心理学研究实践证明，学生在学习过程中，不论是观察、记忆、思维还是想象，没有注意的参与是不行的。心理学研究表明：注意的指向性和集中性与刺激物的新异性有关，刻板的、千篇一律的习惯性刺激不易引起人们的注意。因此，实验的设计除了考虑以上的三个方面外，还要突出实验现象的直观、新奇有趣、贴近生活。

演示实验就其自身特点来说，实验现象首先应直观形象。现象越直观，越有利于学生利用直觉思维，进行有效学习。例如，为了演示金属电阻率随温度而变化的实验，把“220V、40W”的废日光灯管敲断，取其中一端灯丝把它和“6V、6W”的灯泡、演示电流表、开关串联在6V的稳压电源上。闭合开关，灯泡正常发光；用尖嘴钳夹住日光灯灯丝另一端，用酒精灯给灯丝加热，灯泡亮度显著变暗，电流表读数变小；停止加热，把灯丝、尖嘴钳一起浸入凉水盆中，灯泡迅速变亮，电流表读数亦变大。学生亲眼看到灯泡的亮暗变化，得出金属电阻率随温度升高而增大，随温度降低而减小的结论，印象一定深刻。

学生都有好奇心理，奇特的物理现象、出乎意料的实验结论，都会在不同程度上激发起学生的求知欲望，从而促使学生更用心地学习。例如，在“惯性”一节教学中，把一玻璃瓶放在桌上，瓶底压一张纸条，慢慢拉动纸条，玻璃瓶随纸条向桌子边缘慢慢移动，此时学生都以为若再移动，玻璃瓶就要掉到地上了。大家都全神贯注地看，这时教师突然用力快速抽动纸条，学生异口同声地发出尖叫声，当看到瓶子安然无恙时，学生便急切想要知道这“魔术”的奥秘，教师因势利导指出惯性原理，这对学生的理解就会起到水到渠成的作用。

贴近学生生活的实验，会使学生具有“亲近感”，学习起来更有效率。如，在大气压强的教学中，教师可以在演示完书上的马德堡半球实验之后，拿出两个学生非常熟悉的塑料衣钩来模拟半球实验，让两位学生对拉衣钩，实际体会一下大气压强的大小；再者，教师可以举平时用吸管喝汽水的例子，来说明大气压强的无处不在性。这类实验，学生在日常生活中都有所接触，但对其原理确不知其所以然。通过这类实验，可以使学生在好奇中感受物理知识的魅力，在轻松的环境中获得真知。加强实验教学、增设演示实验是新课程标准的特点之一，随着新一轮课程改革的不断深入，中学物理教师必须跟上当前形势，不断地探索物理实验设计思想，丰富自己的实验教学。

(三)中学物理实验设计的基本程序

1. 实验目的的设计

只有明确实验目的，才能对实验方法，实验仪器及实验步骤作出相应的设计。

2. 明确实验原理

针对不同类型及不同内容的物理实验教学，要在设计实验时明确实验所涉及的操作原理，保证原理的正确性、可行性和确切性。①

3. 实验仪器的选择

要根据实验目的和误差要求选择实验仪器；要掌握使用方法。

4. 实验方法选取

实验方法设计包括实验操作方法、观察与测量方法、实验数据处理方法、误差分析方法的设计。

5. 合理安排实验步骤

合理的实验步骤是根据实验目的，在正确实验原理指导下，设计出能保证实验教学顺利展开的举措。

6. 现象分析和数据处理

对实验需要从几个方面加以分析：实验现象本身是什么？实验现象的原因是什么？实验现象可能说明什么物理问题？

7. 实验结果和实验误差分析

这是实验基本技能的一个重要方面，教师应该设法通过教学使学生学会分析误差的来源，并学会分析和减少实验误差的途径，从而学会通过观察与测量，分析实验数据并从中提取结论的技能。

四、中学物理复习课教学设计

(一)物理复习课教学的作用

1. 巩固知识，强化记忆

所谓巩固，是通过反复的强化，把所领会了的知识牢固地保持在记忆之中的过程。知识是否巩固的标志在于是否能够正确地、迅速地再认和重现以至灵活地应用知识来解决问题。

要巩固掌握的物理知识，必须跟遗忘作斗争。根据心理学的研究，遗忘和保持是相互对立的两个方面。遗忘就是大脑皮层上暂时神经联系的抑制。从学习的角度看，遗忘有两种：一种是在学习知识以后，由于没有复习，致使大脑皮层上的暂时神经联系因得不到强化，而产生消退抑制，这就是永久性遗忘；另一种是由于某种外界强烈刺激的干扰引起外抑制，或是由于长时间的强化记忆，大脑皮层上的神经细胞因过度疲劳而引起保护性抑

① 陶宏. 物理实验论. 南宁：广西教育出版社，1996.

制，从而导致暂时性遗忘，一旦外抑制或保护性抑制消退，记忆便可恢复。从教学的角度讲，预防遗忘、巩固知识的最好方法是经常复习。

心理学研究表明，在认识新知识的同时，遗忘也就开始了。在识记的最初时间遗忘得快，后来逐渐缓慢，相当时间以后，几乎不再更多地遗忘了。根据这一规律，就要求我们在教学中不仅要加强复习，而且应及时复习。

2. 温故知新，拓宽加深

复习并不是简单的重复，它是一个知新的过程。复习是否能达到巩固的目的，主要取决于对知识内容的重新组织，同时，要针对学生的实际，针对所存在的、带有普遍性的问题。在复习过程中通过知识的内在联系，把零散的、片断的知识条理化、系统化，使学生对知识的理解更深刻、更全面，达到横向拓宽知识、纵向深化知识的目的。如学生分别学习了牛顿定律、动量定理与动量守恒定律、动能定理与机械能守恒定律，通过复习，可以使学生明确认识到：这三条规律是动力学的核心，它给我们提供了解决动力学问题的三条途径。通过分析、对比，弄清它们之间的区别与联系，这对于学生掌握整个力学体系，具有重要的作用。

3. 发展能力，综合提高

通过概括而系统的复习，可以进一步掌握研究和处理问题的方法，有助于系统的物理知识与学生已有的知识体系相联系，形成新的认知结构，有助于知识向能力的转化。在复习过程中，通过教师的示范、指导和启发，使学生的概括和整理知识的能力、记忆能力、分析和解决问题的能力以及学习物理的自觉性和主动性都有较大提高。而且，由于复习能够揭示物理知识的内在联系，促使学生对物质世界的多样性和统一性的认识，因此有利于学生形成辩证唯物主义的世界观。

(二)物理复习课教学的常用方法

应根据教材内容的特点和学生对教材掌握的具体情况，选用相应的、讲求时效的方法来实现复习的目的。物理知识复习常用的方法有以下 7 种。

1. 对比复习方法

对比复习法有利于中学生掌握易混淆的概念和规律。通过对比，辨析易混概念、规律，达到正确掌握知识的目的。例如，速度变化量与速度变化率以及电势、电势能与电动势等知识就适宜用此法复习。

2. 提纲复习法

把主要教学内容编成提纲，引导学生按提纲进行复习。例如，力学总复习时可采取师生一起列出力学知识结构图，让学生以图为纲进行复习的方法。

3. 复现复习法

教师引导学生回忆思考一个教学单元的主要内容。随着学生的回忆教师完成板书，使复习内容复现在黑板上。例如，运动定律、电场等单元学完后，可用此法进行复习。

4. 组题复习法

认真选择彼此独立而又有联系的题目组成一套练习题，大体上能把要复习教学单元中的概念和规律组织进去。在引导学生解答这些习题的过程中，有意识地复习并突出有关概念和规律，这种复习法就是组题复习法。

5. 实验复习法

根据中学生的心理特点，设计恰当的实验不仅能有效地引导学生复习有关的物理知识，而且也有利于激发学生的学习兴趣，并且还进一步训练了学生观察和实验的能力，因此，它是进行物理复习的有效方法。例如，将课本上的演示实验让学生重演，提出问题让学生思考；变换实验部件或条件，讨论实验的成败关键及现象的因果联系；采用与课本上不同的方法进行演示；配合讲解和讨论，穿插一些小实验；举办实验仪器陈列；开放实验室等。

6. 归类复习法

将所学内容按知识的性质来划分，同一类的知识归并在一起进行复习。例如，直流电路涉及的知识多而杂，可以引导学生把这部分知识归纳整理为“1234”，即要求学生掌握“1 条定律——欧姆定律”，熟悉“2 种电路——串联电路和并联电路”，会用“3 种仪器——电流表、电压表和变阻器”，理解“4 个概念——电量、电流、电压、电阻”。然后根据每项内容的特点选用适当的方法进行复习。

7. 知识结构复习法

以知识结构理论为指导，通过复习使学生掌握所学内容的基本结构。例如：浮力等单元的复习可以采用这种方法。

应该提出的是，复习方法和形式应该是多样的，它们各有所长、各有所短、各有所适。应该根据教学内容和学生情况选择适宜的方法，并且多数情况下，宜交替使用各种行之有效的方法，一般不应始终采用单一方法和形式进行。

(三)物理复习课的教学设计

复习课作为传统教学中的一种典型课，由于种种原因，往往导致学生不像学习新课那样有兴趣，学生不愿意听，教师也觉得难教。期末复习阶段需要在短时间内把几个月的知识点回顾加深，对教师的课堂教学水平要求就更高。安排、设计得不好很容易步入简单罗列知识的误区，调动不起学生的学习积极性。因此，要上好一节复习课，进行教学设计是重要的环节之一。

1. 物理复习课教学的基本要求

(1)突出重点，抓住关键，适当运用变式。复习不应是对所学知识的简单重复，教师要在认真钻研教材、参阅有关资料和充分了解学生的基础上，突出复习的重点和关键，不断地变换表现形式，而不是机械地重复知识。

(2)复习的安排应适时。由德国心理学家艾宾浩斯发现的遗忘曲线可知，遗忘的过程是先快后慢，是一种普遍的自然现象。因此，教师应按照遗忘的规律安排复习，即先密后疏。例如，新授课上安排一些练习，课后及时完成适量作业，下次课复习前次课的知识；单元、学期或学年结束时再进行集中复习。经过这样多次刺激，新知识在大脑皮层上就能留下较深印迹。

(3)题目要精选，复习内容要有一定难度。复习时要避免用烦琐、枯燥无味的内容消耗学生宝贵的时间和精力，要精选题目和内容。复习内容的选定，不应使学生停留在现有发展水平上，而应向最近发展区过渡，即复习的内容要有一定难度，对学生提出“高而可攀”的要求，促进其发展。

(4)复习要有利于知识的系统化。在新授课上，物理概念规律都是一个一个学的，这不利于学生记忆和使知识系统化。通过复习，教师要帮助学生把知识整理成稳定而清晰的结构体系，使知识系统化。

(5)复习要认真制定计划，精心设计复习方案。以总复习为例：既要覆盖面广，又要突出重点；既要查漏补缺，又要综合提高。这就要求教师事先一定要做好周密细致的准备工作，制定好复习计划，对复习课做好精心设计。

(6)复习要调动学生的积极主动性。复习课涉及的内容多数是学生学习过的，如何调动学生学习的积极主动性就成为一个重要问题。在复习课的教学中，可以引导学生探究知识的内在联系，充分发挥学生的主观能动性，让学生设计出所复习单元的知识结构图(可以让学生在课下先进行设计)后进行比较，可以让设计有特色的学生到讲台上展示和讲述，教师引导其他同学通过辩论等方式进行评价补充和完善。学生经历这一过程，不仅可以系统地掌握基础知识，而且创新能力也得以发展。

2. 物理复习课的原则和结构

复习课所要完成的教学任务应当由具体情况决定，不一定每堂复习课都抓系统和补缺、抓重点和难点、抓综合和提高，应当有所侧重。复习的方法也要因复习内容与要求的不同而不同。

(1)复习课应遵循的原则。依据课程标准、教材及学生实际，确定复习要求。根据复习要求确定复习内容，并考虑如何组织教材、确定适合复习内容和学生特征的复习方法。

(2)复习课的结构。由于复习课的内容多少不同、复习所用的时间长短不同，有的需要1节课，有的需要两节以上的课。一般我们说复习课的结构指的是1个完整复习单元的结构。

除了组织教学和布置作业两个环节外，复习课还有以下4个环节：

①知识的系统化。由教师引导学生，采用前面介绍的复习方法，对学过的知识进行复习，使学生形成最佳知识结构。与习题课相比，复习课的突出特点是较全面、系统。在对知识进行系统的复习时，一般要根据学生的反馈信息，穿插一些针对性的思考题。这样，一方面加深了对所复习知识的理解，另一方面也有助于克服单一的复习方法易给学生造成的枯燥感，提高学生学习的积极性。

②教师示范举例或组织学生讨论。其示范举例的要求与习题课相同。

③学生练习。这一环节要根据复习的内容多少确定。

④小结。它的要求与习题课相同，但不是一个复习单元的每一节课都要小结，是否进行要根据复习的内容确定。

物理复习课教学应注意的问题：

一是基础知识的复习，教师不应一讲到底。复习课应是师生共同探讨、共同提高的交流活动。在复习课上，教师不能从上课到下课一讲到底，这样会使得学生学习兴趣全无。复习课教学应该加强师生交流互动，充分发挥学生的主体性。不需要每次复习都由教师构建知识网络，然后呈现给学生，可以让学生自己总结所学知识，尽情发挥自己的想像力，构建出科学而生动的知识结构图。

二是精选练习题。在复习课上，常常需要通过巩固练习，加深对知识的理解，但是教师不能不加选择地搞题海大战，企图用“面广、量大”来求准，以“反复演练”来求实效。这种方法不仅不能达到复习的目的，而且加重了学生不必要的负担。教师应该根据所复习内容的特点、学生的实际情况有针对性地选择练习题，以起到巩固知识、消除学生疑点、突破难点的功效。

三是复习课的教学要着眼于学生能力的发展。复习课有一个明显的特点就是发展性，在教学活动中有部分教师对这点认识不够，致使物理复习课教学在有些地方走入了应试教育的误区，复习课成了应试教育的手段。考试考什么就复习什么，不考的就不复习，而且无限拔高教学要求，致使许多学生跟不上教学进度。物理复习课应面向全体学生的发展，关注学生的个体差异，使每一位学生通过复习都能有所发展，而且重点发展学生的各种能力，主要是思维能力，培养他们在复杂的背景下分析问题、解决问题的能力。因此，在物理复习课的教学活动中，要从能力发展的角度来设计问题和组织教学活动。

下编　经典案例篇

第四章　初中物理教学设计经典案例及评析

【案例 4-1】

《大气压强》教学设计

安徽省合肥市第四十六中学　杨全

（全国第八届初中物理课堂教学评比一等奖）

【教材分析】

物理课程标准中指出：科学探究既是学生的学习目标，又是重要的教学方法之一。本节内容与生活联系非常紧密，学生从身边常见现象入手，探究得出大气压是客观存在的，让学生经历探究大气压存在的过程，很好地体现了新课标让学生在体验知识的形成、发展过程中，主动获取知识的精神。同时，教材在引导学生测出大气压后，又注重了引导学生运用所学的知识去分析大气压在实际生活中的应用，使学生能够学以致用，很好地体现了新课程“从生活走向物理，从物理走向社会”的物理课程理念。本节课从生活中的现象入手，进一步通过实验总结出规律，并联系日常生活中的应用；使学生在知识与技能，过程与方法，情感、态度与价值观三维目标上重建认知结构。

【学生分析】

学生对于大气压的存在其实在小学自然课和平时的一些科普读物中都多少有一些了解，但这些了解仅仅停留在表层，通过本节课的学习要让学生对知识的了解更深刻、更系统，所以在设计大气压存在的实验时，我把例举大气压存在的现象先留给学生，再通过教师演示和学生动手实验，使学生对大气压的存在有了丰富的感性认识。

对于大气压的测量，用吸盘和弹簧测力计测量的方法学生容易理解，易于操作，所以在这里开展了学生实验，使学生能更好地参与到课堂上来，也给了他们更多的展示自我的机会。但对于托里拆利实验，这个实验理解有一定难度，我采用由“覆杯实验”逐步过渡到托里拆利实验的方法，使学生对知识的了解有一个梯度。

对于一些大气压的应用，学生往往知其然而不知其所以然，所以在教学的过程中还需要教师通过典型的例子，让学生在分析具体问题的过程中真正的明白是怎样利用上大气压的。

【教学流程设计】

见图 4. 1. 1 和表 4. 1. 1。

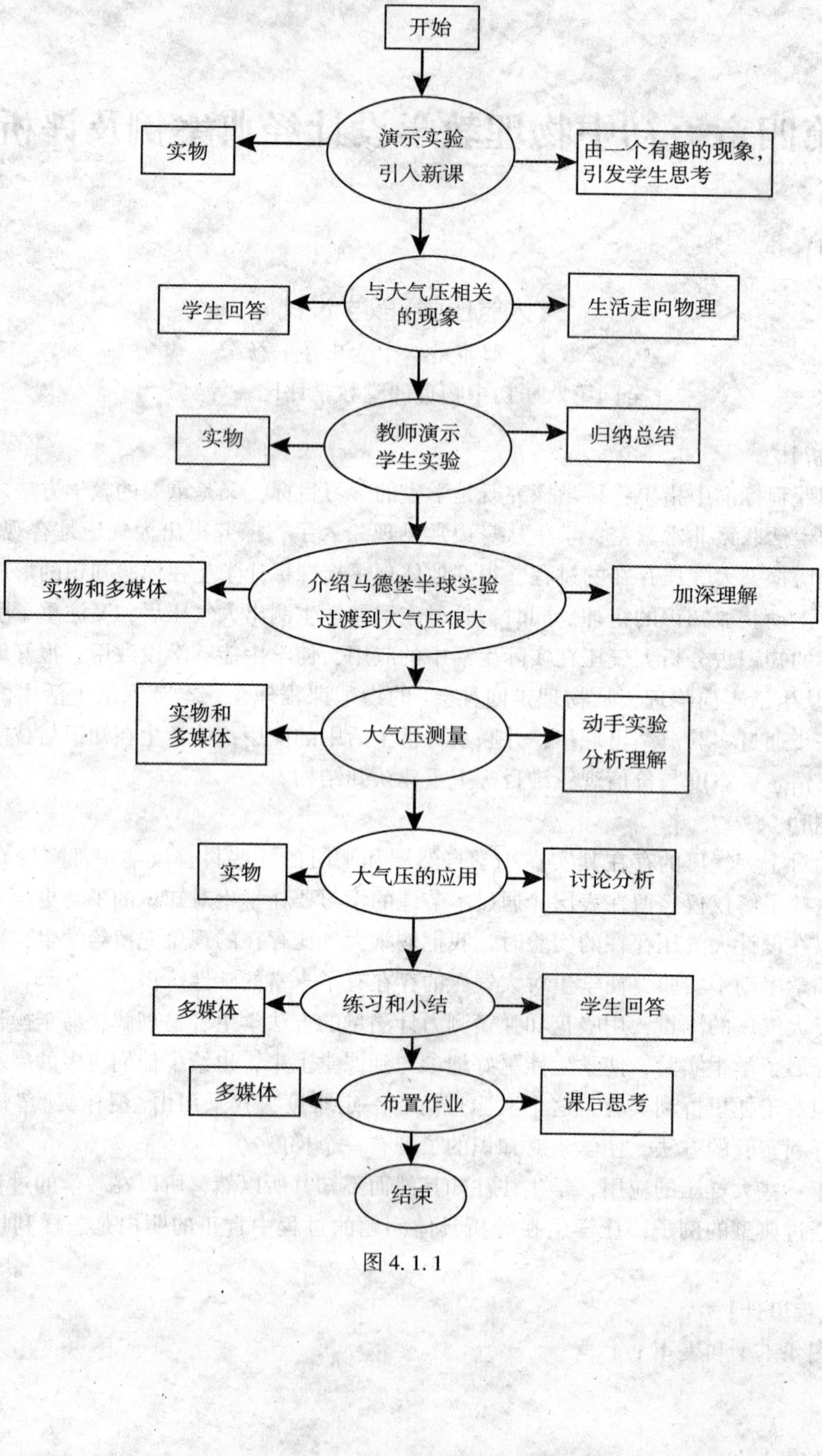
开始
演示实验
引入新课
实物
由一个有趣的现象，
引发学生思考
与大气压相关
的现象
学生回答
生活走向物理
教师演示
学生实验
实物
归纳总结
介绍马德堡半球实验
过渡到大气压很大
实物和多媒体
加深理解
大气压测量
实物和
多媒体
动手实验
分析理解
大气压的应用
实物
讨论分析
练习和小结
多媒体
学生回答
布置作业
多媒体
课后思考
结束

图 4.1.1

表 4.1.1

<table>
<tr><td>课时设置</td><td colspan="2">1 课时</td></tr>
<tr><td rowspan="3">教学目标</td><td>知识与技能</td><td>• 能例举证明大气压强存在的实验现象和生活实例。
• 能用大气压解释有关现象。
• 了解托里拆利实验的过程，能说出标准大气压的数值
• 通过对“喝饮料”现象的具体分析，加深对大气压应用现象的理解。</td></tr>
<tr><td>过程与方法</td><td>• 从大气压的实验现象到总结出大气压是客观存在的这一过程，培养观察思考、分析问题的能力。
• 通过对托里拆利实验的引入过程，体验研究问题时的思维过程和巧妙的实验方法。</td></tr>
<tr><td>情感、态度与价值观</td><td>• 通过了解大气压的应用，初步认识科学技术对人类生活的影响，激发对科学的热爱，并对科学产生亲近感。</td></tr>
<tr><td>教学重点</td><td colspan="2">大气压的存在及应用</td></tr>
<tr><td>教学难点</td><td colspan="2">托里拆利实验过程的教学。</td></tr>
<tr><td>教学用具</td><td colspan="2">教具：锥子、塑料饮料瓶、大吸盘一对、水槽、水杯、塑料片、抽气机、钟罩、吸盘球、注射器、玻璃饮料瓶、玻璃管、多媒体等。
学生自选材料(教师准备)：小吸盘(面积 $1cm^2$ 左右)、玻璃片、弹簧测力计(改装后，有记忆装置)、小玻璃瓶、塑料片、胶头滴管、试管(一大一小)、两头相通的玻璃管。</td></tr>
<tr><td>教学模式</td><td colspan="2">以实验为主要手段，物理与信息技术整合为辅。</td></tr>
<tr><td>教学方法</td><td colspan="2">实验探究法。</td></tr>
</table>

教学结构过程

环节	教学内容和教师活动	学生活动	设计意图
实验设疑	教师设疑：一个装满水的饮料瓶上用锥子扎一个洞，会怎样？ 学生猜想后演示该实验。	学生猜想。	“兴趣是最好的老师”，以一个有趣的实验引入，激发学生的探究欲望。
引入新课	教师提问：前面我们学习到液体对其中的物体有压强(放图片)，液体为什么对浸在其中的物体有压强呢？ 那么我们周围的大气有重力吗？它对浸在其中的物体有压强吗？ 提出自己的想法，并说出自己猜想的依据。 板书：一、大气压的存在	学生回答。	由液体压强过渡到大气压强，便于学生对大气压产生原因的理解。

续表

环节	教学内容和教师活动	学生活动	设计意图
新课教学	一、大气压的存在 1. 教师引导：我们没感觉到大气压压在我们身上。有没有事例可以证明大气压确实是存在的？ 2. 教师演示：(1)覆杯实验； (2)将吸盘球吸在钟罩内，抽出钟罩内的空气，会发生什么现象？ 3. 学生动手用桌上的器材来做和大气压相关的实验。 4. 展示学生实验时的照片。 5. 介绍：最著名的证明大气压存在的实验：马德堡半球实验。让两位学生上台来用大吸盘感受马德堡半球实验。 6. 引导学生思考：马德堡半球实验不仅证明了大气压的存在还说明大气压很大。引入下一个问题：大气压有多大？ 二、大气压的测量 1. 大气压不能像液体压强那样计算，所以我们要想办法测量。 提供给学生一个小吸盘，先分析怎么才能让吸盘吸住，为什么这么做？再让学生思考能否设计方案测出大气压的大小。 设计实验前让学生回顾压强的定义公式，并进行实验指导。 学生汇报实验结果后思考，这种测量大气压的方法有什么不准确的地方。 2. 教师介绍：在历史上，最早准确测出大气压的是意大利物理学家托里拆利。 3. 教师引导： (1)由“覆杯实验”过渡到试管中装满水倒置在水槽中，试管中的水会不会下降？为什么？ (2)演示：装满水的试管倒置在水中，更换更高的试管后水仍然没有下降。 (3)学生思考：如果管子足够高，试管中水的压强大于大气压会怎么样？ (4)教师引导：大气压到底能支撑多高的水柱呢。播放视频：大气压支撑10m水柱。 介绍：佛罗伦萨之谜，从而过渡到托里拆利对实验的改进。	学生回答。 学生猜想。 试一试：通过动手探究得出结论： 我们周围的大气对物体存在压强。 学生观看并实验。 学生设计测量方案，并参考课本第87页想想做做动手实验。 分组实验，并请几组同学汇报实验结果。 学生猜想并动手做实验。 分析原因。	对于大气压的存在，学生通过小学自然课的学习和生活中的体验有了一定的了解，采用学生自主、教师引导的方式实验，有利于学生积极参与。 通过真实感受让学生感到大气压很大，从而引入下一个问题：大气压的大小。 这个实验误差较大，但能增加学生的参与热情，而且实验后的误差分析也很有意义。 回顾公式使设计实验有一个梯度，不会让学生无从下手。 增加科学史内容拓宽知识面。 由“覆杯实验”过渡到“托里拆利”实验，通过水银柱的压强间接算出大气的压强，将对大气压的测定转化成对液体压强的测定正是托里拆利实验的可贵之处。

续表

环节	教学内容和教师活动	学生活动	设计意图
	引导学生想出用水银实验，告诉学生水银有毒，为了同学们的健康，老师提前录好了录像。 播放：托里拆利演示实验。简要介绍测量和计算的方法。 测量结束后提问：大气压这么大，怎么没把房子压塌呢？ 4. 教师介绍：支撑760毫米高水银柱的压强叫1个标准大气压。实际上大气压是会变化的，关于大气压的变化和测量工具留待下节课研究。	学生计算10米高水柱的压强。 学生提出改进意见。	回归物理学史，使学生对托里拆利实验有正确的认识。 对学生进行情感教育：在实验时，也要注意自身的健康。
引申探究 协作学习	三、大气压的应用 1. 学生尝试从密封的饮料瓶中吸饮料（为了卫生，用针管模拟人喝饮料）。学生思考，怎样才能吸到饮料。 播放吸饮料动画，分析吸饮料的过程。 回顾问题：为什么装满水的饮料瓶上用锥子扎一个洞，水却不会流出来，而打开瓶盖水就流出来了。 2. 学生例举大气压在日常生活中的其他应用。 3. 除了生活上，工业生产上也经常要用到大气压。 问题：如何搬运大块玻璃，能不能用这节课学到的知识来解决问题。 播放视频：吸盘搬运玻璃。 幻灯片：利用气压差工作的事例：吸尘器等。	学生参与。 学生回答。 学生分析。 学生回答。 学生观看。	通过具体现象的分析，培养学生的分析能力、概括能力以及语言表达能力。
课堂作业	1. 播放翟志刚出舱的画面，并介绍出舱遇到了一点小麻烦，足足用了6分钟。是什么原因使舱门这么难打开的？ 2. 播放三幅图片：滴管压扁后可以吸水、吸管吸水、吸盘挤压后吸在墙上。压、吸、挤压这些动作有什么作用？	学生当堂完成。	对学生进行爱国主义教育，并让他们感觉用所学知识解释问题的乐趣。 培养学生的归纳总结能力。

续表

环节	教学内容和教师活动	学生活动	设计意图
本课小结	通过这节课的学习，哪一点给你留下了最深的印象。	由学生自己总结本课知识。	使学生形成知识结构。
课后作业	青藏高原上食品袋的“高原反应”。 调查太空行走时的宇航服用到了哪些与大气压相关的知识。	思考，回答。	为下节课做铺垫。 拓展学生的视野，增长学生的课外知识。

板书设计

第三节　大气压强

一、大气压的存在

马德堡半球实验

二、大气压的测量

托里拆利实验。

一个标准大气压

$P_0 = P_{汞} = \rho_{汞} gh$

$= 13.6 \times 10^3 kg/m^3 \times 9.8 N/kg \times 0.76 m$

$\approx 1.013 \times 10^5 Pa$

三、大气压的应用

【注】本篇教学设计由袁乃玉老师推荐，曾荣获“全国第八届初中物理课堂教学评比”一等奖，教学设计采用表格式教案的方式，这种编排方式有利于展示出授课教师的设计意图，更有利于学科老师之间的交流。

【案例评析】

一、实验效果显著，既激发了学生的探究欲望，又培养了学生的创新意识

物理学是一门以实验为基础的科学，精彩的实验不仅能激发学生的学习兴趣、而且会加深学生对重难点知识的理解。另外，教师对于实验的驾驭能力以及实验设计的创新性最能反映教师自身的基本素养和创新能力。这节课许多匠心独具的实验设计，具有很强的可借鉴价值。

在新课引入中，因2009年春节晚会上魔术大师刘谦的精彩演绎，“魔术”这一艺术形式迅速在全国火爆起来，本篇教学设计也通过一个小魔术——大家看，这是一个装满水的矿泉水瓶，现在老师要用这根粗铁钉将瓶子刺破，我们可以想象，当铁钉拔出后……

利用吸盘实验来说明大气压的存在司空见惯，但将“吸盘”与“真空罩”组合起来实验（将一个吸盘玩具球放到真空罩中，用抽气机向外抽气后，会发现吸盘能“自动”吸附在罩壁上，将空气放入后，吸盘又“自动”脱落下来），这就是一种创新之举了。学生通过观察和思考，仿佛能看到了“大气压”这只“无形的手”在对吸盘产生作用，因此，对“大气压客观存在”的认识自然也是印象深刻的。

对于“灌满水的瓶子，用嘴吸不出来水”的实验，记得在上海举行的一个交流研讨会上，一位老教师很自豪地介绍自己的做法：在啤酒瓶的盖子上凿了一个孔，然后请一名同学上台喝这瓶酒，当然这位同学怎么也喝不到，其他同学急了，争先恐后地上来尝试，有的学生急得仰起脖子将瓶口朝下，用嘴使劲吸都喝不到。然后，老师在瓶盖上又凿了一个孔，此时学生发现从刚才的孔中就很容易喝到酒了。我们可以想象当时的课堂氛围一定很热烈，但这种让多名学生尝试去喝同一瓶酒的做法，本身就不“卫生”更不“文雅”，况且你选择的是青少年不宜品尝的啤酒。所以说到这里，大家就不难理解：为什么今天老师用“注射器”来代替“学生的嘴”去吸饮料的用心所在了。

在学生动手尝试自己设计实验验证大气压存在的过程中，老师将学生实验的精彩镜头用数码相机抓拍下来，然后现场导入到大屏幕上进行分享和交流。这一创新性做法无疑是高效的。因为，“学生的学习资源绝不仅限于教材和老师，学生代表的发言或者是同学们在实验过程中的探索和体验，都是课堂教学中很好的资源”。

我想，在学生实验的过程中，不仅执教教师的巡视指导和信息收集非常重要。作为听课老师的我们，也可以走到学生中间，看看他们在做什么想什么。有时候说不定就会有“意外的收获”。

比如：我在巡视中发现一个学生将注射器中吸入了一些水，我追问他：这一现象为什么说明了大气压的存在？说到这里，我想请各位老师先猜想一下他可能给出的答案？（稍停顿！）我当时想他一定会说：在吸水过程中，由于水面周围大气压的作用，将水压入针筒。但这位同学向我演示：将针筒的出水口朝下，再将活塞从针筒中抽出，这时我们看到水从针筒下面流出来。然后他解释说：一开始水没有从下面流出来是因为下面有大气压向上的作用，当上面的活塞抽出后，上面也有大气压向下的作用。这样上下大气压抵消，水受到重力作用就下落了。学生的回答大大出乎我的意料，我忍不住向他竖起了大拇指！

由此我得到的启示是：或许许多时候，我们凭借自己的经验来推测学生都是并不准确的，唯有深入学生中间，才可能有更多的“惊讶”和“赞叹”！

一名善于设计操作物理“小实验”的教师常常是受学生欢迎的。所谓“小实验”，就是指那些取材简单、操作方便、学生回家可效仿、可重复的实验。物理学是一门与生活联系非常紧密的学科，许许多多的生活事例中都蕴藏着物理原理，而学生对于这些事例的起因认识常常是有失偏颇的。利用一些小实验，很容易激发学生的学习兴趣，并帮助他们将理论与实际联系起来，体现“从生活走向物理，从物理走向社会”的课程理念。

当今世界竞争的核心是人才的竞争，而创新思维和创新能力又是人的才能中最为重要的方面。因此，我们的教育应为培养学生的创新思维和创新能力做不懈的探索。对于我们物理教学而言，课堂教学就是培养学生创新能力的主渠道，教师是课堂教学的组织者和实施者，如果我们自己能经常有更新教育观念、改进教学方法的意识和创新之举，这本身就是培养学生创新思维和创新能力的最好典范。

比如在“粗测大气压值”的实验中，老师对培养学生能力方面也做了大胆而有效的尝试：在学生尝试用吸盘和弹簧测力计粗测大气压强的实验后，发现了一个共同的难题，即在吸盘脱落的瞬间，弹簧测力计会恢复原来的零示数，如何让吸盘脱落的“瞬间”化为“永恒”呢？老师没有直接给出方法，而是要求学生先讨论分析，然后再将自己的设想付诸实践。

最后同学们想出了一个很创新的方法：在测力计指针下面的滑槽中镶嵌一个小泡沫，这样就能起到一个“记忆”作用！在“由学生设计实验到实验操作过程中问题的暴露，再到问题的解决，直至最终在实验中检验”这一过程，对培养学生的发现问题、进而创新性地解决问题的能力的作用是不可低估的！我们的教学，并不仅仅是教会学生书本上的知识，更重要的是，学生将来踏入社会、进入工作岗位后，我们的教育还会给他们留下什么影响？

二、物理学史教育，既让学生了解了知识的形成过程，又落实了情感、态度、价值观的教学目标

物理学史包含着科学家们的探索、追求真理的事实与故事，包含着丰富的“育人”因素。在物理教学中适当地渗透物理学史，以其学科内容的特点以及所具有的丰富的教育因素，不但可以加深学生对所学知识的理解，培养和提高他们的创造能力，同时还可以帮助学生树立正确的价值观和人生观，在素质教育中发挥“教书育人”的独特功能。

然而，在我们的物理教材以及物理课堂中，对于绝大部分知识，都是用逻辑方法将物理结论和盘托出。这样的教学内容完全忽视了物理学史发展的细节和过程，使原本生机盎然的知识显得单调、呆板、孤立，毫无生机。

可喜的是在本节课中，老师通过对“佛罗伦萨之谜”(17 世纪，工程师们发现了一个奇怪的现象，无论如何改进抽水机的设备都无法将水抽到 10 米以上的高度)这段物理学史的介绍，不仅让学生了解了前人对于大气压值研究的“来龙去脉”，更重要的是，学生们从物理学家伽利略、托里拆利以及天文学家辈尔梯的探索过程中，感受到了合作、传承、坚持和创新的力量，这是一种“润物细无声”的人文教育，第三维目标就在这一过程中自然得到了落实。

苏霍姆林斯基在《给教师的一百条建议》中指出：仅凭教师在课堂上设计一些现象明显的实验或是给学生一些表扬的话语，不可能使学生在内心深处对于该学科产生持续的兴趣爱好。学生学科兴趣的根源应该在于教师有意识地引导他们领略到学科本身的内涵之美。

王栋生老师在《让学生喜欢这门学科》文章中谈到：学生的“喜欢”有三种情形：学生喜欢我的课；学生喜欢我任教的学科；学生因喜欢我的这门学科而产生终身学习它的意识。

他还谈到：学生只喜欢你的课，可能未必是好事，只有当你的教学使学生热爱这门学科，他的学习才有价值。我们常见一门课换了教师，学生的学习情绪下降了。我们通常会认为可能是后面的教师的教育教学水平不足或是方法不当造成的，而忽略了可能是由于前面教师在教学中并没有培养学生对于学科学习发自内心的热爱，只是让学生产生了对于自己教学的适应和依赖。如果我们在教学过程中缺乏对于学科内涵的挖掘，学生的学习兴趣是盲目的，不稳定的，这无形中也养成了学生对于其他教师的“排异性”。

因此我想，我们不能够仅仅将我们的教学目标定位在帮助学生在考试中获取高分上。我们至少要做到：在适当的时候，领着我们的学生“居高临下”，对一些现象进行更本源的思考。或许这种拓展，在我们的班级中只有很少一部分学生能够听懂。但可能就是这少数的学生因我们的点拨，产生了对物理学的强烈兴趣，若干年后，甚至将物理学作为自己终身研究的领域。所以说，“唯有教师站得更高，才能够引领学生看得更远！”

（点评教师：袁乃玉）

【案例 4-2】

《物体的浮与沉》教学设计

安徽省合肥市第四十六中学　武玉勇

【教学设计思路】

本节内容选自沪科版 8 年级《物理》第九章第三节《物体的浮与沉》。本节内容是在学生已经学习了二力平衡、阿基米德原埋等相关的力学知识的基础上进一步探究物体的浮与沉。首先通过三个鸡蛋在水中不同的状态对学生有一种视觉的冲击，激发学生的求知欲，尤其是鸡蛋悬浮，让学生感受到了物理学科的神奇之处。让学生举例说明生活中类似浮沉的例子有哪些？让学生可以从课内到课外，从生活走向物理、从物理走向社会。让学生认识到理解了三个鸡蛋处于的三种不同状态就抓住了物体浮沉的本质。对鸡蛋进行受力分析可以得到物体的浮沉条件，同时提供器材让学生体验物体的浮与沉。再让学生探究得到改变物体浮沉的方法：(1)改变浮力大小；(2)改变重力大小。在实验过程中让学生自行探究，最后由学生以小组为单位的方式演示并总结出改变物体浮沉的方法。由此得到三个鸡蛋在同种液体中可以处于不同的状态是通过改变了鸡蛋自身重力实现的，由此引入潜水艇的相关知识。在讲解潜水艇的浮沉原理时，教师通过自制的潜水艇模型让学生探究它是怎样工作的，再通过视频知道了真实的潜水艇的浮沉是如何实现的。最后介绍利用气体浮力工作的热气球，给学生提供了薄的塑料袋、酒精灯、火柴等器材，因为 8 年级的学生还没有学过酒精灯的正确使用，所以老师在上课的时候需要先介绍酒精灯的正确使用方法，再介绍如何操作使塑料袋可以升空。学生在做完实验后都非常喜欢这个实验，学生体会到生活中处处蕴涵着物理。

通过这节课的学习让学生知道了改变物体浮沉的方法及其应用，同时还进行了适当的情感教学、小组合作学习、集体荣誉感的教育。

【教学目标】

1. 知识与技能

(1)知道物体的浮沉条件。

(2)知道潜水艇、热气球的浮沉原理。

2. 过程与方法

(1)通过实验探究找到改变物体浮沉的方法。

(2)通过实验探究总结出潜水艇的浮沉原理。

(3)通过自制的热气球总结热气球的浮沉原理。

3. 情感态度与价值观

通过实验探究活动让学生深刻体会到“物理源于生活、生活处处有物理”，同时对学生进行适当的情感教育，培养学生健全的人格。

【教学重点】

掌握物体浮沉条件及其应用。

【教学难点】

理解改变物体浮沉状态的方法。

【教学资源】

虽然生活中的浮沉现象很多，但是学生真正亲自动手实验的机会并不多。教师在准备教学资源这一块就考虑到了这个问题，应尽可能选择全面一些，让学生通过实验探究能更好地理解物体的浮与沉。

教具：玻璃水槽、三个鸡蛋、夹子、潜水艇模型、薄塑料袋、酒精灯、火柴、许愿灯、PPT 课件等。

学具：玻璃水槽、鸡蛋、铝片、铁钉、红枣、带盖的玻璃瓶、食盐、玻璃棒、烧杯、圆柱形塑料水槽、潜水艇模型、薄塑料袋、酒精灯、火柴、毛巾等。

【教学流程设计】

见图 4.2.1。

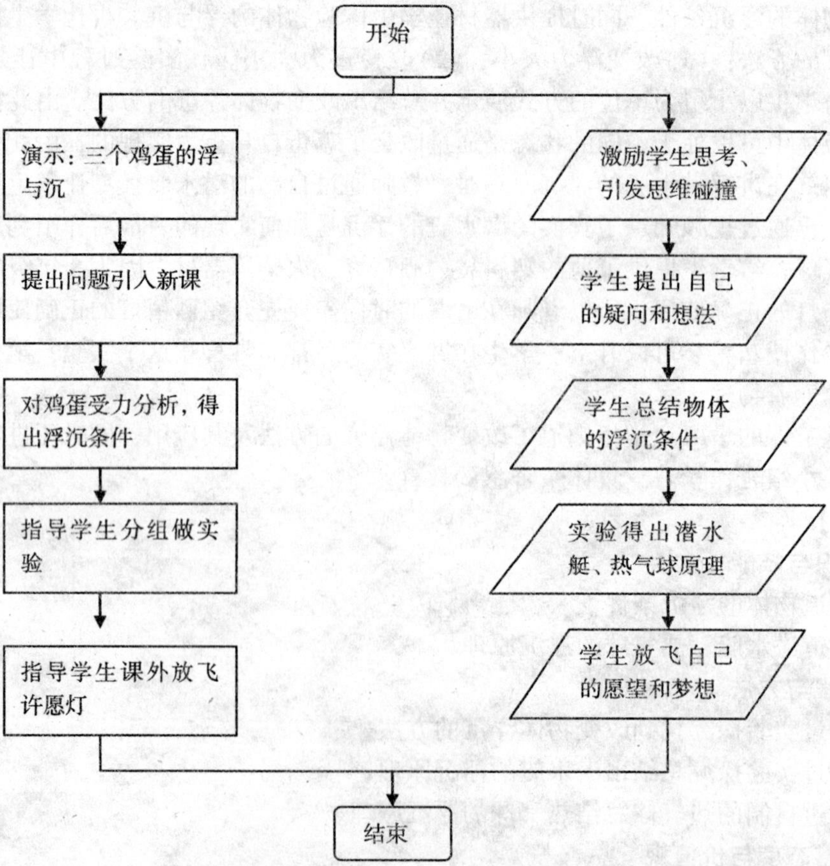

图 4.2.1

【教学过程设计】

见表4.2.1。

表4.2.1

环节	教师行为	学生活动	设计意图
引入新课	在玻璃水槽中演示三个鸡蛋先后放入水中分别处于悬浮、上浮直至漂浮、下沉。让学生对于这个实验提出自己的疑问或者想了解的知识。 (板书：第三节 物体的浮与沉)	学生对于教师演示的实验进行合理的猜想，并提出对于这个实验的疑问。	给予学生强烈的视觉冲击，让学生产生强烈的求知欲和探索的动力。
受力分析得到物体的浮沉条件	让学生举出生活中常见的浮沉现象；再让学生分析三个鸡蛋的受力情况，总结出物体的浮沉条件 (板书：一、物体的浮沉条件)	学生分析鸡蛋处于悬浮、上浮直至漂浮、下沉时的受力情况，得出物体的浮沉条件。	培养学生理论与实际相结合，分析问题和解决问题的能力。培养学生受力分析和总结规律的能力。
通过实验体验物体的浮与沉以及改变物体浮沉的方法	1. 探究实验一：给学生提供玻璃水槽、鸡蛋、铝片、铁钉、红枣、带盖的玻璃瓶等器材，体验物体的浮与沉。找出上浮、下沉的物体分别有哪些。 2. 探究实验二：再增加食盐、玻璃棒、烧杯等器材，进一步探究：怎样使原来下沉的物体浮起来？怎样使原来上浮的物体沉下去？ (板书：二、改变物体浮沉的方法)	1. 探究实验一：学生按照要求进行实验：将研究对象浸没在水中由静止释放，找出上浮、下沉的物体。 2. 探究实验二：利用教师提供的器材，进一步探究得到怎样改变物体的浮沉状态(请两组同学分别派两位代表给所有的同学展示他们所做的实验，边演示边讲解)。	让学生经历实验探究的过程，体验物体的浮与沉，同时再进一步总结出物体的浮沉条件。培养学生的实验技能和小组合作的意识、语言表达能力。
通过实验探究得出潜水艇的浮沉原理	通过揭示三个鸡蛋浮沉的秘密让学生认识到看问题要看到问题的本质所在：改变鸡蛋自重改变浮沉状态。由此引入潜水艇，同时介绍我国研制的核潜艇。让学生体验探究实验三：自制潜水艇是如何工作的，并通过视频的了解，知道真实的潜水艇的浮沉原理和探究的结果是相同的。 (板书：三、应用 1. 潜水艇)	进行探究实验三：探究潜水艇模型是怎样工作的？动手实验，观察潜水艇在上浮和下沉的过程中，水舱中水位是如何变化的？请一个小组派两位代表给全体学生展示并讲解潜水艇模型是怎样工作的。	让学生经历实验探究的过程体验潜水艇的浮与沉，总结出潜水艇的浮沉原理。培养学生的实验技能和小组合作的意识、语言表达能力。

续表

环节	教师行为	学生活动	设计意图
通过实验探究得出热气球的浮沉原理	通过薄塑料袋的演示激发学生思考：如何使薄塑料袋升空呢？组织学生完成实验探究四：怎样使薄塑料袋升空？（由于8年级的学生没有学过酒精灯的正确使用，所以在课堂上有必要进行规范操作的讲解）请学生总结得出热气球的浮沉原理。	探究实验四：怎样使薄塑料袋升空？动手实验，体验总结出热气球的浮沉原理。请一个小组派两位代表给全体学生展示并讲解塑料袋升空的原因。	让学生经历实验探究的过程体验热气球的浮与沉，总结出热气球的浮沉原理。培养学生的实验技能和小组合作的意识、语言表达能力。
课外实践活动	教师指导学生在天气晴好、无风空旷的环境下，放飞许愿灯。祝同学们美梦成真！	学生在许愿灯上写下自己最美好的愿望和祝福，和老师、同学们一起放飞自己的梦想。	培养学生的动手能力和集体合作意识，培养学生健全的人格！

【板书设计】

见表4.2.2。

表4.2.2

第三节　物体的浮与沉		
一、物体的浮沉条件	二、改变物体浮沉的方法	三、应用
$F_{浮}>G$　上浮	1. 改变浮力大小	1. 潜水艇
$F_{浮}<G$　下沉	2. 改变重力大小	原理：改变自重实现浮沉
$F_{浮}=G$　漂浮或悬浮		2. 热气球
		原理：改变球内气体密度

（备注：案例由安徽省合肥市瑶海区教育局袁乃玉老师推荐）

【案例评析】

从引入新课说起，最终选择三个鸡蛋演示悬浮、上浮、下沉，个人觉得可以带给学生以震撼的效果，对学生视觉产生冲击波。为什么选择鸡蛋呢？乒乓球质量比较小，要想做成悬浮状态几乎很难。考虑到最后还是选择了鸡蛋，它的质量大些，悬浮状态相对而言比较好做并且可以维持一个较长的时间，保持两节课的时间悬浮基本没有问题。

在探究实验设计中，主要的选材都是身边比较常见的物体。实验探究一和实验探究二：先让学生经过实验知道哪些物体上浮、哪些物体下沉？再提出问题：怎样使上浮的物体下沉？下沉的物体上浮？让学生找到改变物体浮沉条件的方法，从而认识到浮沉条件在生活中的应用：

1. 潜水艇。自制潜水艇模型分组实验的效果很好，本次实验成功的关键是气密性必须完好，不能漏气。

2. 热气球。利用很薄的塑料袋分组实验亲身经历探究过程，让学生了解热气球的工作原理。对于塑料袋的选择应该是轻薄、平口，这样实验可以使得塑料袋竖直上升，效果会很好！

（点评教师：袁乃玉）

【案例 4-3】

《探究影响电磁铁磁性强弱的因素》教学设计

安徽省合肥市属山区教育局教研室　牛旌丽

教学内容：北京版初中物理九年级第 12 章第 3 节

【课前准备】

1. 教材分析

本节课主要内容有：(1)了解电磁铁的构造；(2)探究出影响电磁铁磁性强弱的因素。这节课在本章的教学中有十分重要的地位。前一节已探究了通电螺线管磁场分布，初步认识了通电螺线管的外部磁场情况，本节既是前一节课的巩固和延伸，同时也为学习下一节《电磁铁的应用》提供了必要的知识准备。

义务教育阶段课程标准中提出的基本理念之一是："注重科学探究，提倡学习方式的多样化"。标准要求如下：经历探究影响电磁铁磁性强弱的过程，知道影响电磁铁磁性强弱的因素有哪些。在这部分内容的学习中，应该着重让学生在探究活动中经历猜想、实验设计、合作实验、数据收集、分析归纳和交流提高的过程，使学生在活动中提高、在交流中发展。

影响电磁铁磁性强弱的因素很多，有些知识是初中阶段无需掌握的。但仍要对所有可能的猜想进行分析，不能随意肯定或否定，引导好学生。

该探究活动不仅要求学生会探究出影响电磁铁磁性强弱的因素，而且能进一步强化前面学习的有关电路和磁现象的知识，在探究的过程中学会用转换法和控制变量的方法，来研究影响电磁铁磁性强弱的因素，并能得出相关的结论。在此过程中，还要让学生感悟到什么是科学的思维方式和优秀的科学素养。

2. 学情分析

从知识系统看，与此节课知识相关的有磁场、磁极、磁化、电流的磁效应等概念，以及控制变量的方法与科学探究的要素，都是学生已经学习过的。从物理方法角度看，学生已经多次接触对问题进行猜想然后进行实验验证、控制变量、设计实验记录表格等方法，对科学探究的要素也有一定认识。从实验技能讲，学生已会用滑动变阻器改变电流和电路的连接等实验技能。这些都是组织本节教学的有利条件。但从学生的前认知看，学生对生活中的电磁铁，对其使用没有亲身感受。根据初中学生具有很强的好奇、好动、好玩、好胜的心理特点，教学中通过一些探究实验，为他们提供一个适合个性发展的空间，这样才更能激发和培养他们的创造性。但是，在实验方案的设计中，由于知识的限制，需要及时给予引导。所以，我按照学生这一心理特点，将本节课设计成以学生探究为主的授课模式。

3. 教学设计思路

本节课的总体设计思路：以科学探究为主线，体现以学生发展为本的教学理念，在教师的指导下，学生通过合作探究实验，自主得出影响电磁铁磁性强弱的因素，体验和感悟科学探究的过程和方法。

本节课突出的重点是：探究影响电磁铁磁性强弱的因素。方法是：使学生通过亲身体验建构知识的过程。首先，让学生尝试用自己学过的物理知识来解决实际问题。其次，让学生自己动手绕制电磁铁，在实验中体会影响电磁铁磁性强弱的因素可能有哪些。最后，各小组独立设计实验进行探究，但不能忽视老师的职责。教师要在引导中帮助学生建构知识，促进学生知识的提升和探究能力的培养。

本节课要突破的难点是：学生设计实验能力的培养。利用转换法观察实验现象，突破磁性强弱看不见这一难点，使学生的思维潜能得到极大的发挥。同时也较好地培养学生创新意识和实践能力。为了进一步培养学生的发散性思维，对实验进行适时的评估，同时在学生探究后介绍不同的比较磁性强弱的方法，以拓宽学生的思维空间。

本设计注重调动学生学习的积极性和主动性，关注对学习兴趣的激发和科学态度的培养，重视学生的自主实验探究和教师在课堂教学中的引领、启发和点拨作用，进而养成探究意识和通过实验获取信息、归纳实验结论的能力。

【教学流程】

见图 4. 3. 1。

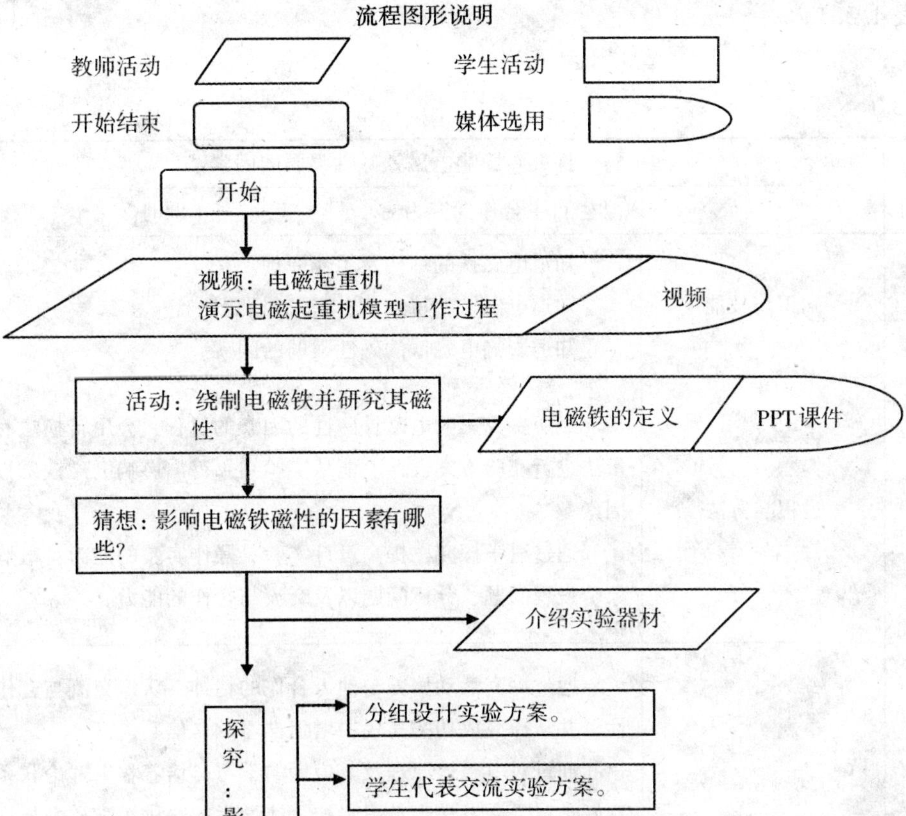
流程图形说明
教师活动
学生活动
开始结束
媒体选用
开始
视频：电磁起重机
演示电磁起重机模型工作过程
视频
活动：绕制电磁铁并研究其磁性
电磁铁的定义
PPT课件
猜想：影响电磁铁磁性的因素有哪些?
介绍实验器材
探究：影响电磁铁磁性的因素
分组设计实验方案。
学生代表交流实验方案。
学生探究实验，老师指导。
学生代表展示学案
展示台
学生交流实验数据，得出初步结论。
教师引导学生分析数据，得出影响电磁铁磁性的因素并板书。
PPT
总结电磁铁特点、应用
电磁铁特点、应用
视频
小结本节课内容
布置作业
PPT
结束

图 4.3.1 教学流程

【教学过程设计】

见表 4. 3. 1。

表 4. 3. 1

<table>
<tr><td>课　题</td><td colspan="2">探究：影响电磁铁磁性强弱的因素</td></tr>
<tr><td>课型课时</td><td colspan="2">以学生自主合作探究为主　　1 课时</td></tr>
<tr><td rowspan="3">教学目标</td><td>知识与技能</td><td>知道电磁铁的结构及工作原理。
知道电磁铁的特点(与条形磁铁相比)。
知道影响电磁铁的磁性强弱的因素。</td></tr>
<tr><td>过程与方法</td><td>经历探究影响电磁铁磁性的因素的过程，会用转换法和控制变量法进行实验方案设计。能从实验结果得出影响电磁铁磁性强弱的因素。
通过科学探究，提高设计实验、操作实验的能力；锻炼观察现象、发现问题、分析问题以及交流与合作的能力。</td></tr>
<tr><td>情感、态度与价值观</td><td>通过探究活动培养与他人合作的精神，认识交流与合作的重要性，并从探究成功的喜悦中增强学习的自信心。
通过对电磁铁原理及其应用的学习，培养学生理论联系实际的良好学风，激发学生学习兴趣，让学生体验科学、技术与社会的紧密联系，养成良好的思维习惯，培养尊重事实的科学态度。
有将科学技术应用于日常生活、社会实践的意识，乐于探索自然界的奥妙。培养学生的学习热情和实事求是的态度，初步领会探索物理规律的方法。</td></tr>
<tr><td>教学重点</td><td colspan="2">探究影响电磁铁磁性强弱的因素。</td></tr>
<tr><td>教学难点</td><td colspan="2">学生设计实验的能力的培养。</td></tr>
<tr><td>教学用具</td><td colspan="2">教具：自制电磁起重机模型、多媒体课件、视频、一小堆回形针、DIS 实验室软件。
学生自选材料(教师准备)：螺丝钉，一些漆包线，塑料管，胶带，砂纸，开关，电池组，滑动变阻器，一些回形针，电流表、导线。</td></tr>
<tr><td>教法分析</td><td colspan="2">本节课是一个完整的学生探究的过程，因此采取各小组自主学习和合作探究的方式进行，发挥学生主观能动性，让其在实验探究中学会知识，同时也掌握了方法。</td></tr>
<tr><td>学法分析</td><td colspan="2">以学生的实验探究活动为主，通过分析、交流、评估等活动，得出结论。</td></tr>
</table>

续表

教学结构过程			
环节	教学内容和教师活动	学生活动	设计意图
创设情境	板书：第三节 探究影响电磁铁磁性强弱的因素 视频播放：电磁起重机正在搬运废钢材。 演示：电磁起重机模型。	观看录像。 观察、思考。	创设情境，启发同学思考。
新课教学	请同学猜测内部结构。 学生回答后拆开得出。 电磁铁的定义(板书)。 教师：原来抽象出来是这么简单的构造，它真的有这么神奇的力量？那么请同学们用老师提供的器材动手制作一个简易电磁铁。 教师问：请用前面所学知识解释通电螺线管插入铁芯后磁性增强的原因？ 学生回答后总结：可以定性地认为，铁芯插入通电螺线管，铁芯会被磁化，也要产生磁场，于是通电螺线管的周围既有电流产生的磁场，又有磁铁产生的磁场，因而磁场大大增强了。在以后的学习中，我们可以通过理论计算，得出同样的结果。所以，我们说：电磁铁的产生是有理论基础的，是物理知识在生活、生产中应用的典型例子。	思考后回答。 可能是通电螺线管。因为通电螺线管外部的磁场是类似于条形磁体的磁场。 活动一：自制一个简易电磁铁(为了研究问题方便，每组有两根带有鳄鱼夹的导线，将电磁铁直接接入电路，所以每次通电时间不宜太长，以防发热过多)，看能不能吸引回形针，数一数：能吸多少？同组同学可以先讨论好，再动手操作。 1. 比一比：看谁吸的回形针多？ 2. 试一试：观察拔出铁芯后的情况。 观察、思考、回答。	给出电磁铁的定义，让学生在动手实验中去发现问题；引导学生发现有铁芯时电磁铁的磁性会增强。 学生用自己学过的知识来解决问题，树立学习的主动性。 为后面的实验探究做铺垫。 通过理论层面的分析，培养学生科学的思维方法、创造性的思维能力。
猜想假设	问：实验中吸引回形针的数量不同表明什么？ 电磁铁磁性强弱与哪些因素有关是这节课我们重点要探究的问题。 问：刚才我们已经了解到铁芯对电磁铁的磁性强弱影响很大，那么除了铁芯外，电磁铁磁性强弱与哪些因素有关？ 老师引导(老师要组织好局面，与他们交流所猜想的理由，避免那种毫无根据的猜想)	观察、思考。 答：磁性强弱不同。 学生猜想并且说出猜想的依据(根据已有知识、观察到的现象和演示实验)。	进一步激发学生用所学知识解决问题的热情，使学生积极思考，渴望去了解有关电磁铁的知识。 鼓励学生敢于猜想，敢于发表个人的意见和看法。 有利于下面的探究。有利于提高分析、概括、综合能力。

续表

教学结构过程			
环节	教学内容和教师活动	学生活动	设计意图
探究点拨	想一想：1. 怎样研究某个因素对电磁铁磁性强弱的影响？ 2. 用什么方法来反映电磁铁磁性强弱？ 3. 怎样改变和测量通过电磁铁线圈中的电流？	小组讨论。 （这一环节中，学生在激烈的争论中充分交流，每个学生都能发表自己的见解，互相取长补短。）	针对问题寻找方法，培养解决问题的能力。 培养学生针对某个问题多角度考察研究的能力。
制定计划 设计实验	（学生判断磁性强弱想到的办法也会很多，应适时适度地提供学生交流的机会，使学生的思维更发散，在交流中学到研究方法：必须通过别的现象来说明电磁铁的强弱。）（老师一定要参与其中，不要作为局外人，但不要告诉学生怎样怎样，而是参与讨论，不急于发表看法，多听学生如何设计，恰当地说出自己的看法，强调自己的意见，只能作为参考，学生要有自己的想法。） 要求用“我们组研究的是电磁铁磁性的强弱与________，我们组是用________方法来反映电磁铁磁性强弱的，想到的实验方法是________”进行汇报。	每组学生对影响电磁铁磁性强弱因素的猜想和探究方案都不尽相同，可以使学生们相互学习，了解他人的观点。	通过交流使每个学生从探究成功的喜悦中增强学习的自信心，不仅培养了学生口头表达能力，而且培养了学生民主合作的团队精神和交往能力。
进行实验 收集证据	教师引导： 1. 分小组根据自己的猜想来选器材、方法； 2. 每组学生可以交流实验方案，相互评价、补充实验方法。 （教师参与其中，启发和鼓励学生用多种办法解决问题，并当好学生的助手，为学生研究提供方便。） 3. 展示学案 教师巡视，参与其中。	活动二：学生根据猜想进行讨论，制定研究方案，进行实验。 学生交流、反馈实验现象。 将实验现象： ①电磁铁通电时________磁性，断电时________磁性。 ②电磁铁线圈的外形、匝数相同时，通入电磁铁的电流越大，它的磁性越________。 ③在电流一定时，外形相同的螺线管，线圈的匝数越多，它的磁性越________。	充分发挥学生的主体性，让学生在问题的驱动下自主探索，为学生创造广阔的活动空间、思维空间和表现空间，培养学生的创新意识和创新能力。 鼓励学生互相讨论，提出不同的见解，充分发挥学生的想像力和创造力，在民主、和谐、轻松的环境中学习，容易产生灵感和智慧的火花。 使学生在亲身设计实验方案的基础上，经历由猜想到实验验证的学习过程，培养学生实验、分析概括的能力，对学生进行科学研究方法的教育。

续表

教学结构过程			
环节	教学内容和教师活动	学生活动	设计意图
教师总结	总结实验结论：电磁铁线圈的匝数越多、通过线圈的电流越强，线圈的磁场就越强。 同学们得到的结论与老师用 DIS 实验室软件测出的结果相同。	小结实验情况，归纳出：影响电磁铁磁性强弱的因素和电磁铁的特点。	现象观察和理论思维的有机结合是发现规律的关键。 渗透科学方法的教育。
思考问题	提出问题：电磁铁与普通磁铁的相同点和不同点。 学生回答完后，老师可以说：正是由于这些特性，才使得电磁铁不仅在我们的生活中的用途非常广泛，在科技领域中也呈现出其魅力。比如刚才介绍的电磁起重机。还有：播放的电磁铁应用的动画。在下一节课的学习中，我们将对其中一些应用的工作原理，进行细致的研究分析。	观看、思考、回答。	启发思维。 渗透辩证唯物主义思想。
本课小结	教师点拨(多媒体)	由学生自己总结本课知识。	使学生形成知识结构。
课题延伸 布置作业	课外探究：将漆包线和铁钉送给大家(课后再对自己感兴趣的内容进行探究)。 上网查阅：搜索“电磁铁的应用”。 书面作业：P. 99 第 1、2 题。	记录	将探究由课内延伸到课外，巩固所学的知识，并能用之解决实际问题。 拓展学生的视野，增长学生的课外知识，同时培养学生搜集信息、分析与应用信息的能力。

板书设计

第三节　探究影响电磁铁磁性强弱的因素

一、电磁铁：内部插入铁芯的通电螺线管

二、实验探究：影响电磁铁磁性强弱的因素：

1. 猜想：

2. 实验现象：

3. 实验结论：电磁铁线圈的匝数越多、通过线圈的电流越强，电磁铁的磁性就越强。

【备课时的一点创新与想法】

1. 电磁铁在生活、生产中的应用非常广泛，是进行 STS(Science，Technology，Society)教育、树立“从生活走向物理，从物理走向社会”意识的最好素材。本节课的首和尾都适时举出了生产和科技中的典型事例进行分析，相互呼应，使学生认识到物理学对科技进步以及文化、经济和社会发展的影响，为学生的终身发展，形成科学世界观和科学价值观打下基础。

2. 特别关注了交流与合作。整堂课生生之间、师生之间和小组之间都处在沟通之中，真正实现了“教与学”角色的转变。教师没有直接告诉学生做什么、怎样做，而是引导学生自己思考，设计实验方案。每个环节都体现学生的主体地位，教师只起到组织引导的作用。学生可以充分发表自己的见解，可以交流自己的看法，真正培养了学生的创造能力和创新精神。

3. 重视了学生发散性思维的培养。发散性思维是有意识地让学生克服原有思路束缚，积极开展联想，以达到培养思维广阔性、求异性和新颖性的目的，从而培养学生的创新能力。本节课虽然是相同的实验目的，但通过变换实验器材，引导学生变换思维触角，让学生的思维充分发散，加深对本知识的理解并从中逐步学会了如何去创新。

课堂活动记录单

“影响电磁铁磁性强弱的因素”的实验探究

我小组研究的是电磁铁磁性强弱与______________________的关系。

1. 实验电路图：

2. 实验观察到的现象或测得的数据：

3. 我们得到的结论：

(1)电磁铁通电时________磁性，断电时________磁性。(填“有”或“无”)

(2)电磁铁磁性强弱与______有关，____________相同时，______越______，它的磁性越____。

(本案例由安徽省合肥市教育局教研室王可兵老师推荐)

【案例评析】

本案例的教学设计内容丰富，分为课前准备、教学流程、教案设计、备课时的一点创新与想法四个部分。

课前准备部分分为教材分析、学情分析、教学设计思路三个环节。在课前准备环节，教案从本节课主要内容、课程基本理念、实验所采用方法等方面进行了详细的阐述。特别是对本节课所采用的“转化法”和“控制变量法”的分析避免了大多数教案重知识轻方法的问题。学情分析从学生的前概念、兴趣点、学生的心理特点等方面进行了详细的分析，使教案显得非常务实。教学设计思路则从总体设计思路以及重点和难点等方面进行了详细的叙述，使大家在阅读这篇教案时对设计者的想法有了更加全面的了解。

教学流程设计新颖而实用。设计者创新地采用四种不同的图形来代表课堂教学中不同组成部分。这种设计充分利用了人脑对于图形的解码时间比对文字的解码时间要少得多这一特点，使得整节课的设计流程一目了然。

本案例教学过程设计采用表格式的设计方法，不仅展示出本节课的教学内容和教师活动，还展现出了学生活动和设计意图，这种设计方法，不仅便于教师在实际教学中使用本教案，更便于年轻教师在阅读本教案时学习教学方法。特别是教案中的设计意图，展现出了教案设计者对本节课内容、学生学情以及课堂上可能出现的突发问题的预见能力。教案最后的板书设计精炼，展现出本节课的核心内容。

最后一个部分，备课时的一点创新和想法则体现出了设计者关注物理与生活和社会之间的关系、关注交流与合作，重视学生的发散思维能力的培养。而且，从设计者特别关注“教与学”角色的转变，体现出设计者教学理念的先进性。

总之，本教案不仅在日常教学中非常有实用性，而且对于初进入教学岗位的新物理教师有很好的指导性和示范性。

（点评教师 杨全）

【案例 4-4】

《探究凸透镜成像规律》教学设计①

（江苏省常州市北环中学，张爱美）

【设计思路】

本节课的教学设计初衷是立足于学生的实际，着眼于学生探究兴趣的激发和学生思维能力的提升，以情境和线索不断引导学生。本节课设计的最大特点就是“利用线索性结构化的视觉情境，赋予探究过程情趣与动机”。即设置情境，为学生提供丰富的感性认识，让学生经历探究过程，体验探究乐趣，产生成功喜悦。

借助对投影仪认识，引导学生初步了解凸透镜能成像。通过实际生活中对投影仪的调节，学会使用相关的实验仪器，为快速观察到凸透镜成像的现象和收集凸透镜成像的相关数据打下基础。在引导学生对凸透镜成像规律的探究上下足了功夫，注重了物理学的基本内涵的传递与思想方法的潜移默化，使得授课过程更能在情感上引起学生的共鸣，让更多的学生对物理的探究过程产生兴趣。

由于凸透镜成像规律内容较多，学生很难一下子理解，在本节课的设计中，尽量将这一难点分散处理，但散而有序，散而不乱。整节课设计以鱼缸中的金鱼为主线。首先利用“盛水的金鱼缸中的小金鱼”创设探究情景，借助对投影仪的认识，进行凸透镜成倒立放大实像时物距像距的分组测量，结合数轴建立模型，让学生明确凸透镜成倒立放大实像的条件。接着在学生探究得出凸透镜成倒立放大的实像后，将鱼缸中的金鱼的像与这条规律进行比较，激起学生继续探究的欲望，自然地将探究实验带入 $u>2f$ 和 $u<f$ 两个区域，进入对凸透镜成倒立缩小实像和正立放大虚像的条件分别探究，并及时利用鱼缸中的金鱼进行教学反馈，使得整节课前后呼应。最后结合前面三次凸透镜成像的性质，对 $u=2f$ 和 $u=f$ 两个特殊点的成像性质作出猜想并用实验进行验证，从而完成整个对凸透镜成像规律的探究。

---

① 选自南京师范大学《物理之友》2014 年第 3 期，南京师范大学刘炳昇教授、仲扣庄教授推荐。

借助一条数轴模型，将难点集中的凸透镜成像规律研究分散到不同区域，以点带面，不断激发学生的探究兴趣，让学生始终处于好奇心的驱动之下，由现象出发，抽丝剥茧地将凸透镜成像性质一点一点地呈现在学生面前，这样既降低了探究的难度，又有利于学生理解这一知识。

在凸透镜成像规律探究基本结束后又设计了让学生利用不同焦距的凸透镜验证前面探究成果的环节，使学生体会到实验探究的科学性，培养学生尊重实验、尊重科学的品质。同时，学生针对更换透镜后的验证实验提出自己新的疑问和发现，既是对本课知识的总结和反馈，也是为后面的教学预设情境，更是对学生发现问题及实验能力的培养。

【教学目标】

1. 借助对投影仪的认识和探索，会使用相关的实验仪器，能收集凸透镜成像的有关数据和资料。

2. 建立类似数轴的模型，利用模型形象地发现并归纳出凸透镜成像的规律。

3. 通过探究凸透镜成像规律的过程，体验科学探究的主要过程与方法，理解凸透镜在生活中的部分应用。

4. 尝试用“实验—分析—归纳”的科学方法研究科学问题，并在合作探究过程中体会探究的乐趣和成功的喜悦。

【教学重点、难点】

教学重点：借助对投影仪的认识和探索初步学会用光具座、烛焰、凸透镜等器材探究凸透镜成像规律。

教学难点：在探究成像规律的过程中，像与物所在范围的确定。

【教学资源】

教师：圆形鱼缸、两条小鱼、渔网、投影仪(去掉平面镜)、投影片一张、移动幕布、多媒体(白板软件)。

学生：光具座、蜡烛、光屏、火柴、烧杯1只。

【教学过程设计】

见表4.4.1。

表4.4.1

教师活动	学生活动	设计说明
创设情景，开启兴趣 引导学生观察盛水鱼缸中的金鱼，然后捞出金鱼，让学生观察真实金鱼的大小，进行前后两者比较。 谁有那么大的魔力让一条小鱼变成了大鱼？ 这个鱼缸的形状类似于我们前面一节学过的哪种透镜？ 我们每组桌上都有一个凸透镜。今天我们就来研究凸透镜成像的规律。	观察到鱼缸中的金鱼比真实的金鱼大很多，进而产生疑惑。 可能回答“鱼缸和水”。 回答“类似凸透镜”。	“大鱼”和“小鱼”的视觉冲突为课堂提供一个知识获取所需要的兴奋点，促使学生的学习成为一种自身需求，那过程便是一种快乐的体验。

续表

教师活动	学生活动	设计说明
搭建平台，建构知识 展示一张写着“2012 年激动人心的诺贝尔物理学奖名单”的投影片。 随机请出一位同学宣布。 揭开幕布，展示一架投影仪。 介绍：它就是利用凸透镜工作的仪器。 对照实物指出凸透镜的所在的位置。 将文稿放在投影仪上。引导学生观察字的变化。 提问 ：怎么办呢？调什么呢？	可能回答“我看不清，字太小”。 可能回答“字变大了、字只有一半、字很模糊了、字是倒的”。 回答“要调节”。 回答“调投影片的位置”。 “调透镜旋钮”。 “调屏幕的位置”。	通过学生自己对投影仪的实验探讨来建构知识，储备实验探究技能，增强感性认识。 1. 了解投影仪是利用凸透镜来进行工作的，并知道投影仪是利用凸透镜成倒立放大的实像。 2. 在创设的情景中学会实验探究的技能：辨别像的倒正的方法；了解怎样的像是最清晰的；怎样才能让像完整地呈现在光屏的中央。
限定可调节元件：透镜的旋钮坏了。请学生来尝试调节。 适时引导学生观察：物体中心、透镜的光心、屏幕的中心大致在同一高度。 引导学生观察“颠倒”是指“字上下颠倒、左右相反。”	学生上来尝试调节，并介绍自己解决问题的方法。 1. 屏幕上的字模糊不清 调节方法：移动屏幕的位置，直到看到清晰的字。 2. 屏幕上的字只有一半。 调节方法：将投影片向上移。 3. 字上下颠倒、左右相反。 调节方法：将投影片颠倒一下。	限定可调节元件，是为了让这次调节作为后面学生自己在光具座上调节的铺垫。
体验成功的喜悦：现在请大家一起将 2012 年诺贝尔物理学奖的获得者名单读出来。	学生读得很流畅。	
提问： 1. 投影片上的字和幕布上的字是不是同一回事？你能给它们起个名吗？ 2. 屏幕上的像是正立的还是倒立的？如何判断？ 3. 像是实像还是虚像？说出你的理由。	学生分析。 生：不是同一回事，一个是物，一个是像。 生：倒立。 将像和物进行比较。 生：实像。 实像能呈现在屏幕上。	直观的视觉感受让学生对基本物理名词的认识和接受变得顺理成章。
介绍：类似这种光学投影技术生活中应用很多，投影仪、幻灯机，还有电影院的放映机等。那要成这样的像，物体和像的位置有什么关系？	总结：投影仪是利用凸透镜成倒立放大的实像。	联系生活，教育学生平时要留意周围与物理有关的现象，并学会提出新的问题。 观察比较，探寻出初步规律，为学生后面的实验节约时间。
提出新的问题：那成倒立放大的实像时物距、像距和焦距又有什么关系呢？要想知道确切的关系，我们得通过实验来进行寻找。	回答“物体到透镜的距离小于像到透镜的距离”。	抛出疑惑，确定探究的问题。

续表

教师活动	学生活动	设计说明
实验探究，归纳分析 教师介绍实验器材 信息快递： 物体到透镜的距离叫物距 u； 像到透镜的距离叫像距 v。	学生找到方法： 物距和像距都是两刻度相减。	适时介绍科学的探究方法是很有必要的，可以减少探究的盲目性。
对照实物图片，举例，引导学生找到求物距像距的方法。		
教师补充几点实验注意点： 1. 凸透镜的焦距为 10cm。 2. 凸透镜固定在光具座上 50cm 处。 3. 物距和像距都是两刻度相减。 提醒：得一组数据即可，并将数据记录在绘制的表中。 $f=10$cm	进行实验，收集数据。 汇报数据。	可以采用小组竞赛，比实验速度，比实验规范，调动学生学习的积极性，进一步体现了合作的重要性。
汇总学生实验的数据。 利用多媒体将学生的数据在数轴上标出，引导学生发现规律。	学生观察数轴，找到成倒立放大的实像时物和像在数轴上的区域，进而自然地对凸透镜两边进行区域划分。  根据数轴总结： 得到结论 1：当物距 $f<u<2f$ 时，成倒立、放大的实像，像距 $v>2f$。	利用类似于数学上的数轴处理物理实验的数据，形象直观，学生很容易就找到规律。

续表

教师活动	学生活动	设计说明
巧妙推敲，完善探究 提问：我们看到的鱼缸中的金鱼是否符合这条规律。 教师展示。	再次观察(不符合，金鱼是正立的)。	再次给予学生直接的视觉感受，让学生对比分析，发现问题，激发他们探究新知识的欲望。
引导：看来我们刚刚的研究只是管中窥豹，凸透镜成像的规律远不止这些。刚刚我们已经在 $f<u<2f$ 区域内研究过了，还面临着 $u>2f$ 和 $u<f$ 这两个区域。 友情提醒：若光屏无论怎样移动，都不能在光屏上得到一清晰的像，你可以撤去光屏，将你的眼睛移到光屏所在的位置，观察成像的性质。		从“物体在 1 倍焦距和两倍焦距之间的成像规律”的探究延伸至“两倍焦距以外”和“1 倍焦距以内”，探索的拓展与跟进可谓是行云流水，充分贯彻了物理研究注重整体性的思想。
提问：一旦出现这种情况，说明此时的像不是实像了，而是虚像。为什么？	可能回答：实像能呈现在光屏上，而虚像不能。	
提醒：只要采集一组数据，并将数据记录在表二中。(表二另附) 继续将学生采集到的数据标在数轴上。	动手实验，交流总结得到结论： 结论 2：当物距 $u>2f$ 时，成倒立、缩小的实像，像距 $f<v<2f$。 结论 3：当物距 $u<f$ 时，成正立、放大的虚像。	呼应开头，用所学知识解释本课开始观察到的现象，能够让学生体验成就感。
解释：为什么我们看到鱼缸中的金鱼比实际的鱼大一些？ 联系实际：凸透镜这种将实物放大的视觉效果在生活中应用很多，所以凸透镜俗称放大镜。	学生知识应用。 回答：利用凸透镜成正立放大的虚像	

续表

教师活动	学生活动	设计说明
引导猜想，实验求证 提问：到这里我们是否将凸透镜成像的规律找全了？	回答：没有，还有 $u=f$ 和 $u=2f$ 处的成像没有探究。	
引导猜想：我们已经得到2*f*左右区间的成像情况了(2*f*外成倒立缩小的实像，2*f*以内成倒立放大的实像)，猜一猜，2*f*处可能会成什么像呢？	猜想：倒立等大的实像。	大胆猜想，并利用实验虚心求证，培养学生科学的研究方法。
提问：像可能会在什么位置呢？ 提醒将结果记录在表三中。 继续提问：那 $u=f$ 处呢？	学生猜想：2倍焦距上。 学生活动验证自己的猜想。 学生猜想并讲出猜想的依据。 可能回答：在 $u>f$ 处成实像，在 $u<f$ 处成虚像，在 $u=f$ 处可能不成像； 也有可能回答：根据光路的可逆性原理，平行于主轴的光被凸透镜会聚于焦点，那从焦点发出的光可能会平行于主轴。	
说明：实际上，$u=f$ 处是不成像的，由于器材的限制，我们无法精确研究，下节课我们通过光路来进行解释。 总结凸透镜成像的规律。		体会、回顾科学探究成果，品尝成功的喜悦。
增强体验，提升素养 提出问题：刚才大家都是用焦距10cm的透镜进行研究的，那这几条规律是否对所有的透镜都适用呢？请大家取出桌子里焦距5cm的透镜进行研究。 注意观察：让烛焰从较远处逐渐靠近凸透镜，光屏上的像的大小和位置怎样变化。 提醒将数据记录在表四中。 拓展：请你从刚才大家的新发现中挑选一至二个问题进行研究。	学生活动，既是对刚刚结论的检验，又可以提出新的发现。 分享新的发现： 1. 实验中蜡烛越烧越短，光屏上的像越来越长。 2. 成实像时，物体越近，像越远。 3. 物距相同时，凸透镜的焦距不同，成像情况也不同。 …… 交流各自研究的结果。	培养学生实事求是的科学态度，为下节课探索更多的规律埋下伏笔。

续表

教师活动	学生活动	设计说明
板书设计	三、凸透镜成像的规律 物距 u　成像性质　像距 v $u>2f$　倒立缩小的实像　$f<v<2f$ $u=2f$　倒立等大的实像　$v=2f$ $f<u<2f$　倒立放大的实像　$v>2f$ $u=f/u<f$　正立、放大的虚像　/	
作业布置	思考： 1. 凸透镜成实像的条件是什么？ 凸透镜成虚像的条件是什么？ 2. 实像和虚像的分界点在什么位置？ 放大的像和缩小的像的分界点在什么位置？ 3. 凸透镜成实像时，像和物体在凸透镜的同侧还是两侧？ 凸透镜成虚像时，像和物体在凸透镜的同侧还是两侧？ 4. 凸透镜成实像时，若想让像变大些，应如何调节？ 成虚像时，若想让像变大些，应如何调节？	

【课后反思】

本课内容的教学是初中物理教学中的一个难点。本课主要安排探究凸透镜成像特点，意图让学生通过实验，记录物距、像距和成像性质，从而归纳得出成像规律。但学生在学习过程中存在以下几个困难。

1. 凸透镜成像的规律较多，从哪条规律入手，又如何将所有规律形成一个整体？

我的做法：

借助对投影仪的调节，除了使学生学会使用相关的实验仪器，还让学生对凸透镜成倒立放大的像有个浅显的感性认识，为探究凸透镜成像的规律找到了一个入口，由生活到物理，由现象观察到规律探索，就这一点打开探究“入口”。学生自然而然就想着利用实验器材找到倒立放大的实像；而成倒立放大的实像的条件是 $f<u<2f$，恰好在中间区域，由中间到两头($u>2f$，$u<f$)，水到渠成。

“盛水鱼缸中的金鱼”就是这节课的“线”。从“意外的发现——对盛水鱼缸中的金鱼的观察”引出问题，激发学生的探究欲望。在得到的凸透镜成倒立放大的实像的规律后，立即将这条规律与我们观察到的鱼缸中金鱼的像进行比较，发现两者之间不相符合，激发了学生继续探究的欲望。等所有规律完整后，再将观察到的盛水鱼缸中的金鱼的像对照，找到看到的鱼比实际的鱼大的真实原因。从生活到物理，再利用所学物理知识进行应用。让学生带着问题去探究，为解决问题而努力，目的明确，形成一个统一完整的探究过程。由点铺开，点线结合。

2. 如何尽快学会使用相关的实验仪器，能快速收集凸透镜成像的相关数据和资料？

我的做法：

1 节课的时间有限，学生如何尽快学会使用相关的实验仪器，能快速收集凸透镜成像的相关数据和资料？一般情况下，为达到这一目的，在学生动手实验前，教师须告知实验的注意事项和操作要点。对于这个实验的注意事项和操作要点，教师的讲解若用语言来表达会略显苍白，原因是学生无法理解为何要这样做，这样做的目的何在。所以，很多学生在自己实际操作的时候容易忘记实验要求，或者遇到操作问题无法自我修正。我授课时，借助实物——投影仪，利用对投影仪的调节，给予学生充分的感性认识和部分实际操作经验，使其学会使用相关的实验仪器，为快速观察到凸透镜成像的现象和收集凸透镜成像的相关数据打下基础，注重了物理学的基本内涵的传递与思想方法的潜移默化，使得授课过程更能在情感上引起学生的共鸣，让更多的学生对物理的研究过程产生兴趣。

3. 如何从观察到的凸透镜成像现象和收集的实验数据中归纳出凸透镜成像的规律？

我的做法：

借助一条数轴模型，利用白板软件将学生采集到的实验数据用描点法描到数轴上，直观形象，对照数据，学生很容易就将物距、像距与焦距进行比较，再也不需要教师刻意交代学生将物距、像距这两个距离与焦距进行比较。

总之，通过这节课的设计与实施，我有颇多的收获，也为今后的教学积累了一些经验：

1. 源于生活又富有情趣的情境设计能激发学生学习的兴趣，也是学生进行探究活动源源不断的动力。

2. 以“盛水鱼缸中的金鱼”为主线，在探究状态下的学习贯穿了整个课堂教学，使整节课结构紧凑，逻辑严密。

3. 在物理知识的传播中，渗透物理思想和方法的指导，从而使学生的学习能力和思维品质得到进一步优化。

4. 合理使用多媒体辅助，提高课堂效率。

5. 整个教学设计富有创新和创意，以生为本，活用教材，体现新课程理念。

当然，课堂设计和实施中还存在很多不足，例如：留给学生自主探究的时间不是很充裕；面向全体学生的关注度还不够等。

改进：在探究过程中，对于学生收集的实验数据的处理上，可以先征求学生的意见，当学生遇到困难时，教师适时介入，共同探求寻找规律的科学方法。这样更能体现课堂的民主性。这种敢于让学生归纳总结，可以给予学生探索、总结规律的最大空间，体现学生主体和教育自由的人才培养新观念，也能促进师生之间的平等和谐的情感交流。

【自评】

本课以实验为载体，探究为过程，展示的是凸透镜成像规律体系的有序建构。整体结构如图 4.4.1 所示。

1. 明朗的线索，使整个探究井然有序

由于凸透镜成像规律内容较多，学生很难一下子理解。在本课的设计中，尽量将这一难点分散处理，但散而有序，散而不乱。整课设计以鱼缸中的金鱼的像为主线，线索的核心就是金鱼缸。之所以选择鱼缸，是基于以下几点考虑：

(1)常态性、生活化。鱼缸随处有，学生经常见，只是没发现。生活中视而不见、习

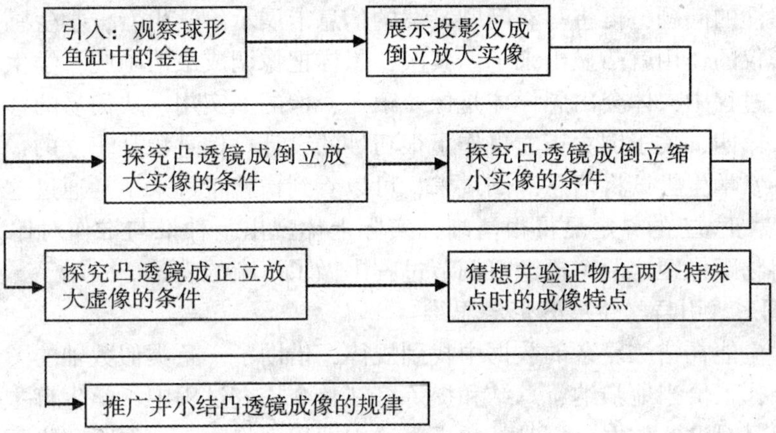

图 4.4.1

以为然的素材太多了，把它们迁移到课堂中来，学生从物理的角度、从发现的角度，使它在物理课堂上呈现别样的情趣。

(2)典型。这个鱼缸与方形鱼缸不同，是球体的，与凸透镜形状产生奇妙的呼应关系。

(2)对比。鱼缸中的鱼是怎么样的，将这条鱼捞出来又是怎样的，两者之间的视觉现象大相径庭，有强烈的对比性，为后期的教学提供了明确的导向性。

(4)呼应。正是因为有了呼应，这个鱼缸才成为线索。第一步观察放大，第二步实现放大。学生实现的放大与鱼缸实现的放大不同，学生实现的放大是倒立、放大的实像。第三步质疑：只能放大吗？不是，还有缩小。第四步此放大不是彼放大。除了倒立、放大的实像还有怎样的放大？这样的放大能否与鱼缸的放大一致起来吗？学生展开这种放大的调节。“鱼缸”这个线索把整节课串接起来，使得活动系列浑然一体，形成了一种绝妙的呼应匹配关系。

2. 典型的情境，为学生的活动做铺垫

情境赋予了学习本身的意义和学习内在的心理动机和倾向性，同时以明确的问题来展开活动，这就给活动本身带来了明确的导向性。学生就会在活动过程中不断思考：“我发现了什么？”“我想到了什么？”这种发现和思考跟所指向的活动目标之间的吻合，使得学生在交流讨论过程中产生清晰而明确的认知，这种认知离不开学生的自主性。

典型的情境只有用足用透，情境的功能和价值才能得到充分体现。情境不在于多，而在于情境本身的作用、功能和意义，能跟我们的教学目标、教学导向形成呼应关系。本节课使用了一架老式的投影仪，虽然生活中这种投影仪已逐渐被淘汰，但投影技术还在广泛地被使用。现代生活中的先进仪器已智能化了，学生根本无法清晰地了解它的结构、原理及调节方法，这种老式的投影仪结构相对简单。为了使它的构造和使用与本节课学生使用的实验器材相呼应，我对这架投影仪进行了改造，排除一些干扰因素。一是拆去了平面镜，二是使用时将它侧放。

本节课首先提出了“2012年诺贝尔物理学奖的获得者是谁?”这样一个具有时代气息、能引起学生关注的问题，再将写有问题答案的信息卡展示给学生看，学生感到字太小看不清，这时投影仪的作用就凸显出来了。其次，怎样把像调成最清晰呢?学生动手参与演示实验。在调试过程中，体会出怎样才是像。第三，像的虚实用一块简易的移动幕布作了个很好的检验。第四，关于倒立正立也作了很巧妙的设计。信息源是正立的，幕布上的像是倒的，怎么办?学生尝试将信息源倒过来，可以看到像就正过来了。通过这样的操作，学生关于“倒立”“正立”的界定显得很清晰，实际上体现出一种谁与谁作对比判断的一种思想。最后，将物距像距这两个概念在调节过程中做了清晰的表达。

3. 借助图形，引导学生展开形象思维

为了使学生能在错综复杂的数据中找到规律，借助了一条类似数轴的图形，对系列化的数据、现象作了恰当地归纳、总结和提炼。在整个探究过程中，学生自主探究，采集到很多数据，只是对这些数据分析时，学生无法立即想到将物距、像距和焦距作对比，所以采用了在类似数轴的图形上标点的方法。当点成了系列后，区间、范畴就凸显出来了。另外，这一设计使白板软件的功能得到了很好的体现，也体现出技术为教学服务的思想。这样把抽象具体的数据进行很形象地提炼，使得教学的节奏、效果、效能大大提高。

4. 着重探究，突出环节

环节一：合理猜想。当物距是2倍焦距和当物距是1倍焦距时，凸透镜成怎样的像呢?通过两侧成像规律的明示，学生在这个基础上展开猜想。这样的猜想有依据，有一定的思想基础。“物体放在左侧成怎样的像?放在右侧又成怎样的像?当物体在这个位置时成怎样的像呢?”这种猜想的引导，使得学生的猜想更倾向于直觉思维，这种思维具有跳跃性和创造力。这种猜想的引导也具有一定的导向性，有了这样的猜想，学生的探究才有针对性。

环节二：自主拓展。在凸透镜成像规律探究基本结束后又设计了让学生利用不同焦距的凸透镜验证前面探究成果的环节，使学生体会到实验探究的科学性，培养学生尊重实验、尊重科学的品质。同时，学生针对更换透镜后的验证实验，提出自己新的疑问和发现，既是对本课知识的总结和反馈，也是为后面的教学预设情境，更是对学生发现问题及实验能力的培养。

总而言之，本节课设计的目的就是将难点集中的凸透镜成像规律研究分散到不同区域，以点带面，不断激发学生的探究兴趣，让学生始终处于好奇心的驱动之下，由现象出发，抽丝剥茧地将凸透镜成像性质一点一点地自主探究出来。这样既降低了探究的难度，又有利于学生理解这一知识。

【案例评析】

1. 课题分析

探究凸透镜成像的规律是光的折射中的一个重要课题，但对初中学生来说，它又是一个困难的课题。其原因是：(1)规律本身比较复杂，成像的性质可能有放大、缩小、等大、倒立、正立、实像、虚像的多种组合；像的性质随物距的变化分为多个区间，且有突变点。(2)学生在学习该课题前没有很多经验，也缺少相关的理论知识，课程标准也不要求介绍几何光学的光路图(只介绍平行光会聚及其可逆的光路)，此外，对虚像也是难以捉摸的。因此，该课题对初中学生是比较困难的。如果让学生完全独立自主地课堂探究，常常会以毫无结果而告终。

面对这一困难，通常有如下的一些处理模式：

(1)将探索性实验改为验证性实验，即直接介绍物理学家探究得到的凸透镜成像的规律，然后用实验来加以验证。这样，学生实验的思路很明确，预期的结果也很清楚，按部就班地操作不困难。但是，除了体验了知识的事实基础和训练了一些实验技能外，学生探究的动机不强，探究的能力也难以得到更多的培养。在一些情况下，学生的认知水平与要求相距较远时，可以采用这种模式。

(2)教师指导下的学生自主探究模式。像今天张爱美老师所进行的课堂教学可以归为此种模式。老师首先设置了一个趣味性很强的水缸中金鱼的观察实验，引入成像的课题，再以投影仪为例演示，引入成像性质及与哪些因素有关的问题，同时对学生将要进行的实验给予技能指导。通过开始阶段的教学，可见学生探究的问题及初步猜想已经形成，探究的思路也初步明确。在探究过程中，老师引导学生首先探究成倒立、放大实像的条件，通过在数轴上记录数据，给出了采集数据的区域，再逐步地找出 $u>2f$，$u<f$ 时的像的性质，然后猜想并验证成倒立、等大实像的条件。最后，让学生再做一次全程式的观察，把分段探究得到的认识连贯起来。在此基础上进行小结，得出和理解凸透镜成像的规律。

可见，由于老师的设计，分散了学生实验探究的难点，手脑并用，使学生有序地、逐渐地认识了凸透镜成像的规律，并得到科学方法和思维的训练。

在教师指导下学生自主探究的模式中，特别是在以归纳为主的探究中，如何设计使探究过程既贴近学生的认知水平，激发学生的探究动机，又体现科学探究的本质特征？这里谈一点我的看法，其中包含这节课的成功经验。

2. 教学策略

本节课采用教师指导下的学生自主探究模式，教师的指导作用反映在如下方面：

(1)创设能使学生发现问题的情景，从而让学生围绕问题进行探究。

(2)在规划学生探究过程中，向学生提出有挑战性且逐步深入的任务，抓住几个关键点，引发思维冲突，引导学生边操作、边获取信息、边思考。

(3)及时地给学生实验技能指导，使他们能顺利地进行实验探究。

(4)组织学生交流讨论，分析所获得的事实和数据，归纳、表述成像的规律，并从静态、动态、空间的角度来使学生理解规律的内涵，充分发挥学生的思维想像力。

3. 过程设计

在对此类课题的教学过程设计中，教师最重要的是要跳出“有学问者”的身份，站在“未学者”的立场上思考问题。因为教师对所学知识太熟悉了，往往会自觉或不自觉地要求学生按自己的思路来学习知识，所以给学生的探究不能成为学生的真探究。

探究凸透镜成像的规律是一个全程性的探究，涉及探究的所有要素，让学生经历全过程，并不是形式上的经历全过程，而应当让学生在过程中有重点地体验和领会某些要素的本质内涵。

(1)从学生的认知现状出发，揭示思维冲突，让学生提出需要解决的问题。

上课后，老师们常常要引入课题，引入的思路多种多样，选择什么好呢？这节课中，张老师选用“观察球形鱼缸中的金鱼”引入，它能够激发学生的兴趣，也可以用该放大正立的虚像与凸透镜所成的像比较，发挥启发性的作用。但学生所看到的鱼缸中金鱼的像并不是凸透镜成像，它是光经过两种介质一次折射所产生的现象，用它来引导凸透镜成像规律的探究是有一定局限性的。我认为像这样的课题，选择能激发学生特定的认知冲突的情景为好，它应当是贴近实验目的的。例如：

如何区分凸透镜和凹透镜？

用透镜看字，放大的就是凸透镜。生活经验中的放大镜就是凸透镜。

那么，是否凸透镜所成的像就是放大和正立的呢？

(可插入“小明小华的意外发现”，再让学生试一试，或进行下面的演示)

演示：将书写投影仪横倒放置，把幻灯片直接投影到墙上，所成的像是怎样的？让学生观察。

看来凸透镜所成像的性质不只是“正立、放大”，猜一猜，还可能有哪些呢？

“正立、放大”，“倒立、缩小”，“倒立、放大”，“正立、缩小”等。

是否就是这些性质的像？如何才能获得不同性质的像呢？改变物距，寻找像的位置和观察像的性质。

这就是我们今天要研究的课题——探究凸透镜成像的规律。

在此前，学生对放大镜是比较熟悉的，而且对其放大的印象是深刻的，也许在序言课的活动中和在初识透镜的活动中，有少数学生会有意外的发现，因此，宜创设容易激发认知冲突的情景，提出问题和猜想。这样的设计，既有利于激发探究动机，又有利于明确探究的目的和思路。

(2)给学生必要的技能指导，为探究提供实验技能的支撑。

科学探究需要技能的支撑，该探究课题也是如此。例如：

介绍实验器材：(略)。

本实验的技能关键是寻找发光物体的像，请同学们把发光物、凸透镜、光屏安装在光具座上，凸透镜置于光具座中间位置，发光物放在靠近左端的某一位置，移动光屏，尝试在光屏上显示清晰的像。

谈谈寻找清晰像的体会。①调整好“光具共轴”：除了“中心等高”以外，透镜面与主轴垂直十分重要；②移动光屏，从模糊到清晰，再从清晰到模糊，反向移动，逐渐减小幅度。

此步骤也许会耽误一点时间，但“磨刀不误砍柴工”，它会使后续操作更顺利。

(3)逐步向学生提出一系列具有挑战性的任务，使获取事实(数据)的操作过程成为积极的手脑并用的过程，让学生感悟如何用归纳法寻找规律。

通常，人们把实验过程分为四个阶段，即将物距分别调至 $u>2f$，$u=2f$，$u<2f$ 且 $u>f$，$u<f$。无可厚非，这种安排，学生们比较容易从中归纳出成像规律。但是缺少了一些对探究的挑战性，思维不是很活跃。另外，在这种设计中，老师直接给出关键位置(焦点和2倍焦距点)和三个区间，它不是学生探究的结果。张老师的这节课中，学生通过3~4次测量和观察，就归纳出成倒立、放大实像的条件，这是不充分的。设想一个不知道凸透镜成像规律的人，寻找规律时，既不知道始点在哪里，也不知道终点在哪里，怎么就这么容易

地发现成像的区间？不妨按下面的程序展开：

①调整物距，使烛焰在光屏上成倒立、缩小的像，多做几次，测量并记录物距和像距。

②再调整物距，使光屏上成倒立放大的像，多做几次，测量并记录物距和像距。

(记录表格)(此时，学生还不能得出两个区间)

③分析以上两步骤观察到的实验现象和测量数据，你认为在何种情况下可以得到倒立、等大的像？试一试，成倒立、等大像时物距、像距各是多少？与焦距有什么关系？(此时，也只找到了倒立、放大和缩小的分界点)

④至此，你已经找到了倒立、缩小的像，倒立、等大的像，倒立、放大的像，你认为凸透镜还可能成什么性质的像吗？试一试，能在光屏上找到吗？(将发光物向凸透镜方向推进，到焦点以内后，就找不到像了，新的问题产生了)。

想一想，用放大镜观察到正立、放大像时，你是怎么观察的？再试一试，记录你观察到的现象。

由于实验设计为学生提供寻找发现的机会，使学生积极思维，因而获得了深层次的探究能力的训练。

(4)通过积极的交流讨论，把看似平淡的规律形成过程变为理解规律和发展思维想象的过程。如：

交流讨论：

①试一试，说一说，如果将发光物从光具座左端逐渐向凸透镜方向移动，所成的像的性质是如何变化的？

②用自己的语言阐述凸透镜成像的规律。区分成像的性质，有两个关键位置，你认为是哪两个位置？它们分别是哪些性质像的分界点？

③比较用不同焦距的透镜进行实验所得到的实验数据和现象，看看有什么相同点和不同点。

④在整个实验过程中，你有哪些意外的发现？对于探究规律，你有什么体会？

对规律的总结，不只是记住了一段结论，应当引导学生与探究过程相联系，并且从不同的角度和用不同的方式评价对规律的理解。另外，通过学生亲身的体验，交流一下体会，这对提升学生科学素养是有益的。

可以看到，在本方案的探究过程中，学生可能的意外发现有：

①跳出放大镜的思维定势，发现凸透镜不总是成正立、放大的像。这一次意外，使探究的动机更强，目标更明确。

②从倒立、缩小像和倒立、放大像的数据中，还可以提出成倒立、等大像的猜想。原来2倍焦距点可以从推理得到，有了这一发现，下面的操作更有方向。科学探究过程并不就是从头到尾的归纳，常常是多种思维的参与，这对不完全归纳的探究是重要的。

③当上述三种性质的像找到以后，学生改变物距、移动光屏，再也找不到像了，似乎凸透镜就只能成倒立的像，为什么用放大镜看时，可以看到正立放大的像？这一发现，将探究引入到又一层面。

教学设计是富有创造性的，探究是在发现问题的基础上、围绕问题进行的；操作是眼、手、脑并用的过程，积极的思维是核心；小结的思路与实验的思路可以完全不同，如本实验中，实验操作是“找不同性质的像”，而小结过程是“以物距的变化来阐述像的性质的变化”，除了形成系统的认识，还要回顾这些认识是怎么来的，从而获得一些难以用语言表达的收获。

（点评教师：刘炳昇）

【案例 4-5】

《电阻与变阻器》教学设计

安徽省合肥市第三十八中学　杜浩鹏

教学内容：沪科版《物理》第十四章第一节第 2 课时　变阻器

【教学内容分析】

该节是电学部分的重要内容，本节教学的主要内容是滑动变阻器的构造及其使用，是上节电阻知识的实际应用，又是下一章“欧姆定律”学习的基础，具有承上启下的作用。所以学好变阻器知识，既有助于学生更好理解电阻的概念，又为后续的学习特别是做好电学实验作了必要的准备。

变阻器的教学属于实验仪器的教学。本节课宜采用演示实验及学生分组实验相结合的方法。通过师生共同活动发现问题、解决问题，最大限度地调动学生的积极性。让学生经历设计制作滑动变阻器模型的过程，突破滑动变阻器的教学难点。充分体现循序渐进，“教师主导，学生主体”的教学原则。

【教学策略】

1. 重视实验探究，发挥“主体教学”的作用。通过学生自主创造性地学习，变机械模仿为实验探索，从参与中发现问题，在积极的探索过程中形成创新意识，创造性地解决问题，从而培养和发展学生的创造力。

2. “兴趣是最好的老师”。经过主动优化、补充简单演示实验和把原来的演示实验改为学生的探索性实验，学生经历了从简单到复杂的认识过程，真正认清事物的本质，留下深刻的印象，变“学会”为“会学”。既能培养学生的实验动手能力，又能培养学生的探索真知的兴趣和互助合作的精神。

3. 采用多媒体辅助教学，增强教学效果，营造直观、形象、亲切的情景，学生感受到物理对科技的促进和科技进步对社会文明的影响，从而培养学生追求科学、开拓创新的精神。

【教学目标】

1. 知识与技能

(1) 了解变阻器的构造，理解变阻器的工作原理；会画滑动变阻器的结构示意图和符号。

(2) 会用滑动变阻器改变电路中的电流。

(3) 了解电阻箱的构造，会读出电阻箱的示数。

2. 过程和方法

(1)经历“利用滑动变阻器改变电路中的电流”的实验探究。

(2)学习对实验数据的记录和处理分析。

3. 情感、态度与价值观

(1)引导学生在设计变阻器过程中，不断发现问题，改进提高，培养学生批判性精神和创造性思维。

(2)通过小组间争论，使学生意识到与他人交流与合作的重要性，有主动与他人合作的精神。

【教学重点与难点】

1. 教学重点：滑动变阻器的工作原理及使用方法。

2. 教学难点：滑动变阻器在电路中是如何改变电阻和电流的。

【教学用具】

电池组、电流表、小灯泡、开关、铅笔芯(4B)、1m长的镍铬合金丝、从废旧滑动变阻器上拆下的电阻丝、完整的滑动变阻器、电阻箱。

【教学过程设计】

1. 引入新课

播放多媒体：湖南台“超级女声”的比赛场面，体验舞台上灯光的亮度变化。

思考：家用电器中，有没有类似的情况，即通过旋钮改变用电器的工作状态?

学生举例：可调亮度的台灯、电热毯、电吹风、电脑的音量旋钮……

如图4.5.1所示，分发电池、导线、开关、电流表、铅笔芯等，请学生自制一个可调亮度的台灯。

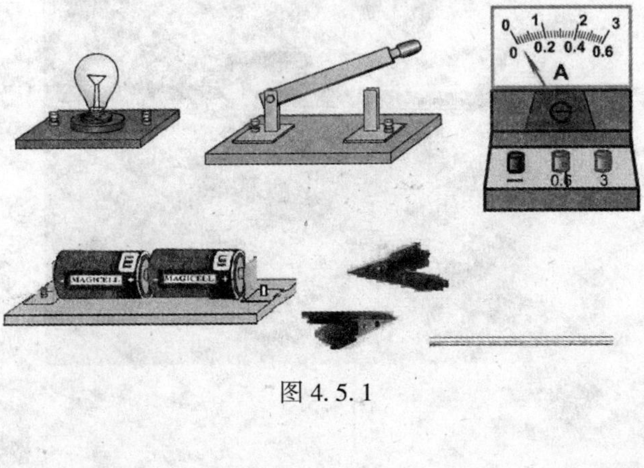

图4.5.1

2. 新课教学

观察实验现象，思考：小灯泡的亮度是否发生变化?电流是否改变?为什么改变?

学生分析：电阻的长短改变→电阻的大小改变→电流的大小改变。

【板书】三、变阻器

1. 原理：通过改变电阻线接入电路中的长度来改变电阻的大小。

分析："铅笔芯"变阻器在使用时的优缺点。如何改进这个变阻器？

学生：用上节课中使用的镍铬合金丝代替铅笔芯。

【多媒体实物投影】鳄鱼夹沿一根 1m 长的镍铬合金丝滑动，如图 4.5.2 所示。

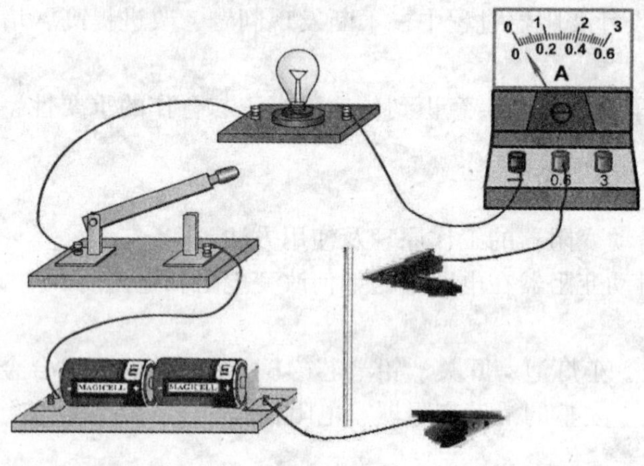

图 4.5.2

师：观察发现，使用镍铬合金丝时，有什么不足之处？如何改进？

(教师引导他们从线团、弹簧得到启示，发现可以把很长的线绕在一个圆管支架上。)

分发实物，如图 4.5.3 所示，学生阅读课本知识，了解滑动变阻器的构造。

图 4.5.3

2. 滑动变阻器的主要构造：电阻丝、滑片、金属杆、接线柱设疑：滑动变阻器上共有 4 个接线柱，每次接入电路中只有 2 个，不同的接法产生的效果一样吗？

【学生分组实验】如图 4.5.4，将鳄鱼夹的两端 M、N 分别与 A、B、C、D 相连，自左向右缓缓移动滑片，观察灯泡 L 的亮度和电流表示数的变化情况。

学生填写实验现象见表 4.5.1。

图 4.5.4

表 4.5.1

实验	使用的接线柱	滑片移动方向	电阻的变化	电流的变化	灯泡的亮度
1	*A*、*B*	自左向右			
2	*A*、*C*	自左向右			
3	*A*、*D*	自左向右			
4	*B*、*C*	自左向右			
5	*B*、*D*	自左向右			
6	*C*、*D*	自左向右			

问：什么情况下，灯泡的亮度没有发生变化？

问：为什么此时电路中的电流不变，电阻不变？

【板书】四、滑动变阻器的连接

1. 当滑动变阻器的上方两个接线柱接入电路中，此时滑动变阻器相当于一根导线。

“两上”　滑动变阻器 $\xrightarrow{\text{等效}}$ 导线

2. 当滑动变阻器的下方两个接线柱接入电路中，此时滑动变阻器相当于一个定值电阻。

“两下”　滑动变阻器 $\xrightarrow{\text{等效}}$ 定值电阻

删去第 1、6 组实验。问：剩余各组实验的现象相同吗？有什么规律？见表 4.5.2。

表 4.5.2

实验	使用的接线柱	滑片移动方向	电阻的变化	电流的变化	灯泡的亮度
2	A、C	自左向右			
3	A、D	自左向右			
4	B、C	自左向右			
5	B、D	自左向右			

学生总结：当接 A、C 或 A、D 时，滑片向右滑，电阻都变大。

思考：

◇ 为什么滑动变阻器的阻值变大？

◇ 请学生用彩色粉笔描述出滑动变阻器上电流路径。

◇ 哪部分对电流有阻碍？

【播放多媒体】显示电流通过滑动变阻器的路径。

（注：鉴于实际教学时，每个班级的学生情况不同，有的班级学生可能分析不出电阻变化的原因，教师应因势利导，引导学生思考连接时的电阻变化、电流变化，并让学生讨论、分析、实验验证。）

【板书】3. 变阻器正确接法有 4 种，简化为："一上一下"。

滑片越靠近下端接入电路的接线柱，接入电路的电阻值越小。

设疑：滑动变阻器的阻值最大可以达到多少？

提示学生观察滑动变阻器的，铭牌如"20Ω 2A"，推敲出正确的含义。

讨论：从用电安全的角度分析，刚接入电路中的滑动变阻器的阻值大好还是小好？

【板书】4. 在电路接通前，应使变阻器的接入电路的电阻值调节到最大（滑片离下端的接线柱最远处）。

结合刚才的实验，请学生分析滑动变阻器在使用过程中有什么不足之处？如何改进？

出示实物：如图 4.5.5 所示，旋钮式电阻箱、插孔式电阻箱。

学生阅读课本相关知识，了解用法，并上讲台实际练习使用。

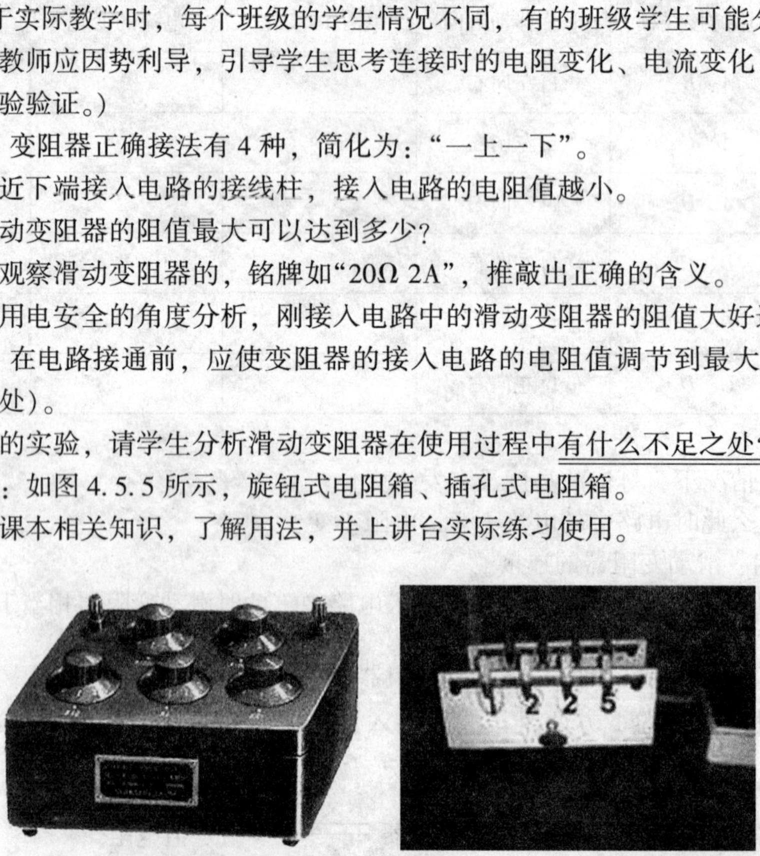

图 4.5.5

学生比较电阻箱和滑动变阻器的优缺点。

课后，通过阅读说明书，查阅相关资料，向老师或家长请教，了解各种电位器的使用及在日常生活中的应用。

3. 课堂小结(略)

4. 布置作业

课本第85页第1、2题。

(注：本篇教学设计由袁乃玉老师推荐；本节课曾荣获安徽省教学设计评比二等奖)

【案例评析】

本节课的亮点和特色主要体现在以下方面：

1. 坚持以实验探究为基础，既调动了学生的积极性与兴趣，又在实验操作中，归纳总结了确定电阻大小的几个因素之间的关系。

2. 自始至终贯彻启发式教学，启发式教学既是一种教育的指导思想，又是一种教学方法，在教学中，启发学生大胆地猜想电阻与哪些因素有关系，并进一步启发学生设计实验的方案，在学生探究完三个主要因素后，又启发引导学生设计出电阻与温度关系的实验，并能通过学生自己动手实验得出实验结论，这对提高学生的创新能力具有重要作用。

3. 在滑动变阻器教学中，因为实验室滑动变阻器的电阻丝绕在瓷筒上，表面有绝缘漆，容易掩盖“电阻的大小是通过改变导体的长度而改变”的原理，学生较难理解。将变阻器改为直线式后，将弯曲的变为直的，降低了学生理解的难度，增强了学生的感性认识，更能突出器材的主要工作原理。

4. 在滑动变阻器的正确使用上，采用“分组实验探究式”教学后，激发了学生学习的兴趣，使学生从观察实物、设计实验、进行实验、分析实验数据、得出结论都能自主地完成。学生在学习过程中积极性特别高涨，并且他们通过对滑动变阻器的探究，学会了一种研究物理问题的思维方式，以后遇到类似问题时就知道该怎样去研究了，这也在一定程度上提高了学生的探究能力。

5. 在课堂教学中，充分发挥多媒体的作用。从引入新课，到实物投影实验，以及实验结论的表格汇总，都借助多媒体生动形象化的表现方式，将声、光、图片、表格等有机结合，将抽象问题形象化，既降低了教学难度，也增加了课堂容量。

(点评教师：袁乃玉)

【案例4-6】

《初识家用电器和电路》教学设计①

(江苏省宿迁市宿豫区实验初级中学　张媛)

【教材分析】

从课程标准角度来说，本节课要求知道电源和用电器，能从能量转化的角度认识电源和用电器；了解电路的三种状态及短路的危害。

---

① 选自南京师范大学《物理之友》2014年第4期，南京师范大学刘炳昇、仲扣庄教授推荐。

从知识内容角度来说，本节内容主要介绍了几种常用的家用电器和电路图，安排了“怎样使一个灯泡亮起来”的活动。这个内容既是学生学习电学的准备知识，又是生活中必备的知识，所以它在整个电学部分有着极其重要的地位。

【学情分析】

电已经进入了我们生活的方方面面，但对于电路的组成和连接情况学生却是生疏而好奇的，本节内容可分为两部分，一部分为电路的连接和组成，另一部分为电路图，对于电源和用电器，同学都见过一些，但从能量转化角度思考较少，不过这部分内容对学生的思维能力要求不高，而对于电路和电路图，感性和理性的认识基础都不足，尤其是电路图的规范画法是本节课的难点。

【教学目标设计】

1. 知识与技能

(1)知道电源是能持续供电的装置，了解直流电源和交流电源。

(2)初步认识家用电器，通过实例知道用电器是将电能转化为其他形式能的装置。

(3)通过实验认识电路及组成，知道通路、断路和短路，了解短路的危害。

(4)知道常用电路器件的符号，会用这些符号画出简单的电路图。

2. 过程与方法

通过活动激发学生学习兴趣，体验物理学的方法。

3. 情感、态度与价值观

(1)在实验中培养团队精神和相互协作的意识。

(2)增强安全用电意识。

【教学重点、难点】

教学重点：学会连接简单电路，理解电路各组成部分作用。

教学难点：(1)理解和区分电路的三种状态。

(2)会画简单电路图

【教学过程设计】

见表 4. 6. 1。

表 4. 6. 1

教学环节	教师活动	学生活动
导入新课	用多媒体展示美丽的城市夜景。 师：美丽的城市夜景离不开灯光的点缀，而这又得益于电的发现与应用，随着科技的发展，各种用电器应运而生，今天我给大家带来了一个电吹风，怎样能让电吹风工作呢？我请一位同学上来试一试。 师：由刚才的活动我们知道用电器的工作需要哪些器件的支持呢？	思考 尝试 讨论 实验

续表

教学环节	教师活动	学生活动
活动：让一个小灯泡亮起来	师：请大家选择课桌上的实验器材，试着连一连使小灯泡亮起来。	
	师：我发现这组同学连得比较快，请你展示一下你的连接情况并说一说你是怎么做的。	展示 解说
电路的定义	老师：我们把用一根导线把电源、用电器、开关连接起来组成的电流的路径称为电路。	
	电路连接好后小灯泡一定能发光吗？电路有哪几种状态呢？请大家带着问题自学 64 页内容。	看书自学
电路的三种状态	师：通过自学我们知道电路有哪几种状态？下面请一位同学把电路的三种状态结合所连接的电路给我们解说一下。	边解说边展示
	师：电路短路时容易损坏电源，甚至引起火灾，每年因电路短路引发的火灾都有很多，由此引发了我们对安全用电的思考，怎样才能让电老虎不伤人呢？生活中我们该怎么做呢？	讨论 交流 回答
	师：现在我们再回到刚才的实验中，在电路连接时你遇到问题了吗？请把你们的问题晒一晒。	说出自己所遇到的问题
	把问题汇总。	
	师：下面我请遇到问题的同学把你们的电路展示一下，请在座的其他同学指出电路连接中的问题。	展示 纠错 分析归类
	师：我们能对刚才电路中所出现的问题归一归类吗？	回答
	师：很多电路都是由于连接不规范引起的，在以后的电路连接中我们应该注意那些问题呢？	展示
电路的组成及各部分的作用	师：这是我们刚才连接的电路，它由哪几部分组成？开关闭合小灯泡发光，在这里电源起什么作用呢？电源在工作时有能量转化吗？我们能给电源下一个定义吗？小灯泡在工作时有能量转化吗？如果是电饭煲、电风扇、收音机，电视机工作时能量又是怎么转化的？我们能给用电器下一个定义吗？	思考 回答

续表

教学环节	教师活动	学生活动
电路图	师：随着电路学习的不断深入电铃、电动机、电流表、电压表等电路元件都将出现在电路中，我们在研究电路时再画电路实物图就很麻烦，于是我们就用特定的符号来表示电路元件实物，我们把用特定的符号表示电路元件实物连接的图叫电路图。下面我们来了解一下常见的电路元件符号。 师：请大家用二十秒的时间强记给定的元件符号。 师：检测学习效果。 师：你们能用所学习的电路元件符号试着把我们所连接的电路的电路图画出来吗？ 师：用实物投影仪展示学生所画电路图 师：在刚才所画的电路图中哪一幅比较美观？ 师：电路图光美观是不够的，还要求规范性。 师：投影规范的电路图要求，投影规范的电路图画法。 师：生活当中你观察过手电筒吗？你知道它的组成吗？你能利用手边器材做一个简单实用的手电筒吗？ 师：投影同学所制作的手电筒，指出缺点和不足。 师：继续投影改良后的手电筒。 师：展示小电动机。 师：你们认识这件东西吗？生活中哪些东西上面需要它呢？如果我再给你们一个扇叶你能做成什么？哪位同学愿意上来试一试？ 师：由刚才的活动我们可以看出，小发明小制作并不难，只要我们多动手、多动脑我们可以像爱迪生一样成为小小的发明家，最后我把爱迪生说过的几句话送给大家。	看大屏幕 强记 画电路图 讨论 交流 对照要求修正所画电路图 讨论 动手制作 改进 回答 动手尝试 展示做好的小电风扇 一起诵读爱迪生名言

【板书设计】

见图 4.6.1。

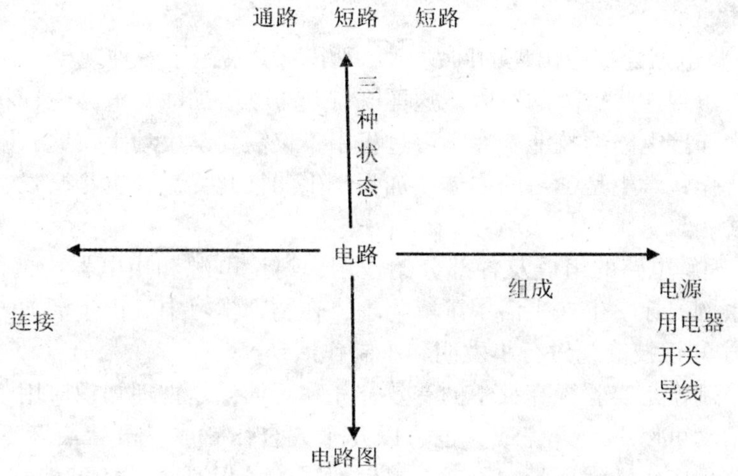

图 4.6.1

【教学反思】

电对于学生来说既熟悉又陌生，通过生活当中用电器的使用、基本电路的连接来吸引学生的注意力，使学生感兴趣。通过设计生活中的手电筒、小电风扇来培养学生的动手动脑能力，为以后的学习打下良好的基础。引导学生拓展思维，对本节课的内容从总体上进行把握，使学生对自己所学的知识结构进一步完善，形成清晰、明确的感受，并从中产生出更持久的学习动力。

【案例自评】

1. 从初识家用电器入手，激发学生的学习动机

本节课把教学重点放在电路这一主题上，对教材内容《电在我家中》做了简化处理。本着“从生活到物理”的思想，由多媒体展示美丽的城市夜景，引入现代生活中的家用电器，用学生演示怎样使电吹风工作起来，替代了教材中的“初步调查家用电器”的活动，拉近了学生与家用电器的距离，同时也激发起学生学习电路的动机和准备。

2. 突出一个关键性活动“使小灯泡亮起来”，让学生自主学习电路的基本知识和连接电路的技能

物理是一门实践性很强的学科，要加强课堂教学的实践性，就要引导学生对物理实验进行探索，实验能给学生带来更多的手脑并用和自我发展的机会，也可以更加直观地学习和理解物理知识。

(1)学生分组动手实验，尝试连接电路，让小灯泡亮起来，请同学上台展示。让学生在实验中体验动手尝试的快乐，有利于培养学生动手能力和学习物理的兴趣。

(2)在实验的基础上提出问题。电路连接好后，小灯泡一定能发光吗？电路有哪几种状态？让学生带着问题自学教材第 64 页相关内容，然后请学生展示实验电路，并说明电路的三种状态，说明短路的危害。解决学习过程中遇到的问题就要发挥学生学习的主体作用，挖掘学生自主学习的潜能，使教学不仅注重科学知识的传授和技能的训练，而且还重视对学生终身学习的愿望、科学探究能力、创新意识以及科学精神的培养，从而提高全体学生的科学素质。

(3)让学生将电路连接中出现的问题“晒一晒”，共展示了6种现象，讨论并联系电路的三种状态分析出现这些故障的原因。这样既有利于学生加深对电路三种状态的认识，也有利于提高学生连接电路的技能。在学习过程中不仅需要学生动手实验，同时也需要彼此之间的交流与合作，学生是学习的主体，加强学生的彼此交流，也是增强学生学习兴趣与效果的重要手段。

(4)提升：理解电路的组成及各部分的作用，讨论电源和用电器中的能量转化情况。结合生活中的事例，让学生在生活中了解物理，在物理学习中认识生活。

3. 应用所学知识技能，进行小发明和小制作活动

小发明、小制作是实验探究教学的有效补充和延伸，是物理知识应用于生活实际的具体体现。这个活动可以一个人完成，也可以几个人合作完成，虽然最终不一定能做得很好，但在做的过程中，学生认真的思考了，钻研了，苦思冥想了，已然学会了很多东西，又因为自己的亲身参与，所以兴趣会一直很浓，并把这种浓厚的兴趣从课外带到课内，在基础知识的学习中起到良好的促进作用。这提高了初中物理的有效教学，真正体现“从生活走向物理，从物理走向社会”的宗旨。

(1) 利用手边器材制作一个简易实用的手电筒。手电筒在制作的时候可能会遇到各种各样的问题，最典型的就是没有开关，进而引导学生设计开关，于是就出现了各种各样的开关，如用铁夹子当开关，有用削铅笔的小刀当开关，也有同学利用衣服上的暗扣当开关等。对于这些电路我们都一一进行了展示，这极大地拓展了学生的思维，丰富了他们的想像力。

(2) 制作一个小电风扇、展示。通过这一活动，使学生体验动手创造的乐趣，巩固所学知识，提高学生的物理素养。

【案例评析】

1. 为什么要以“动手做”为这节课的基本教学模式

这节课是初中电路的第一节课，学习的主要知识是：电路组成的基本构件及各部分的作用，电路的三种状态(通路、断路、短路)，电路的元件符号和电路图。学习的主要技能是按规范要求连接简单电路的技能。这节课的特点是需要学生有较多的实践体验，它不同于知识演绎、分析和概念性较强的那种课型，学生难以借助更多的生活经验和已有的理论知识来学习本节的内容，因此不太适宜用“自学”为主的教学模式。它也不同于发现问题并围绕问题展开的探究性课型。问题是有的，比如，如何使小灯泡亮起来，本节课主要是用技术来解决问题，在解决技术问题的过程中，让学生体验、感受、归纳出电路的基本概念，并在实践活动中初步形成连接简单电路的技能。因此，无论从知识的建构、技能的形成、习惯的培养、学习兴趣的激发方面来看，选择“动手做”的教学模式都是合适的。

2. 从整体结构考虑确定本节课的教学目标

本节内容涉及的目标较多，例如，从能量转化的角度认识电源与用电器，知道直流电源和交流电源，认识电路的组成，知道通路、断路和短路，认识短路的危害，知道常用电路元件的符号，会画简单的电路图，会连接简单的电路，知道电路连接的规范要求等。要上好这节课，首先必须明确哪些是本节课的重要目标、以及目标要求应达到何等层次，为此需要从整体结构考虑确定本节课的教学目标要求。

纵观教材，从电路的角度看，本章的知识结构如图 4.6.2 所示。由此可知，许多目标不可能在第一节课中达成，重要的是通过第一节课形成一个良好的开端，为达成这些目标奠定基础。例如，关于从能量的角度认识电源和用电器，它反映了教材编写以能量为主线的理念，让学生有能量的意识，但这节课的要求是极其粗浅的。本节课从用电器引入，重点不在深入讨论其中的能量转化过程，而在体现从“生活到物理”的理念，激发学生学习电路的动机。

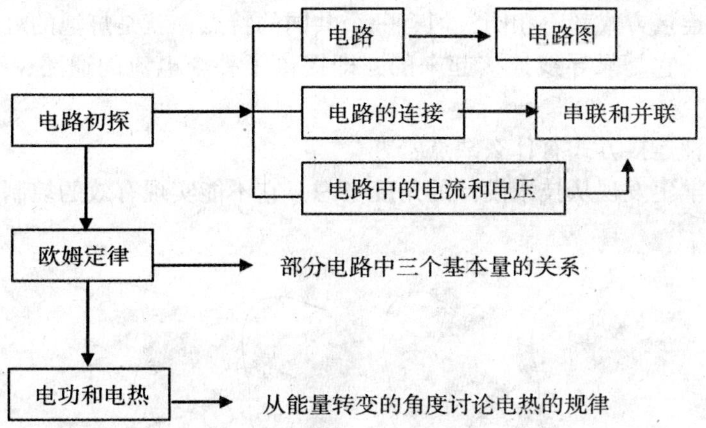

图 4.6.2　知识结构分析

再如，知道电路的三种状态，短路是学习的难点，但不是第一节课就能解决的难题，教师应当把握好在不同阶段对学生的要求。在这节课中，学生应知道电源短路的状态。在学过两种电路连接的基本方式和欧姆定律后，他们就能够从理论上分析两种不同的短路现象。在学习“电功和电热”后，对短路造成危害的原因和防止措施就会有更深的认识。因此，教师不要急于“一步到位”。

3. 从学生的心理特点出发，构想层层递进的“动手做”活动

本节课的主要目标是要让学生认识电路必要的组成部分，各部分的作用，最简单的连接方式的特点，通路、断路、电源短路的特点；要让学生知道常用电路元件符号，会连接简单电路，会画简单电路图。怎样实现这些目标？如果让学生自学、讨论，学生做一些体验性实验，老师演示实验并讲解，可以达成这些目标，但是否符合学生的心理特点？能否有效激发学生学习动机、使学生的科学素养得到更好的提升？却需要更多的思考。

从这节课的特点考虑，选择“动手做、做中学”的教学模式，让学生模拟发明创造的技术设计过程，给学生有更大的挑战性，也许会更好一些。如何构思教学过程，提供下述方案供老师们参考。

(1)电路的教学

提出任务：晚间，走在乡间的小路上，周围漆黑一片，需要照明来帮助我们行走。假设我们处在电筒还没有发明的年代，怎么办？

活动1：怎样使一只小灯泡发光

①要使小灯泡发光，只有小灯泡是不够的，还需要电源(电池)，试一试，能否只用这两件东西使小灯泡发光？

在实验活动中要让学生知道，灯泡中灯丝的任何一端只与电池的正极或负极接触，都不能使灯泡发光。

②设法用一根导线、一节干电池使一个小灯泡发光。

③实验后，画出实物图(如图4.6.3)。

④交流：比较不同的连接方式，要使小灯泡发光，必须满足什么条件？

图中的各种连接方式都不相同，但有一个共同的特点，就是灯泡的灯丝的两端分别与电池的两极相连，它是靠导线连接起来的，即提供了一个电流的通路，让学生初步接触“路”的概念。

⑤讨论：这种连接方式有什么缺点？

通过讨论，学生发现从技术设计的角度考虑，它不能实现有效的控制。

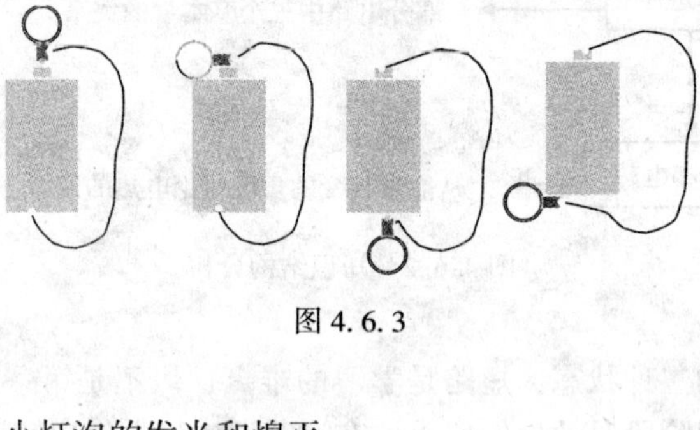

图4.6.3

活动2：如何控制小灯泡的发光和熄灭

提供的器材有：电池，小灯泡，灯座，开关，导线。

①想一想，如何用所提供的器材使小灯泡发光，并且可以控制小灯泡的发光和熄灭？

②阅读“信息快递”，了解连接电路的注意事项。

③连接电路，进行实验。在实验过程中，老师巡视指导，帮助排除故障。

通过交流小结，学生建构关于电路的认识：

① 比较各组的实验，说明要使小灯泡工作需要满足什么条件。可以请学生上台展示电路和讲解，并总结：电路中必须有电源、用电器、开关、导线，缺一不可；电源、用电器、开关必须被导线连接组成一定的电流路径；开关接通时，必须有电流通过用电器；开关断开时，电路中没有电流。

②教师小结：什么是电路？电路组成各部分的作用分别是什么？电路的两种状态是：通路和断路。

③交流学生在电路连接中遇到的问题，使学生认识开关接通时也可能因接触不良而断路(或时断时通)，电路还可能有短路的状态。

(2)电路图的教学

为了技术设计，我们要画各种各样的实物电路，这有什么缺点？怎么办？

统一规定各种电路元件的符号，再根据连接方式画出电路图。

① 阅读教材中的电路元件符号。

② 练习：观察实物，画出元件符号。

③ 画出活动 2 的实验电路图，提出规范的要求。

活动 3： 课堂小结活动

① 观察手电筒，想象并画出它的电路图，试说明电筒内电池、小灯泡、开关可能是怎样连接成一个电流路径的？从技术发明来看，它有哪些巧妙的地方？

② 请同学上台使电吹风工作起来，请问，要使电吹风工作必须有哪些器件？你能画出它的电路图吗？

活动 4： 课外观察和制作

在家里找一些材料，在学校实验室找一些材料，制作一件用电池供电的小电器，如小电筒、小风扇、小音乐贺卡、小门铃、小台灯等。做好后进行展示、评比，评出最有创意、最佳工艺、取材巧妙、最佳效果奖。

上述活动是以模拟技术创新的思路设计的。第一个活动是具有开放性和挑战性、但不困难的活动。如果小学做过这个实验，可以把实验的各种方式拿来讨论一下。第二个活动是为解决电路控制问题而进行的，它是初中物理教学中第一次规范连接电路的实验活动，对训练良好的实验习惯有重要意义，它又是本节学习知识的核心活动，通过它构建电路、电路组成、电路的三种状态的概念。第三个活动是本节课堂小结性的活动，其中有两个小活动，“观察手电筒”的活动可使学生感悟到：活动 1、2 为产品研发奠定了基础，而转化为应用发明，还要解决技术性的问题。使电吹风工作的活动，既巩固本节所学知识，又使学生发现了新的问题，从而为下节《电路连接的基本方式》激发了学习动机。第四个活动延伸到课外，为不同学生提供发展个性特长、施展创造力的机会。

4. 关于“动手做”与知识建构的关系

“动手做”不是教学的目的，“动手做”与“做中学”是紧密联系在一起的，因此在教学设计中，应当使学生动手做的过程与自主建构知识紧密联系起来。为此，在考虑活动的选择、组织和指导时，应当充分关注学生中存在的“前概念”。例如，学生对“电”是既生疏又神秘的，生活中的触电现象使学生产生了“接触而生电”的前概念，因此缺少对“路”的科学认识，在活动 1 中，让学生尝试用灯泡的一极与电池的一极接触，就是针对此项的措施。在活动 1、2 的交流中，不只是展示让小灯泡发光，还要让学生对不同连接方式进行比较，找出它们的不同点和共同点。围绕“怎样使一个小灯泡亮起来”的问题，讨论需要哪些器材、这些器材应当怎样连接、如何能够控制，还应当帮助学生寻找一些带有本质性的条件和特点。例如，无论开关在小灯泡的哪一边，只要电池、小灯泡、开关与导线构成一个回路，小灯泡就可能工作；当开关接通时，这个回路就提供了一个电流的通道，电流流过小灯泡，小灯泡就发光了；当开关断开时，这个回路不通了，没有电流流过小灯泡，小灯泡也就不发光。通过交流学生连接电路中遇到的问题，使学生在实践体验中进一步认识电路的三种状态。在这样的基础上，推广到一般的用电器，学生就能较好地理解电路的基本知识。

5. 关于“动手做”过程中的技能指导问题

学生连接电路需要一定的技能，教师适时的指导是必要的。但要把握好发挥学生主动学习与教师指导的关系。在第一个活动中，教师没有必要告诉他们怎么连接电路，但必须在动手前告诉学生，绝对不能用导线把电池的两极直接连起来！在第二个活动中，待学生思考以后，让学生阅读“信息快递”，从而让学生明确规范要求，再进行操作，这是必要的，不能等学生做完了实验再去讨论这些规范的要求，否则已经造成了不良的后果。当然在学生实验过程中仍会出现一些错误或故障，教师应当通过巡视指导，帮助排除故障。必要时，可以暂停全班实验，指出共同性的问题，再让实验继续下去。在本节课结束前也可以花一点时间，总结连接电路的规范要求。

总之，以“动手做”为基础的课堂教学设计，不能局限在动手上，必须关注动手实验与思维的结合，从整体探究和建构知识的需要考虑，从学生的思维角度考虑，这样的课堂教学才会活泼、自然和有效。

（点评教师：刘炳昇）

【案例 4-7】

《惯性》教学设计

合肥市第五十中学　尹洁

“全国中学物理教师信息技术与课程整合能力比赛”一等奖

【教材分析】

惯性是运动和力的关系知识中的一个比较重要而又难懂的概念，它与生活实践联系非常紧密。通过明确惯性概念，理解惯性现象，可以加深对牛顿第一定律的理解，明确力和运动的关系，也为后面学习“二力平衡”乃至整个力学打下基础，起着承前启后的作用。它也是培养学生理论联系实际的一个重要途径，通过联系生活实际认识惯性的利用和预防惯性带来的危害，从物理走向社会，可以培养学生从熟悉的生活表面现象中，挖掘事物本质的能力和科学态度，培养应用所学知识解决实际问题的能力。惯性是一个抽象的科学概念，在教学中还应重视发展学生的抽象思维能力，开发学生的智力。

【学情分析】

对于惯性的知识，学生在生活中已经有所了解，但理解不深，而且惯性这个概念比较抽象。8 年级学生的思维习惯是：直观形象思维能力较强，抽象的理性思维能力较弱，有一定的逻辑推理能力。因此“课堂中的教学实验”是本节的关键内容，是学习惯性的思维支撑点。在教学中应紧扣内容的特点，突出实验教学，让学生充分动手、动口、动脑，激发他们的学习兴趣，培养他们的实践能力和抽象思维能力。

【教学目标】

1. 知识与技能

(1) 理解惯性的概念。

(2) 知道一切物体都有惯性，惯性是物体的固有属性。

(3) 会解释简单的惯性现象。

2. 过程与方法

(1)通过观察和实验探究，感知惯性的存在。

(2)探究日常生活中的常见事例，认识惯性所产生的效果，掌握如何利用惯性和防止惯性带来危害。

3. 情感、态度与价值观

(1)培养实事求是的科学态度和学生抽象思维的能力。

(2)通过惯性应用与防止的教学，向学生渗透辩证唯物主义观点，初步认识科学技术对人类生活的影响。

(3)通过对交通事故原因的分析，提高学生的交通安全意识。

【教学重点】

1. 惯性的概念

2. 理解惯性是一切物体固有的属性。

【教学难点】

应用惯性知识解释惯性现象

【教学方法】

讨论法、探究法、启发法、情境教学法。

【教学准备】

自制课件、水杯、纸板、鸡蛋、棋子、尺子、物理小车、平直木板、水枪、铁丝圈、肥皂水、蜡烛、火柴。

【教学过程设计】

1. 创设情境，引入主题

播放视频：高速公路上的追尾车祸。

设疑：为什么已经刹车了，车还会开出这么远？

引出课题：惯性。

(设计意图：活跃课堂气氛，引起学习兴趣，同时提高了学生的交通安全意识。)

2. 新课教学

(1)获得惯性概念

①[演示实验]在装有水的杯子上放一硬纸板，纸板上放一鸡蛋，迅速击打鸡蛋下的硬纸板，鸡蛋竖直落入杯中。

提出问题，引起思考：硬纸板飞出去了，而鸡蛋却没有沿水平方向运动，说明了什么？

讨论演示实验得出结论：原来静止的物体，具有保持静止状态的性质。

[学生实验验证] 指导学生自己完成用尺子打击一摞棋子的最下方一枚棋子的实验。

②播放惯性小车动画，引导学生动手：将物理小车放在长平板上，让两物体一起运动，突然使平板停止运动，观察物理小车的运动情况。

提出问题，引起思考：平板停止运动了，物理小车却继续向前运动，这又说明了什么？

讨论得出结论：原来运动的物体，具有保持原来运动状态的性质。

学生活动：引导学生举出生活中原来运动的物体，具有保持原来运动状态的性质的实例。如：运动员百米冲刺到达终点后不会立即停下来。

③归纳惯性定义：物体保持匀速直线运动状态或静止状态的性质叫做惯性。

④引导学生回答：高速公路上飞奔的汽车，为什么已经刹车了，车还会开出这么远？

（设计意图：通过实验、生活实例引导学生从中抽象出本质特征，形成概念，使学生对惯性由感性认识上升到理性认识，学会将科学知识联系生活实际。）

（2）认识惯性特性

[质疑]：上面实验说明固体有惯性，那么液体、气体有没有惯性呢？

[演示实验 1]：手持满烧杯水，突然水平运动，部分水溢出下落。

引导学生归纳：静止的液体具有惯性。

[演示实验 2]：用水枪对远处射击，看到水喷射到远处。

引导学生归纳：运动的液体具有惯性。

[演示实验 3]：自制一直径约 8 厘米的铁圈，并缠绕一层棉布增加吸水性和附着力，蘸肥皂水后迅速移动便会在原处产生一个大肥皂泡。

引导学生归纳：静止的气体具有惯性。

[演示实验 4]：嘴吹两支蜡烛（同一直线上有间隔）。

引导学生归纳：运动的气体具有保持运动的惯性。

教师进一步强调：一切物体（无论是固体、液体还是气体）都具有惯性，无论物体做什么性质的运动，都具有惯性，惯性是物体的固有属性。惯性的大小与物体的质量大小有关，物体质量越大，惯性越大。

（设计意图：多样的实验是学生的思维支撑点，通过精选的实验让学生很轻松地概括出惯性的特征。）

（3）对照比较　辨别概念

列表让学生比较惯性和牛顿第一定律的区别和联系。见表 4.7.1。

表 4.7.1

	惯　性	牛顿第一定律
区别	1. 是物体的固有属性	1. 是物体的运动规律
	2. 在任何情况下都存在	2. 只有当物体不受外力作用时才遵守
联系	牛顿第一定律揭示了一切物体都具有惯性，又叫惯性定律。	

（设计意图：使知识系统化，加深理解和记忆的效果。）

（4）解释惯性现象

①结合劳动中敲击斧柄套紧斧头事件，利用课件分步启发解释惯性现象的基本步骤：明确研究对象原来整体的状态是什么→突然发生什么情况→由于惯性，某部分要保持什么状态→出现什么现象。

②结合图片要求学生解释行车时为什么司机要系安全带？

（设计意图：运用生活中常见的现象激发学生求知欲，同时深化惯性现象，突破教学难点。）

（5）举出生活中惯性的实例。

①让学生各抒己见，从惯性利与弊两方面说明。

②学生表演列车启动、刹车、转弯时乘客的各种姿态变化。

（设计意图：通过举例、表演，使学生体会科学就在身边，学会辩证看待事物利弊。）

3. 反馈练习（用课件在屏幕上展示）

（1）是非判断

①物体保持了匀速直线运动状态或静止状态的现象叫惯性。

②物体受力时没有惯性，不受力时才有惯性。

③匀速运动的物体有惯性，变速运动的物体也有惯性。

④物体由静止到运动的瞬间没有惯性。

⑤子弹从枪膛里射出后能够继续运动是因为子弹受到惯性作用。

⑥惯性是可以克服的。

（2）匀速向前行驶的汽车里的乘客，向外跳车时，向哪个方向跳不容易摔倒？为什么？

（设计意图：考查学生知识掌握情况，培养用所学知识解决问题的能力，加强同学间的交流。）

4. 创新交流

说一说，这节课你的收获、感受以及你更感兴趣的问题是什么？

（设计意图：创设师生交流的平台，给学生广阔的思维空间，培养学生归纳能力和创新精神。）

5. 布置作业

畅想没有惯性后的悲与欢。以此为题写一篇小文章。

（设计意图：延伸课堂所学，培养学生逆向思维能力。）

【教学反思】

1. 本节课在授课设计上，首先从学生熟悉的事物入手，提出问题，体现出物理与生活的密切关系。教学内容比较贴近学生实际，学生兴趣盎然，课堂气氛活跃。整个教学过程注意让学生自主实验、讨论，发现问题并解决问题，使学生掌握了一定的科学探究方法。

2. 以实验开路建立惯性的概念，不仅做了固体有惯性的实验，还补充了液体、气体也有惯性的实验，水到渠成地得出"一切物体都有惯性"的结论。演示实验效果很理想，做"吹蜡烛"、"肥皂泡"实验时学生显得很兴奋。说明有些实验在教师看来也许没什么，但学生却非常感兴趣。

3. 教学中突出了对惯性的理解和用惯性知识解释现象。反馈的设计也主要针对这两大问题。学生回答反馈题的情况令人满意，说明学生对该节课知识的理解达到了课前预期。

4. 初中生的抽象思维能力还比较薄弱，理解能力和推理能力还停留在经验型上。从课堂反馈来看，由于受生活经验的负面影响，有少部分学生对惯性本质的认识还有些模糊，还需要在后续的学习中不断交流、沟通。

（备注：本篇教学设计由安徽省教育科学学院杨思锋老师推荐）

【案例评析】

1. 关于"教材分析"和"学情分析"，老师是基于教材的理解和对学生学习水平的经验性分析给出的。我们认为大体是恰当的。但是，其中一些知识性的认识还显得不够深入，这对实际教学过程和教学结果都有影响。比如：物体的惯性是一个严格的物理概念，是需要学生改变原有的认识习惯，而从物理知识的角度和思维方法出发，逐步去体会，逐渐形成正确的认识的。

对此，既需要直接的说明，也需要结合具体问题，由老师给出知识化的分析过程和结论。我们不能期望通过一节课的学习，学生就能很准确地理解惯性的意义。

2. 关于"教学目标"，我们认为依据"三维目标"的原则，整体上本节课的教学目标较为合理。比如：本节课的教学目标按如下设置：

(1)结合"惯性实验"的过程和现象，通过抽象，体会物体惯性的意义。

(2)分析物体具有惯性的原因，即物体的质量是物体惯性大小的量度；与学生一起体会(实验)，并分析(理论说明)质量越大的物体，其惯性越大的表现。

(3)对一些典型的惯性现象，能利用惯性知识给出正确的解释。

3. 关于教学过程

层次清晰的教学过程，会提高教学效果，因为这本身也是本节知识的一种表现。

首先我们认为可以在层次性方面进行改进，即整堂课分成几个清晰的层次，然后是在各个层次下的具体行为。如某个确定的层次中的哪个问题以实验及其分析为主、哪个问题以理论分析为主、哪个问题以学生讨论为主，再由老师进行总结等。

其次，有的内容有些问题，比如"观察气体的惯性"，相比之下，惯性不是气体的重要性质，因为其质量很小。因此，不能把物理知识绝对化，物理知识是需要结合具体问题进一步分析才能体现的。

(点评教师　杨思锋)

【案例 4-8】

《生活中的透镜》教学设计

合肥市第五十中学(新区)　董军

【教学内容分析】

凸透镜成像的知识是光学知识的重要一节，是在学习了光的折射以后进一步认识凸透镜和凹透镜以及了解透镜对光的作用，并了解与透镜相关的概念。在学生对生活中常用的透镜及其成像情况，获得丰富、具体的感性认识的基础上，带着问题，让学生通过科学探究的活动分析总结凸透镜成像的规律，体验科学探究的过程，从而培养科学研究方法。

【学情分析】

透镜是学生在生活中比较熟悉和经常用到的，也是他们非常感兴趣的光学器材。但学生对透镜的认识比较片面，对两种透镜还不能准确区分，即使对凸透镜及作用的认识可能也仅局限于放大镜、老花镜等。加之 8 年级的学生接触物理学习的时间不太长，虽然通过前面几章内容的学习已经掌握了科学探究的基本环节，学会了小组合作学习，但提出问题、设计实验方案仍对学生有一定的困难，所以我认为让学生顺利地提出探究的问题必须教师创设良好的问题情景，对学生进行必要的引导，动手实验过程教师应巡视，对学生实验中出现的问题要及时纠正。在教学中应注意培养学生对物理的兴趣，充分发挥白板教学直观呈现与演示实验的结合，借助现代投影成像技术和相关视频迎合他们好奇、好动、好学的心理特点，调动他们学习的积极性和主动性。

【教学设计思想】

这是一节与生活实际有紧密相关的光学实验探究课。8 年级学生对科学探究的认识还比较懵懂，为了使学生更深刻理解透镜在生活中的应用和成像规律，本课希望学生亲自根据一些图片和场景提出问题。首先通过摄像头摄取现场学习图像创设生活中透镜使用的真实情境，把鲜活的生活引入课堂，激发学生的学习兴趣，让学生初步感知到了透镜成像。视频导入进一步激发兴趣，把生活中的透镜对光作用的现象展现，引发学生的思考。这样引导学生做出合理猜想，教师进一步指导设计实验，分组合作完成实验，根据大量实验数据和观察的现象得出凸透镜成像的初步结论，体验探究性实验的过程，在实验的过程中学生的观察能力和分析问题、解决问题的能力也得到提高。本节课很多环节中利用电子白板的辅助教学，在展示图片和场景上更加生动和直观，尤其在对实验数据的分析上利用实物投影数据能直接呈现便于分析结论，对于一些实验过程由于时间等原因不能立即完成的和不易直接展示的现象，如利用太阳光测凸透镜的焦距等就通过链接视频，借助信息技术的辅助作用在无形之中提高学习效率，使教学目标得以顺利完成。

【教学目标】

1. 知识与技能

(1)认识凸透镜和凹透镜，知道透镜对光的作用。

(2)探究凸透镜成像规律并知道凸透镜成像规律在生活中的应用。

2. 过程与方法

(1)能根据观察到的现象初步提出问题，进行合理猜想，并设计实验进行探究，初步获得提出问题的能力。

(2)通过研究凸透镜成像规律的过程，体验科学研究的过程与方法。

(3)学习从物理现象和分析实验数据中总结归纳科学规律的方法。

3. 情感、态度和价值观

(1)具有对科学的求知欲，乐于探索自然现象和日常生活中的物理学道理，勇于探究日常用品或新器件中的物理学原理。

(2)在探究问题的过程中，有主动与他人合作和交流的精神。

【教学重难点】

1. 教学重点

凸透镜的成像规律的探究过程。

2. 教学难点

让学生从自己的实验数据中发现凸透镜的成像规律。

【教学准备】

学生：准备放大镜，近视眼镜。

教师：发光屏、凸透镜、光具座、光屏(学生每组一套器材)。

【教学过程】

见表4.8.1。

表4.8.1

教学环节	教学活动		教学目标	教学方法	设计意图及整合点
	教师活动	学生活动			
创设情境，导入新课	师：1. 请同学们看前方摄像头再观察白板屏幕，看到自己的像成在屏幕上。 2. 启发学生思考：生活中可以成像的光学仪器有哪些？ 引入课题： 生活中的透镜。	1. 学生观察体验，获得成像的真实感受。 2. 学生交流汇报。	认识生活中可以成像的光学仪器有哪些，提取生活中素材。	观察体验	通过摄像头摄取现场学习图像，创设生活中透镜使用的真实情境，把鲜活的生活引入课堂，激发学生的学习兴趣，让学生初步感知透镜成像。
新知教学	(一)凸透镜的种类 引导学生对比分析、区别两种透镜。 (二)视频引入透镜对光的作用，引发学生思考 教师演示透镜对光的作用。 (三)实验探究凸透镜成像有何规律 1. 教师引导学生通过摄像头和放大镜观察成像的变化，启发学生对凸透镜成像有何规律的思考。 2. 教师进一步引导学生思考如何通过设计实验观察凸透镜成像。 3. 提示实验器材的安装使用中的注意要点。 4. 组织学生分组实验探究。 5. 巡视辅导实验中出现的问题。	(一)学生体验并能区别，白板展示 (二)学生观看视频，思考现象产生的原因并讨论。 学生观察，交流。 1. 学生观察自己通过摄像头所成的像的大小变化，思考成因，以及观察放大镜成像的变化，引发思考。 2. 初步观察了解实验器材的成像特点与作用。 3. 进一步了解器材的安装与使用要点。 4. 学生根据实验要求分组进行实验。 5. 学生合作并善于发现问题。	1. 认识两种透镜。 2. 知道透镜对光的作用。 3. 初步学习根据探究目标制定计划和选择实验需要的器材进行实验。 4. 通过实验探究凸透镜成像的基本规律。	体验观察 对比实验 合作交流	1. 通过体验让学生亲身体验，区别两种透镜。 2. 视频导入进一步激发兴趣，把生活中的透镜对光作用的现象展现，引发学生的思考。 3. 通过摄像头与放大镜成像两个小实验，观察成像的变化从而猜想影响凸透镜成像的因素会是哪些，再进行实验探究。

续表

教学环节	教学活动		教学目标	教学方法	设计意图及整合点
	教师活动	学生活动			
课堂小结、反思评价	师：同学们，这节课你们有什么收获？请大家说一说。	学生交流汇报。	归纳概括学习内容，形成学习提纲	归纳交流	这个环节设计让学生自己概括所学的知识及知识的获取方法，真正达到“授之以渔”的教学目的。同时让学生通过自评、互评的活动，反思自己的学习行为，激发学生自主学习积极性。
课堂巩固与拓展	师：1. 同学们，下面大家一展身手，展示自己的实力。 2. 给学生补充介绍相关学习网站，提供学习平台。	1. 学生板书，集体订正。 2. 知道相关学习平台，交流学习内容。	巩固新知。	练习交流	通过班级群和相关网站拓展学习空间，有效补充学习内容，提升学习能力。

【教学策略】

借助信息技术的功能使学生自主、动态地体验与观察富有趣味的实验，无疑将极大地激发学生学习物理的兴趣，通过实物展台汇报学生的数据并汇报分析得出的结论让学生能全面参与，敢于展示自我，自信心、情感态度和价值观会极大提升，将从根本上改变学生的学习方式和学习状态，从而使学生真正理解和掌握基本的物理知识与技能，获得丰富的物理实验经验，使学生真正乐于成为学习的主人。

（备注：本篇教学设计由安徽省教育科学学院杨思锋老师推荐）

【案例评析】

1. 关于“教学内容分析”和“学情分析”，我们感到老师只是基于教材所呈现的内容及形式，结合对学生学习水平的感性认识给出的。从知识层面分析本节内容，显得不够，而这才是本节课的中心问题。比如，应明确：凸透镜是一种物理知识模型，在近似情况下，根据光的折射定律就可以对凸透镜成像进行定量的处理，从中就能发现，透镜能成像的条件是较为严格的。

在上面分析的基础上，提出本节课的任务就是，通过实验去体会实验与理论的一致性，而且，实验的条件和操作过程中必须体现出理论的要求。这就涉及教学过程和教学的目标。

2. 关于“教学设计思想”，实际上讲的是教学实施策略，不宜说成是“思想”。

3. 关于“教学目标”，我们提出如下几点，仅供参考：

(1)能按照实验要求，正确组装实验装置，并能在光具座上找到、标出透镜焦点位置。

(2)能在实验过程中，完成物距大于2倍焦距、物距等于2倍焦距等各种情况下物体的成像情况，并能正确记录，得出正确的实验结论。

(3)能结合作透镜成像光路图，理解并体会透镜成像的实验现象。

(4)能根据凸透镜成像特点，分析解释一些相关的光学现象。

4. 关于“教学过程”，按照老师个人的认识，他的教学过程是很适合初中生的学习习惯的。

(点评教师：杨思锋)

【案例4-9】

《科学探究：欧姆定律》教学设计

安徽省合肥市第四十八中学滨湖校区　程结旺

教学内容：沪科版《物理》第十五章第二节

【教学设计思路】

本节内容是沪科版《物理》第十五章第二节，欧姆定律是电学中的基本定律，是进一步学习电学知识和分析电路的基础，是初中物理电学部分的重点。学生在学习过电流、电压和电阻知识的基础上，对三者的关系会有较大的兴趣，本节课内容综合性较强，从知识上讲，要用到电路、电流、电压和电阻的知识，从技能上，要用到电流表、电压表和滑动变阻器等。科学探究方法的学习和掌握是课程的目标，同样也是本节教学的重要内容。就在这样的背景下，分两课时，采用探究式学习方法与传统教学相结合，完成本节的教学目标。第一课时中，先通过演示实验，创设情境，提出问题，让学生分析，找出可能的原因。接着老师引导讨论，引导设计方案，再次通过实验验证得出结论。由于实验的难度比较大，学生出现错误的可能性也比较大，所以实验的评估和交流也比较重要。学生对实验方法的掌握既是重点也是难点。第二课时老师进一步总结欧姆定律，用欧姆定律知识解决有关电路计算等问题。

【教学目标】

1. 知识与技能

(1)通过实验探究电流、电压和电阻的关系。

(2)会同时使用电压表和电流表测量一段导体两端的电压和其中的电流。

(3)会用滑动变阻器改变部分电路两端的电压。

(4)会观察、收集实验中的数据并对数据进行分析。

2. 过程与方法

(1)通过实验探究电流与电压、电阻的关系，让学生经历科学探究全过程。

(2)通过实验探究，使学生进一步熟悉用“变量控制法”来研究物理问题的科学方法。

(3)尝试用图像法对实验数据进行分析处理。

3. 情感、态度和价值观

重视对物理规律的客观性、普遍性和科学性的认识，注意科学世界观的形成。

【教学重点】

通过探究实验知道导体中的电流与电压、电阻的定量的关系。

【教学难点】

设计实验；实验数据的分析；实验结果的评估。

【教学资源】

教师：简单电路演示板。

学生每四人一组：电源(由两节干电池组成)、电流表、电压表、不同阻值的电阻、滑动变阻器、开关、导线。

【教学方法】

启发和探究实验的教学法，并配合交流讨论、展示等多种教学方法的综合。

【教学过程】

新课引入：

1. 复习回顾描述电路的三个物理量及其物理意义。

2. 设问：这三个物理量之间是否存在着某种约束关系？带着这个问题进入新课。

3. 大屏幕投影本节课要讨论的两个问题

(1)电流的大小与导体的电阻、和导体两端的电压是否有关？

(2)如果有关，电流的大小与导体的电阻、和导体两端的电压的关系如何？

新课教学：

1. 研究电流的大小与导体的电阻、和导体两端的电压是否有关

(1)投影：

生活情景：小明放学回家帮妈妈做晚饭，发现家里厨房的灯太暗了，他想让厨房变得更亮，你有什么方法？

(2)学生思考：换灯泡。

(3)教师用干电池、开关、导线、小灯泡模拟家庭电路，演示并分析：电压不变，灯泡电阻变小，流过灯泡的电流变大。

(4)教师进一步提问：就现在的电路而言，若不更换灯泡，要让灯泡变得更亮，你有什么方法？

(5)学生思考：增加电池。

(6)教师分析：电阻不变，灯泡两端的电压变大，流过灯泡的电流变大。

(7)师生分析总结：流过导体电流的大小与导体的电阻、和导体两端的电压有关。

2. 电流的大小与导体的电阻、和导体两端的电压的关系如何

(1)提出问题：电流同时受电压、电阻两个因素的影响，我们该用什么研究方法呢？

(2)探究方法：控制变量法

具体操作：

①控制电阻一定，研究电流与电压的关系。

②控制电压一定，研究电流与电阻的关系。

(3)各小组成员相互讨论，设计探究方案，画出实验电路图(图 4.9.1)和实验记录的表格。

重点讨论：

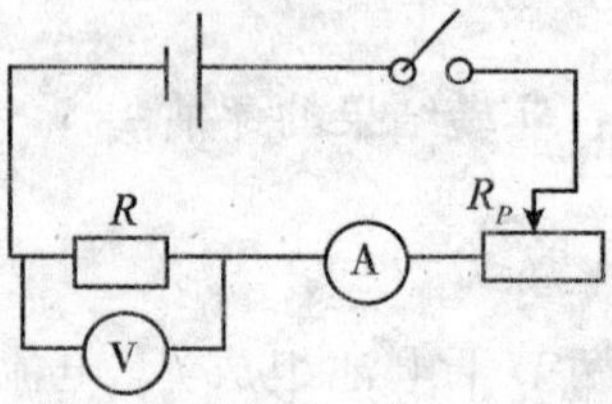

图 4.9.1

①控制电阻一定，研究电流与电压的关系时如何改变电阻两端的电压。

②控制电压一定，研究电流与电阻的关系时如何保持电阻两端的电压一定。

(4)小组汇报，教师用实物投影仪展示。

(5)师生共同分析确定实验方案。

①控制电阻一定，研究电流与电压的关系。

保持电阻 R 的值不变，通过移动滑动变阻器的滑片，改变电路中电阻，改变流过电阻 R 的电流，观察并记录电压表示数的变化。见表 4.9.1。

表 4.9.1

	R/Ω	U/V	I/A
第一次	5Ω	1V	
第二次	5Ω	2V	
第三次	5Ω	3V	

②控制电压一定，研究电流与电阻的关系。

改变 R 阻值，通过移动滑动变阻器的滑片，改变电路中电阻，使电压表的示数保持某一个确定的值，观察并记录流过电阻 R 的电流示数的变化。见表 4.9.2。

表 4.9.2

	U/V	R/Ω	I/A
第一次	3V	5Ω	
第二次	3V	10Ω	
第三次	3V	15Ω	

(6)学生分组动手探究，教师巡视，适时提醒学生连线过程中注意事项。

(7)数据分析

①教师展示：学生记录的原始数据。

②学生根据分析收集的数据，初步得出结论。

③学生选择合适的坐标系，画出相应的关系图，进一步得出结论。

(8)归纳结论

投影实验结论：

①电阻一定，流过导体的电流 I 和导体两端的电压 U 成正比；

②电压一定，流过导体的电流 I 和导体的电阻 R 成反比。

教师引导学生总结并归纳总的规律：

导体中的电流，跟这段导体两端的电压成正比，跟这段导体的电阻成反比。

3. 欧姆定律

(1)教师指出：上述规律最早由德国物理学家欧姆通过实验得出，后人为纪念欧姆的贡献，将这一规律命名为欧姆定律。

(2)内容：一段导体中的电流，跟这段导体两端的电压成正比，跟这段导体的电阻成反比。

(3)公式：$I=\frac{U}{R}$

(4)对欧姆定律的几点说明：

①欧姆定律是一个实验定律；

请学生回顾刚才自己所做的实验，并对实验过程进行评估。

1)对照刚才的实验电路图，开关闭合前，滑动变阻器的滑片应该打在左端还是右端?

2)在两次实验探究中，滑动变阻器作用是什么?

3)结合信息窗谈欧姆当年实验的艰辛和执著。

②公式的同一性

U 、R、I 必须对应的是同一段电路(同一个元件)同一状态的电压、电阻、电流。

③公式的变形式

$U=IR$ 主要用于已知电流和电阻求电压。

拓展：能否说电压与电流成正比呢?

$R=\frac{U}{I}$主要用于已知电压和电流求电阻

拓展：能否说电阻与电压成正比，与电流成反比呢?

④例题：某同学用一只电流表跟一只电阻串联，流过电阻的电流为1A，再用电压表测量这只电阻两端电压为1 V，试求这只电阻的阻值。通过计算让学生明白1欧姆的规定。

4. 课堂小结

(1)教师带领学生分析本节课的收获。再一次体会了控制变量的方法；再一次体会了滑动变阻器在电路中的作用；通过实验探究得到了电流、电压、电阻三者的定量关系。

(2)学生谈自己的疑惑。

5. 作业布置

用自己的器材重做探究欧姆定律的实验，体会控制电压一定，研究电流与电阻的关系时，电阻阻值变大，滑动变阻器的阻值应如何调节。

【板书设计】

第二节　科学探究：欧姆定律

一、实验探究：电流与哪些因素有关

1. 控制电阻，研究电流与电压的关系。

电路图　　　记录表格

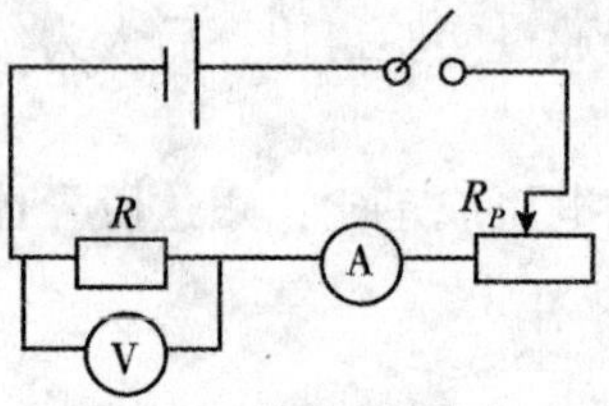

2. 控制电压，研究电流与电阻的关系

结论：

二、欧姆定律

1. 内容：一段导体两端的电流与这段导体两端的电压成正比，与这段导体电阻成反比。

2. 公式：$R=\frac{U}{I}$

3. 注意：

【教学反思】(略)

【案例评析】

1. 关于教学目标的界定

授课教师在对教材分析的基础上，对本节内容的教学目标的界定具体、明确，注重过程和方法的教学目标，能够结合课程标准的教学要求准确用词。如：

(1)通过实验探究电流与电压、电阻的关系，经历科学探究全过程。

(2)通过实验探究，使学生进一步熟悉用“变量控制法”来研究物理问题的科学方法。

2. 关于教学过程设计

教学过程层次清晰、环节设计合理。教学过程中教师和学生的互动设计较灵活，充分体现了现代教育教学的理念，同时也鼓励学生的自主探究学习。

3. 但从数据处理到图像、结论的得出，对学生学习能力的估计不够，容易造成结论由教师给出。应该由教师启发，联系数学知识，迁移到物理学中，总结和归纳出欧姆定律。也可以运用多媒体辅助教学，运用 Excel 软件，帮助处理数据并由图像总结出欧姆定律。另外一些知识性分析和说明需要进一步考虑，如电压、电流和电阻三者之间哪个是自变量和因变量的分析。

(点评教师：李效锋)

第五章 高中物理课堂教学设计经典案例及分析

【案例 5-1】

《力的合成》教学设计(一)

安徽省蚌埠市铁路中学 王军

(2012 年安徽省高中物理优质课评选一等奖)

教学内容：第三章第四节：力的合成

教材：人教版高中《物理》新课标教材(必修 1)

【教学内容分析】

本节教材选自人教版高中物理新课标教材(必修 1)，本节内容是在前面学习力的图示、摩擦力等相关力学知识的基础上，学习力的合成。力的合成是解决力学的基础和工具，力的合成如果没有学好，在后续课的学习中，对牛顿第二定律、物体平衡、动量定理、动能定理的理解和应用都会感到困难。如果力的合成的平行四边形法则掌握不好，后续课程中的有关物理量的合成就会出现困难。本节课运用等效替代的观点进行力的合成等内容的教学，因而培养学生建立等效替代的概念是很重要的。

【教学策略选择与设计理念】

新课标对高中物理教学明确要求，以提高学生的科学素养为核心，把学生活动的过程、方法以及经历活动过程中的体验作为课程标准之一。依据这种教学理念，为了让学生体验科学研究过程，了解科学研究方法，把力的合成规律这种全新的知识，让学生去研究，获得亲身感受，加深对矢量合成法则的理解。所以，这节课主要是实验教学，让学生通过自己动脑、动手，猜想、实验研究找出合力与分力之间的关系，体会等效替代的思想和矢量合成的方法——平行四边形定则。

在学生实验的过程中，倡导他们勇于发表自己的看法，大胆猜想，实验验证，从而锻炼学生的能力。同时，一方面尽量增加学生参与的机会，亲自体验实验过程，另一方面充分利用演示实验、多媒体等现代化的教学手段，提高整个课堂教学的效果。

【学生情况分析】

在学习本节课前，学生已经有了一些力学部分的知识基础，然而要他们马上就接受力的平行四边形定则还是有困难的。从思维能力来看，这一节要求学生在实验基础上，抽象出力的合成的本质。得出力的平行四边形定则，对学生抽象思维能力有较高要求，而高一学生的抽象思维能力水平还不是很高，这容易形成学习障碍。

而且高一学生刚接触矢量，对矢量的运算没有任何感性认识，没有任何生活经验可以借鉴，以前有的只是对如质量、时间等标量的代数运算。所以，对他们来说，研究力的合成定则是一个难题，教学过程中注重老师的“引导”、学生的“研究”，体现老师是主导、学生是主体的原则，淡化教师的“教”，加强小组间的学习、交流、讨论，让学生积极参与课堂活动，猜想、设计方案、探求规律，使学生始终处于积极探求知识的过程中。

【教学目标】

以现代教育理念为指导，结合上述教学任务、学生情况分析和设计理念，确定如下教学目标：

1. 知识与技能

(1)知道合力、分力、力的合成、共点力的概念。

(2)理解合力与分力的关系是作用效果上的等效替代。

(3)掌握平行四边形定则的含义和使用方法，会用它求两个分力以及几个分力的合力。

(4)通过平行四边形定则进一步理解合力与分力的大小关系。

2. 过程与方法

(1)通过合力与分力概念的建立过程，体会物理学中常用的研究方法——等效替代法。

(2)通过研究探究求互成角度的两个力合力的过程，渗透科学研究的基本方法。

3. 情感、态度与价值观

(1)体会逻辑思维和实验相结合研究问题的巨大作用，并由此体会到科学研究的乐趣。

(2)体会科学研究中与他人合作、交流的重要性和必要性。

【教学重点及难点】

教学重点：(1)从力的作用效果相同来理解合力与分力的概念；

(2)师生合作设计实验方案，实验探究求合力的方法。

教学难点：物理问题向数学模型过渡。

【教学过程】

见表 5.1.1。

表 5.1.1

教学环节	教学活动	设计意图
创设情境，提出合力、分力的概念	1. 学生小实验 先让两位同学一起提起米袋并使之保持静止，再让一个力气大的男生提起相同米袋，使米袋保持静止。分析在两种情况下米袋的受力情况，并在屏幕上出示示意图。从以上情境出发，抓住共同点：一个力单独作用时可以和多个力一起作用时产生相同的作用效果。自然地引出等效替代的关系，并从力的角度分析，得到合力、分力的概念。 2. 出示探究实验图片，加强学生对合力、分力的等效替代关系的理解。 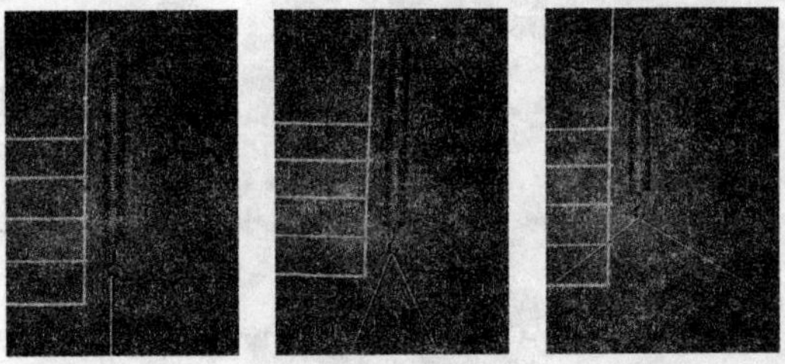 甲图　乙图　丙图 甲图和乙图比较：弹簧指针指向同一位置，伸长量相等，效果相同，甲图两个力拉弹簧的效果和乙图一个力拉弹簧效果相同。 乙图和丙图比较：弹簧指针指向不同位置，伸长量不相等，效果不相同，乙图一个力拉弹簧的效果和丙图两个力拉弹簧效果不相同。	新课的导入是一节课的开始，对于学生学习兴趣的调动是非常重要的，而从生活中的实例入手，利用演示小实验创设物理情境，引入将要研究的课题。在实验观察的基础上归纳事物的共性，既帮助学生形成初步的概念，又能够培养学生的观察、分析、归纳的能力。 为学生创设真实的问题情境，使之萌发探索、发现新知识，求知的欲望。

续表

教学环节	教学活动	设计意图
探究求合力的方法	1. 情境讨论，激发认知冲突 提问：力怎样合成，具体地说就是力的合成应该遵循怎样的法则呢？比如前面两位同学拉米袋的情境中，如果两位同学的拉力分别为50N、100N，那么这两个力的合力是多少呢？（学生利用以前所学的知识，可能得出直接相加等于150N的结果） 提问：求合力就是把分力直接相加吗？ 师生共同利用同学提米袋的例子进行模拟实验，先用两个弹簧测力计去拉小米袋，读出示数；再用一个弹簧测力计去拉，发现分力和合力并不是简单的相加的结果。 提问：为什么实验的结果和我们的猜想完全不同呢？ 引导学生总结原因：我们只注意了力的大小而忽略了力的方向。 2. 学生自主实验 介绍可用的器材：木板、白纸、弹簧秤（两个）、橡皮条、细绳、刻度尺、图钉、三角板。  问题讨论，引导实验设计： （1）根据器材，怎样找出分力，以及两个分力的合力？ （两个弹簧秤拉橡皮条和一个弹簧秤拉橡皮条，使作用效果相同） （2）怎么样保证分力的作用效果与合力的作用效果相同？ （把橡皮条一端固定，保证另一端与绳子的结点拉到相同的位置） （3）需要记录哪些数据？怎样描述力的大小和方向？ （橡皮条结点的位置，合力和分力的大小和方向用图示法同时做出） 各小组分别讨论，经过互相补充和完善，形成探究方案后，请小组代表汇报实验方案，教师进行点评，按照合理的实验方案进行实验。 学生根据整理好的方案进行实验，并用力的图示记录实验结果。教师巡视，观察各小组实验进行情况，进行适当指导。 经过实验，学生可以得到分力 F_1 和 F_2、合力 F 的图示。	教师引导学生进行猜想和假设，设计实验并通过实验验证假设，让学生体会科学研究过程，在原来对科学感性认识的基础上进一步加深对理想化方法的理解，在亲身经历研究抽象定律过程中体验科学方法，实现了过程与方法的融合。

续表

教学环节	教学活动	设计意图
思考讨论实验验证	引导学生观察 F_1、F_2和合力 F 的大小和方向，并猜想 F_1、F_2和合力 F 之间可能存在什么样的规律？ 部分学生可能感到问题棘手，不知道解决问题的突破口在哪里。教师参与学生的猜想和讨论，给学生一些提示“在学习平面几何时，可以利用添加辅助线的方法。我们能否通过添加辅助线的方法构成一些简单的图形，使得 F_1、F_2和合力 F 之间建立某种联系？” 在老师的引导下，利用添加辅助线的方法，请每一个小组同学都以分力为邻边作出平行四边形，看看合力是否和平行四边形的对角线重合，然后展示多个小组的实验结果，学生汇报结果。通过各个小组的实验发现，力的大小和方向都各不相同，都能大致得到这样一个结论，说明具有一定的普遍性。 师生配合利用数字化器材再次进行试验，先确定两个分力的方向和作用点，利用两个力传感器沿着力的方向进行测量，画出力的图示，按照平行四边形的方法进行合成，把结果与实际测量结果进行比较，发现近似相等，进一步说明分力的确按照平行四边形的方法进行合成。 教师补充并总结：(1)两个力合成时，以表示这两个力的线段为邻边作平行四边形，这两个邻边之间的对角线就代表合力的大小和方向。这个法则叫做平行四边形定则。(2)平行四边形定则适用于所有矢量的合成。	学生自己设计好实验思路，并将思路转化为演示实验，让学生参与，让学生动手操作，既增强了感性认识，激发了学生的参与热情，又为随后的科学研究提供了一个平台。通过操作和观察强化合力与分力的概念，并在此基础上发现、提出新的问题。
思考与拓展	提问：从平行四边形定则可以知道，合力的大小和方向随着 F_1、F_2的夹角而变化。当 F_1、F_2大小一定，夹角增大，合力如何变化？合力什么时候最大，什么时候最小？合力的范围如何？ 答案：在两个分力 F_1、F_2大小不变的情况下，两个分力的夹角越大，合力越小。 (1)当两个分力方向相同时(夹角为 0°)合力最大，$F = F_1+F_2$； (2)当两个分力方向相反时(夹角为 180°)合力最小，$F = \lvert F_1-F_2 \rvert$； (3)合力大小范围 $\lvert F_1-F_2 \rvert \leqslant F \leqslant \lvert F_1+F_2 \rvert$。	应用定性的讨论让学生有更深的感性认识。利用课堂引申强化重点知识，且使教师获得关于重点知识学习效果的反馈信息。

【板书设计】

§3.4 力的合成

1. 分力 ⟷（等效替代）合力；分力 → 合力：力的合成

2. 平行四边形定则

【教学反思】

本节课的教学设计，强调学生的探究过程和探究过程中的方法和体验，把教师作为学生探究活动的参与者，随时与学生进行交流，为学生提供必要的帮助，来克服探究过程中的困难。对教科书的处理较合理，既充分体现了教科书的教学理念，又改进了教科书中实验的不足。本节课的教学设计中对学生学习的困难和可能出现的探究方案和猜想假设等考虑较充分，为课堂教学中根据不同教学情况生成教学留下了足够的空间，这样的教学设计是切实可行的。当然，本节课没有对平行四边形定则做进一步的巩固与提高，这有待后续课程来完成。

（案例由安徽省教育科学学院杨思锋老师推荐）

【案例评析】

1. 关于教学内容分析和学生情况分析

本教学设计对该知识的基础地位从几个方面进行了说明，主要是说该知识是后续一些内容学习的基础；对于学生来说，设计认为学生没有接触过物理矢量的运算，缺少经验的积累。我们认为对“力的合成”内容的认识还需要加深，即物理量分为标量和矢量，力的合成方法是所有矢量合成的基本方法，是科学处理的基本方法。不仅表现在具体矢量的如何合成，也表现在物理学处理问题的原则上，如正交分解、平面内运动的合成等。

2. 关于本节教学内容的教学目标

我们给出以下观点，以作比较，供老师们体会和参考。

(1)明确“力的合成”思想和方法具有普遍性，即所有矢量的合成都遵循相同的方法；而且，进行矢量的合成(或分解)是科学处理、定量分析问题的一种有效策略，也即方法。

(2)结合一些实际做法(或实验)，运用物理知识，体会力的合成的可行性和有效性。

(3)结合学生实验，体会“实际”情况下，分力、合力之间的关系；以及如何在操作层面实现“力的作用效果不变”、如何记录力的大小和方向等。

(4)能根据力的平行四边形合成法则进行共点力的合成。

3. 关于教学过程

整个教学过程比较清楚，各阶段教学任务明确，符合学生实际学习水平，效果较好。

但是，我们感到整个教学过程的知识逻辑性还有待进一步明确和加强。

在进行“实验数据”的处理过程中，我们认为“用平行四边形”没有什么物理意义。可以从正面直接提出：为什么以两个分力作邻边时作出的平行四边形的对角线基本与合力重合呢？这其中一定有必然性的道理，那么，我们就应该思考其中所蕴涵的自然规律！

（点评教师：杨思锋）

【案例 5-2】

《力的合成》教学设计(二)

安徽省合肥市第一中学 吴晓明

【教材分析】

平行四边形定则是矢量运算的基本工具，故本节内容同样是高中物理的基石。教材用简单的语言和一幅卡通图引入合力、分力的概念及等效替代的物理思想。自然地提出了通过探究性实验寻找合力的问题，为了降低探究的难度，教材指明了探究中要注意的几个问题，帮助学生突破思维障碍，顺利完成探究，并得出结论。

【学情分析】

1. 知识层面

学生在初中已经掌握了同一直线上两个力求合的方法，在第一章也初步接触到位移的三角形合成法则，在相互作用这章的学习中，学生自然也会对同一个平面内两个力的合成方法产生疑问和兴趣。

2. 能力层面

高一学生刚接触矢量，对矢量运算较为陌生。考虑高一的学生已经具备了一定的实验能力以及探究能力，可以在教师的适度引导下，进行学生探究，学生在探究过程中的切身体验将更有利于他们深刻理解矢量的合成法则。

【教学设计思路】

结合学生的认知结构，本节教学可以从初中已有知识上提出问题，引导学生通过实验一步步探寻出合力与分力的关系。在教学过程中，也要根据实际情况，给学生适当的提示，特别是实验具体操作环节，而对于最终形成结论的环节应该留给学生，这需要学生想象、猜测。这是我们学生所缺少的东西。

【教学目标】

1. 知识与技能

(1)从力作用的等效性理解合力与分力，体会等效替代的思想。

(2)通过实验探究求合力的方法——力的平行四边形定则。

(3)知道平行四边形定则是矢量运算的普遍规则。

2. 过程与方法

(1)通过实验探究让学生感受物理研究过程，逐步培养学生发现问题、提出问题、解决问题的能力。

3. 情感、态度与价值观

(1)激发学生学习的热情和兴趣；

(2)通过小组合作学习，培养学生的合作精神。

【教学重点、难点】

探究实验——力的平行四边形定则。

【教学方法】

探究、演示等。

【教学用具】

弹簧秤、重锤、DIS 等。

【课时安排】

1 课时。

【新课教学】

新课引入：通过深入系统地学习重力、弹力、摩擦力以及在此基础上物体的受力分析，各位同学对力已经有了一个初步的理解，知道了当一个力作用于物体上时，会产生一定的作用效果。(提问)如果一个物体同时受到多个力的作用时，我们又该如何处理呢?

回顾：初中物理告诉我们，作用在同一条直线上的两个力，我们可以比较容易地找出这样一个力 F，它的作用效果与 F_1、F_2 共同产生的作用效果相同，我们称 F 为合力，F_1、F_2 为分力。由分力求合力的过程我们称为力的合成。

分析：如果我们发现两个共点力合成时，合力与分力的关系，那么物体在多个共点力共同作用下合力与分力的关系只需通过多次求合来完成。

提问：什么是共点力呢？作用于物体同一点或力的延长线交于一点的力。

提问：那么两个共点力合成时，合力与分力的关系又是什么呢?

演示：合力与分力是不是 $1+1=2$ 的简单代数关系呢？我这有两只实验室用的弹簧测力计、重锤以及一个绳套，用一根弹簧秤将其提起处于静止状态；利用两根弹簧秤将其提起，它们是合力与分力的关系，简单的代数方法在这里失效了。

提问：合力与分力之间的关系除了与大小还与什么有关呢?

学生回答：夹角，也就是方向!

提问：合力与分力到底具有什么简单的关系呢?

说明：我们能否通过实验把分力与合力形象地描述出来，再看看它们具有什么特点呢?

提问：要描述一个力，抓住什么就行了?

学生回答：力的三要素。

(大胆细致的探索是通向成功的必经之路)

仪器介绍：两只弹簧测力计、一张白纸、一个木板、一块三角板、数个可用来固定白纸等物品的图钉、一根连接橡皮筋的绳套。

提问：你能根据这些器材设计实验方案，构建一对合力与分力，并将其形象地描绘出来吗？请大家相互讨论、思考。

学生汇报：(师生共同演示)我请课代表同学与我们分享他的方案，并给大家演示你的方案。

小结：课代表与我们大家分享了他的方案，我们可以参考这个方案，构建一对合力与分力，并利用力的图示将其形象地描绘在白纸上。

提问：图线出来了，请问你有什么发现呢?

学生汇报：

小结：通过大家的实验，我们发现作用于物体同一点的两个共点力合成时，以表示这两个力的线段为邻边作平行四边形，这两个邻边之间的对角线就代表合力的大小和方向。

提问：是不是所有的合力与分力关系都满足今天我们找到的这个特性呢？

有高一同学就曾对这个问题持怀疑态度，他们在选修课中选择了物理数字化实验模块并与我利用传感器多次测绘了大量数据，我把仪器带到了这里与大家分享。

小结：科学工作的大量事实证明，两个共点力合成时，以表示这两个力的线段为邻边作平行四边形，这两个邻边之间的对角线就代表合力的大小和方向。这个结论一直适用于力的合成，我们称这个法则为平行四边形定则。

分析开课问题：通过平行四边形定则我们解决了两个共点力求合的问题，如果物体在3个、4个、多个共点力作用下，我们就可以这样处理了，多次求合寻找到 F，替代了这几个力共同作用的效果。

实例分析：学习了平行四边形定则，我们可以解决什么样的具体问题呢？

例题分析：师生共同完成。

总结：今天我们从力的作用效果入手，通过物理实验探寻得到了力的合成的平行四边形定则，在以后的物理学习过程中，你会逐渐发现位移、速度、加速度等矢量的运算均满足这条重要的数学矢量运算法则，同时你也会深深体会到数学工具是构建物理学的基础，物理学的变革也会推动数学的发展。这节课更是指引我们如何从已经掌握的最基本的物理概念、定义入手去发现问题、提出问题、解决问题。

作业布置：略。

【板书设计】

力的合成

一、合力与分力——等效替代

二、共点力

三、平行四边形定则

（案例由安徽省合肥市教育局教研室王可兵老师推荐）

【案例评析】

1. 在知识与技能目标的描述上明确、合理："知道平行四边形定则是矢量运算的普遍规则"，明确了本节课要达成的阶段性教学目标："力的合成方法是所有矢量合成的基本方法教学"。在情感、态度与价值观目标的描述上，行为主体还没有从教师转变为学生，出现"培养"动词。

2. 能从知识层面和能力层面比较全面准确地分析学情，从而明确本节课的教学起点，为解决本节课的教学重点、难点，选择合适的教学策略。

3. 新课的引入不是从常规的生活实例和多个演示实验入手，而是建立在初中已有力学知识的基础上着重理论分析和物理思维的引导，对于物理基础较好的学生比较适合。

4. 教学过程的设计，围绕目标、严谨有序，干净利落。整个设计努力体现养成学生物理思维习惯，教会学生的不仅是一个定则而是一种处理问题的方式。但关键的教学环节表述方面，如学生分组探究、师生共同探究、学生分析探究结果等有些简单，不能看出教师的设计意图。

5. 设计语言的陈述不够准确，没有提炼，存在口语化的描述。

（点评教师：王天娇）

【案例 5-3】

《磁场对运动电荷的作用》教学设计

安徽省宣城市第二中学　王　宏

（2014 年华东六省一市优质课展评）

【教学目标】

1. 知识与技能

(1)知道磁场对运动电荷有作用力，称为洛伦兹力。

(2)会用左手定则判定洛伦兹力的方向。

(3)知道影响洛伦兹力大小的因素，能运用公式 $F_{洛}=qvB\sin\theta$ 进行恰当的计算。

(4)能推导出运动电荷所受的洛伦兹力的关系式，以培养学生的知识迁移能力、归纳整理能力。

2. 过程与方法

通过分组实验让学生亲身参与科学探究的历程，体验科学研究的乐趣，体会科学研究的方法。

3. 情感、态度与价值观

通过对激光的认识让学生感受到人性之美、自然之美，通过科学探究的历程激发学生对科学的兴趣，感受科学研究之美。

【教学重点】

1. 洛伦兹力大小表达式

2. 洛伦兹力方向的判断——左手定则

【教学难点】

1. 洛伦兹力大小推导过程

2. 安培力是洛伦兹力的宏观表现

【教学仪器】

铁架台，通草球，毛皮，橡胶棒，电子束演示仪，马蹄形磁铁，自制箭头，花泥。

【教学方法】

实验总结法，理论推导法，类比分析法

【课型】新授课

【课时】一课时

【教学过程设计】

见表5.3.1。

表5.3.1

教学环节	教师活动	学生活动	设计意图
创设情景，兴趣导入	讲述《美国男孩失明前看到极光》的新闻。 播放《极光》视频。点明极光是自然界中真实存在的现象，展示百度对极光成因的解释。	通过新闻感受人间的关爱。 观看视频，阅读百度百科对极光成因的解释，建立初步模型：地磁场对高速带电粒子有力的作用。	通过新闻让同学们体会人性之美，同时诱发学生对极光的兴趣。 通过对视频观看，让学生感受自然之美，同时建立基本模型：磁场和运动电荷。
实验演示，点明课题	实验一：静止带电小球在磁场中受力情况。 用毛皮摩擦过的橡胶棒接触铁架台上悬挂的通草球，使小球带电后，把磁铁缓慢靠近。 提问：静止的带电小球受磁场作用吗? 结论：磁场对静止电荷没有作用力。 实验二：运动电荷在磁场中受力情况。 介绍电子束演示仪。提问：磁场对运动电荷有作用力吗? 结论：磁场对运动电荷有作用力。 所以，我们今天研究的是磁场对运动电荷的作用力，称为洛伦兹力f。 简单介绍洛伦兹(图片展示)。	学生观察实验，发现静止小球不动。 学生回答：磁场对静止电荷无作用力。 学生分组实验，发现电子束发生偏转。 学生回答：磁场对运动电荷有作用力。	实验一：表明磁场对静止电荷没有作有力。 实验二：激发学生兴趣，证明磁场对运动电荷有作用力。 点明今天的研究主题：磁场对运动电荷的作用力。 介绍洛伦兹的成就，培养学生的科学人文素养。

续表

教学环节		教师活动	学生活动	设计意图
实验总结，探寻规律，类比分析，理论推导	1. 洛伦兹力的方向	提问：洛伦兹力的方向应该与什么有关？ （学生分组探究） 引导学生观察：当 B 和 V 方向只要有一个变了，f 的方向就会发生变化。 提问：它们三者之间是否有某种规律呢？ （学生分组记录 V、B 和 f 的方向） 教师把学生插的自制箭头，通过旋转，发现 B、V 和 f 三者方向是遵守相同规律的。 如何来寻找这三者的方向关系呢？类比安培力的左手定则，我们也用左手，注意四指的指向为电流方向。 指出：探究过程中的问题。 通过洛伦兹力与安培力的定义确定两者都可以用左手定则判断方向。 展示洛伦兹力的左手定则。 要求学生通过分组实验再次验证左手定则。	学生分组实验并讨论总结。 用自制箭头和花泥记录。 学生跟着老师，旋转手中的模型，惊奇的发现，B、V 和 f 三者方向是遵守相同规律的。 伸出左手，跟着老师一起回忆安培力的左手定则。 分组实验。	体会 V、B 和 f 在方向上是有联系的。 通过学生自己动手，参与实验，寻找方向的过程，体会科学研究的过程和学习的乐趣。 用自制箭头表示三个方向，让学生能够直观地感觉到这种立体空间关系。 从杂乱经过旋转到有序，体会三个方向是有一定规律的。 类比安培力左手定则，得出洛伦兹力的方向，为后面“安培力是洛伦兹力的宏观表现”做铺垫。 通过一系列的分组探究，让学生体会科学研究的方法，感受小组合作学习的乐趣。
	2. 洛伦兹力的大小	提问：洛伦兹力的大小与什么物理量有关？ 学生分组实验探究。 老师引导：可能与 B、V、q 等有关。 如何得出洛伦兹力大小的表达式呢？ 老师以 B 与 I 垂直为例，展示安培力与洛伦兹力之间的关系动画，引导学生从安培力大小表达式推导。 引导学生提出几个重要关系： $F_{安}=Nf$ $F_{安}=BIL$ $I=nqVB$ $N=nV_{体}$ 老师巡视，指导学生推导，并请学生上台展示推导过程。	学生猜想，分组实验，讨论，汇报。 学生思考，通过老师的引导，试从安培力角度推导出洛伦兹力表达式。 学生上台展示推导过程。	通过动画展现，深刻体会“安培力是洛伦兹力的宏观表现”这一特点。 学生先猜想，再根据老师引导，自己推出洛伦兹力表达式，既验证了自己的猜想，又锻炼了自己的推导能力，在获得知识的过程中，有一种成就感。

续表

教学环节	教师活动	学生活动	设计意图
讲练结合，思维拓展	想一想：当 V 与 B 不垂直时，洛沦兹力该如何计算？(给出图片) 引导学生类比安培力中 I 与 B 不垂直时的情况。 把 V 分解成 $V_{\perp}$ 和 $V_{/\!/}$，用 $V_{\perp}$ 进行计算，同时指出若 $V/\!/B$ 时，$f=0$。 例题：初速度为零的一个带电粒子，电荷量为 1.60×10^{-19}c，质量为 1.6×10^{-27}kg，经电压为 800V 的电场加速后，垂直进入磁感应强度为 5.0×10^{-5}T 的匀强磁场中。质子受到的洛伦兹力有多大？重力有多大？ 快速点拨解题思路，重点分析计算结果，得出洛伦兹力远大于重力。 结论：在微观世界中，重力可以忽略不计。	学生类比安培力，回答处理方法。 学生简单思考解题思路，动手完成。	用类比方法，找到解决 V 与 B 不垂直时的处理方法，再次体会“安培力是洛伦兹力的宏观表现”这一关系。 用实际数据说明微观世界中重力不计的原因，体会洛伦兹力在微观世界中的重要地位。
回归生活，课后延伸	回到百度中对极光的解释，对照例题计算的结果，理解来自太阳的高能粒子不会受重力影响直接掉落地球上(让学生课后查阅相关资料理解极光)。 课后思考：静止的电荷会不会受到运动磁场的作用力？ 你对公式中 V 如何理解？	学生课后思考和讨论。下堂课回答。	回到极光情景中来，呼应开头，检测学生知识掌握情况，同时让学生明白学以致用的道理。 通过课后思考和讨论，让学生认识到知识还有拓展的空间，体会到学无止境
课后小结，巩固知识	本节课主要学习了： 1. 磁场对运动电荷有作用力——洛伦兹力。 2. 洛伦兹力的方向判断——左手定则。 3. 洛伦兹力的大小——$f=qvB\sin\theta$。	学生小结	

【板书设计】

§6.2 磁场对运动电荷的作用

一、磁场对电荷的作用——洛伦兹力

二、从安培力到洛伦兹力

1. 方向：左手定则

2. 大小：$f=qvB$（V 与 B 垂直）

$f=0$　（V 与 B 平行）

$f=qvB\sin\theta$

（案例由安徽省教育科学学院杨思锋老师推荐）

【案例评析】

在该部分知识的认识过程中，历史上有过不同的观点。关于磁场的引入，以及相关力（洛伦兹力、安培力等）的研究都出现有不同的知识逻辑。比如：一开始，法国科学家主要研究恒定电流激发的磁场，以及磁场对恒定电流的作用，由此引入磁感应强度概念、洛伦兹力和安培力概念；而洛伦兹认为：电流是电荷的运动形成的（我们现在可以说：电流是运动电荷的一种效应，是变化的电流元），既然磁场对电流有作用，那么，磁场对运动的电荷就应该有力的作用，由此从实验的角度引入了磁感应强度的概念，并提出了洛伦兹力的概念，给出了相应的关系式，进而推导出安培力的关系式。

可见，教材中研究洛伦兹力的过程，内含了上面研究该问题的两个方面。但是，从已知磁场方向及其分布，去说明运动电荷在其中的受力方向及大小，这种办法则与上面的表述相颠倒。我们认为还是基于第一段的观点，用“实验验证”的思路来提出洛伦兹力、说明其方向和大小的方法较为合理。或者，整节内容以“安培力是洛伦兹力的宏观反映”作为基本依据，进行理论分析和实验上的探究，来完成相应知识的学习较为恰当。

基于以上观点，我们认为王老师关于本节知识的目标设定是合理的，而关于其他方面目标的设定则没有什么具体的意义。

在其所涉及的教学过程中，应该说从一般知识目标的维度来看，也是可以的，但给人的感受是物理学习的特点不强。有一点特别要提出来，供老师们思考：物理课程的学习过程，应该从整体上把握，从效果上让学生体会、感受物理知识的思想内涵，而不宜在教学的每一个细节都过多地关注这些。我们倾向于认为这些方面都是知识的合理内涵，都是不能独立于知识之外的。此问题在本节内容的设计中，还表现为一些表述不够准确，这应该引起足够的注意！

其中，关于“带电粒子在运动过程中所受洛伦兹力的定量计算结果，与其所受重力大小进行比较，从而说明为什么在此类问题中，为什么重力总是可以忽略的”的设计，对学生思考相应的疑惑是很有意义的！

（点评教师：杨思锋）

【案例 5-4】

《弹力》教学设计

安徽省合肥市第十中学　姜际龙

【设计思想】

本节课所研究内容——弹力，在初中时已有所涉及，所以同学们对此并不陌生，但要求却有着很大不同，所以我将这一节的教学内容分为三部分：第一部分是形变的概念及分类；第二部分是弹力的概念、产生条件及方向，我想把重点放在明确研究对象、分析弹力方向上(只介绍几种简单典型的例子)；第三部分是胡克定律，我想把重点放在探究实验上，并且由于时间限制，只重点关注数据的采集和分析这一环节，其应用将在以后的学习过程中强调。整个教学内容始终以弹力与形变之间的关系为主线(弹力的产生与形变、弹力的方向与形变的方向、弹力的大小与形变的大小之间的关系)贯穿前后，让学生明白研究弹力的关键就是形变。

【教学目标】

1. 知识与技能

(1)知道常见的形变，知道什么是弹力，知道弹力产生的原因和条件。

(2)知道压力、支持力、绳的拉力都是弹力；会分析弹力的方向，能正确画出弹力示意图。

(3)知道在弹性限度内，同一物体形变越大弹力越大，理解胡克定律。

2. 过程与方法

(1)创设物理情景，通过对具体现象的分析，归纳形变的种类，体会弹力是如何产生的。

(2)做“放大微小形变”的实验，让学生间接感受微小形变的存在，并知道把微小量进行放大，是物理学中常用的方法。

(3)通过实验探究的方式总结出胡克定律，重点在于处理数据、得出结论，并对结论进行分析的环节，培养学生初步的收集、处理和交流信息的能力。

3. 情感、态度与价值观

(1)通过对“微小量放大”方法的了解，体会物理方法的精妙，发展对科学知识的好奇心与求知欲。

(2)通过分组实验、探究规律的过程，体会科学探究的过程，感受发现规律的乐趣，增强团队意识，加强动手能力及语言表述能力。

【教学重点与难点】

1. 教学重点：弹力产生的原因和条件、弹力的方向及胡克定律。

2. 教学难点：分析弹力方向。

【教学方法】

教师启发、引导教学与探究法模式相结合，并辅以问题法、演示法、归纳法等。

【教学过程】

见表 5.4.1。

表 5.4.1

教学环节及时间安排	教师活动	学生活动	设计思想
提出形变概念	一、物体的形变 提出问题：根据初中所学，力对物体作用效果为何？何为形变？ 创设情景：每位同学发一根弹簧、一块橡皮泥。 这两个物体发生的形变有何不同？ 归纳： 形变可以按照是否能恢复原状分为两类： 一、形变的分类(板书) 1. 弹性形变：撤去外力后能恢复原状的形变 2. 范性形变：撤去外力后不能恢复原状的形变 【演示】用力将细弹簧拉直 这还是弹性形变吗？这又说明什么问题？ 当然，弹性形变也不是无条件的，一旦形变超过了一定限度，就一定不能自动恢复原状了，这个限度叫做弹性限度。 【展示图片】同学们想想在生活中还有哪些物体的形变是弹性或范性形变？并展示生活中常见的弹性形变的例子。	学生动手并感受形变 并归纳总结： 钢制弹簧的形变能恢复原状，但橡皮泥的形变不能恢复原状； 观察并回答：不是，弹性形变要在一定的弹性限度以内。	通过这种简单小实验让学生感受两种不同形变。 培养学生的观察、思考、归纳、总结的能力和意识。 让学生知道同一物体超过其弹性限度其实就成了范性形变。

续表

教学环节及时间安排	教师活动	学生活动	设计思想
讲解弹力的产生及方向	二、什么是弹力、弹力的方向 【展示动画】将重物放在弹簧上 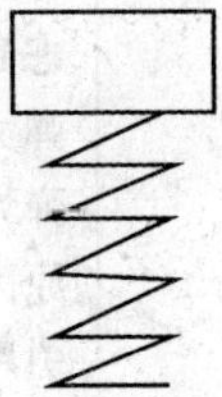 静止时的书本除了受到重力外还受其他力吗？为什么？ 那么这个力是怎么产生的呢？大家仔细观察并思考：这个力的施力物体是谁？弹簧为什么会施加这个力？ 那究竟弹力是怎么产生的？ 【归纳】： 二、弹力（板书） 1. 产生原因：发生弹性形变的物体，由于要恢复原状，对与它接触的物体产生的力，叫弹力。 【拓展】 (1)施力物体受力物体的明确； (2)产生弹力的两大条件； (3)弹力产生的微观解释。 力是矢量，那么弹簧对书本的弹力方向向哪呢？判断的依据是什么？ 同学们利用二力平衡判断出弹力方向竖直向上，是对的。但它为什么是这个方向呢？也就是说弹力方向有什么特点或规律呢？	回答：受，二力平衡 弹簧，弹簧发生了弹性形变，想恢复原状。 二力平衡。	

续表

教学环节及时间安排	教师活动	学生活动	设计思想
讲解弹力的产生及方向	引导学生从弹力产生的原因去分析书所受弹力方向： 谁是施力物体？ 弹簧的形变是什么方向？ 弹簧想沿哪个方向恢复原状？在这里，弹簧对书的弹力方向与弹簧形变方向有什么规律？ 2. 方向：与施力物体的形变方向相反。 【案例分析一】 将重物放在桌面上，重物和桌面间有力的作用吗？ 对，初中我们就知道书对桌面有压力，桌面对书有支持力，那通常我们所说的压力和支持力是弹力吗？它们满足产生弹力的两大要素吗？方向又如何？ 对，关键在于有没有弹性形变！ 【演示实验】放大微小形变。 先利用 flash 动画作出假设，再利用实验进行验证。 通过以上实验我们了解，一切物体都可以发生形变，只不过有些微小形变用肉眼观察不到。 现在我们再回到刚才的问题：压力和支持力是弹力吗？ 【问题讨论】谁能具体分析一下桌面对书的支持力产生原因吗？方向如何？ 【要点剖析】 (1) 明确这个力的施力物体是谁、受力物体是谁？ (2) 桌面发生了什么方向的形变？ 【举一反三】物体对桌面压力的方向？	学生归纳总结。 观察，会发现光点发生了很明显的变化，间接感受微小形变的存在。	对于弹力方向的描述不同版本教材不太一样，教科版：“与引起形变的外力方向相反”，这里考虑到这节课的主题思路是弹力与形变的关系，同时弹性形变也是弹力产生的原因，所以在实际教学中引用了人教版的描述“与施力物体的形变方向相反”，学生理解起来也更为容易。 要让学生知道“眼见为实”有时候也不准确，应该学会利用一些物理方法去观察肉眼看不到的现象。

续表

教学环节及时间安排	教师活动	学生活动	设计思想
实验探究弹簧弹力大小与形变的关系	【归纳】 （板书） （1）压力或支持力的方向总是垂直接触面指向受力物体。 引导学生用这种方法画出重物对桌面压力的示意图。 引导学生分析绳对物体的拉力，研究它是不是弹力？以及方向如何判断？画出力的示意图。 【案例分析二】绳对物体拉力的方向？ 通过以上分析我们发现绳的拉力也是弹力。 （板书） （2）绳的拉力总是沿着绳子指向要收缩的方向。 【巩固训练】列举两例让学生在黑板上画出力的示意图。 三、胡克定律 弹力是由于弹性形变产生的，弹力大小与形变大小肯定有关（提出问题），形变越大，弹力应该也越大。 【实验探究】 下面同学们就自己动手来探究弹簧弹力与其伸长量的关系，与我们的猜想是否吻合。 实验装置： 	学生在老师的引导下进行分析、思考、归纳、总结。 学生在黑板上画力的示意图。	通过对“微小量放大”方法的了解，体会物理方法的精妙，发展对科学知识的好奇心与求知欲。 利用这两个实例让学生知道以前涉及的压力、支持力、拉力从产生原因来说都是弹力，其方向的判定从根本上来说也是一样的，但种类不同其方向的表述却有着各具特点的更简洁的表述，学生理解了这点，以后的应用将更加方便。 检验和巩固学生对弹力示意图画法的掌握情况。

续表

教学环节及时间安排	教师活动	学生活动	设计思想
	下面请大家根据课本第 52 页上的探究过程，带着 5 个问题完成这个实验： (1)实验探究的目的是什么？ (2)如何测量弹簧的形变量 X？ (3)如何测量弹簧弹力 F 的大小？ (4)如何描绘 F-X 关系最简洁直观？ (5)根据图像你能得到什么结论？		通过分组实验、探究规律的过程，体会科学探究的过程，感受物理发现规律的乐趣，增强团队意识，加强动手能力及语言表述能力。
	【展示交流】 展示一下学生所画图像，并说一说弹力与弹簧伸长量之间的关系。 【归纳总结】(板书) 三、胡克定律	完成实验，填写数据，处理数据，得出结论。	因为课堂时间有限这里突出胡克定律的探究过程，应用将在后面课时中进一步强调。
小结	1. 内容：在弹性限度内，弹力和弹簧形变大小成正比。		
作业	2. 表达式：$F=kx$ 3. 其中 k 称为劲度系数，单位为 N/m，与弹簧的本身结构有关。 胡克定律的应用将在后面进一步强调。 课堂小结： (引导学生思考)大家回忆一下，这节课你认为研究弹力的关键是什么？ 1. 根据胡克定律自制简易弹簧秤。 2. 利用简易弹簧秤探究橡皮筋的弹力与形变量之间的关系。 3. 课后练习与评价 1~7。		总结弹力与形变的关系，让学生知道研究弹力的关键就是形变。

（案例由合肥市教育局教研室王可兵老师推荐）

【案例评析】

1. 本教学设计教学目标描述准确、具体。

2. 教学重点定位准确。

3. 本教学设计缺少学情分析。教学设计要分析对所面对的学生学习本节课有影响的认知能力、知识结构特点和特定知识。在学情分析的基础上才能明确本节课的教学起点和难点。本教学设计难点是“分析弹力方向”。对于物理基础一般或薄弱的学生本节课的难点较多：弹力产生的原因和条件等都是本节课的难点

4. 教学过程始终以弹力与形变之间的关系为主线：弹力的产生与形变、弹力的方向与形变的方向、弹力的大小与形变的大小之间的关系贯穿前后，围绕主线，围绕目标，严谨有序，干净利落。每个教学环节设计合理、有效，环节衔接恰当，过渡自然，教学环节完整。设计环节的描述清楚，意图明确。设计的各层次的教学环节，标注了时间分配，合理的时间分配使重难点处理得当。

（点评教师：王天娇）

【案例 5-5】

《楞次定律》教学设计

安徽省合肥市第一中学 吴晓明

【教学分析】

1. 学情分析

(1)知识层面。学生已经知道了产生感应电流的条件，以及左手定则和右手螺旋定则，并比较深刻地认识了磁通量的变化这样一个抽象的物理概念，随之而来的是学生对感应电流的方向和大小与磁通量变化之间关系的关注。所以，本节课关于感应电流方向跟磁通量变化之间关系的寻找也就显得顺理成章了。

(2)能力层面。高二的学生已经具备了一定的实验能力以及探究能力，初步掌握了研究电磁感应现象实验中的有关技能。但是，对“电生磁”、“磁生电”进行抽象的思维和空间的想象以及相关的电流和磁场方向的判断仍有困难。

2. 教材分析

电磁场的内容是高中物理核心内容的一部分，学生通过对电场和磁场的学习可加深对世界的物质性和物质运动的多样性的认识，电磁感应一章的现象展示了不同运动形式之间的联系。“楞次定律”是“电磁感应”一章的重要内容，通过实验探究，正确理解楞次定律，可以加强对“电”与“磁”的关系以及能量守恒的理解，对以后电磁波和电磁场的学习以及对麦克斯韦理论的了解也有重要作用，因此在知识结构上“承上启下”。

楞次定律是本章教学的重点和难点。一是其涉及的因素多(磁场方向、磁通量、线圈绕向、电流方向等)，关系复杂；二是规律比较隐蔽，其抽象性和概括性很强。因此，学生理解楞次定律有较大的难度，成为本章的难点。本节课的主要任务是引导学生通过实验探究过程，总结出感应电流的方向所遵循的一般规律——楞次定律，并对定律内容有初步的认识。在探究楞次定律后，通过应用楞次定律进行有关判断，可以帮助学生深刻理解楞

次定律，顺利突破这一难点。

本节教科书的编写是以问题的提出与问题的解决为纽带，让学生通过发现问题、分析问题到解决问题等步骤去掌握知识，意在突出科学探究要素，着眼于学生探究能力的提高。

【教学设计思路】

本节课以学生为主体、实验探究为手段，教师作为引导者和不可替代的重要辅助者来组织教学，具体授课内容分为两大层面：

第一层面：以“落磁”实验为引，从感应电流的方向与磁通量变化的关系入手分组进行实验探究，观察实验现象后在教师的引导下，学生进行思维探究、推理、演绎、归纳出楞次定律的第一种表述。教师举出实际例题，师生共同探讨，利用该种表述判断感应电流方向并总结出判断感应电流方向的一般思路，之后教师进行实验检验，验证楞次定律判断感应电流方向的正确性，并提出判断导体棒切割磁感线产生感应电流方向的更简洁方法——右手定则。

第二层面：以磁场力阻碍导体棒运动为契点，提出问题，学生进行分组实验，通过磁铁在铜管中下落时，紧握铜管手的感觉以及磁铁运动状态变化的现象，师生共同探讨分析铜管、磁铁二者之间力的作用，得出楞次定律的另一种表述。最后，教师分析总结出两种表述殊途同归，并利用学生分组实验中，二极管发光的现象从能量守恒的角度总结本节课，提出楞次定律是能量转化和守恒在电磁感应现象中的体现。

整个教学环节以磁铁在铜管中下落运动为主线，研究对象主体明确。实验探究过程中以发光二极管替代传统电流计，效果明显，难点易突破，课堂效率明显提升；学生人人亲身体会磁铁在铜管中下落时，二者间力的作用，实验效果明显，参与性极强并极易引起学生强烈的好奇心与求知欲。

【教学目标】

1. 知识与技能

(1)理解楞次定律的内容，能运用楞次定律判断感应电流方向，解答相关问题。

(2)理解楞次定律是能量守恒定律在电磁感应现象中的反映。

(3)掌握右手定则，认识右手定则是楞次定律的一种具体表现形式。

2. 过程与方法

通过实验探究让学生感受物理研究过程，培养学生对实验现象仔细观察、认真分析的科学态度；提高学生分析、归纳、概括及表达能力。培养学生的逻辑思维能力及解决问题的能力；培养学生的创新意识和协作学习意识。

3. 情感、态度与价值观

(1)创设情境，让学生感受科学家对规律的研究过程，学习他们工作严肃认真、不怕困难的科学态度；

(2)激发学生学习的热情和兴趣；通过小组合作学习，培养学生的合作精神，以及表达交流的能力。

【教学重点、难点】

1. 教学重点

(1)体验楞次定律实验探究过程。

(2)理解楞次定律的内容，能运用楞次定律和右手定则判断感应电流方向，解答相关问题。

2. 教学难点

(1)对实验现象进行分析、归纳，并总结出楞次定律。

(2)正确理解楞次定律中“阻碍”的含义。

【教学用具】

磁铁，有机玻璃管，铜管，线圈，发光二极管，电流传感器，贴图。

【课时安排】

1课时。

【教学过程设计】

[知识回顾]通过上节课的学习，我们知道了产生感应电流的条件是闭合回路中的磁通量发生变化。

[教师提问]感应电流的方向跟闭合电路中磁通量变化有怎样的关系呢?

[说明]对于一个物理问题的研究可以进行理论探究，也可以进行实验探究，今天我们就从实验的角度来寻找答案。

[教师演示实验]将一块磁铁从有机玻璃管口静止释放，之后将一根铜管套在有机玻璃管外，磁铁再次由静止释放。学生认真观察现象。见图5.5.1。

图5.5.1　教师演示实验

[教师提问]磁铁下落为什么变慢了呢?

[分析、PPT同步展示]将铜管等效成无数匝闭合的线圈，当磁铁靠近某匝线圈时，线圈中会产生什么?

[学生回答]产生了感应电流。

[教师追问]你看见感应电流了吗?它的方向向哪呢?有没有规律可循呢?

[教师讲解、PPT同步展示]我们不妨设计一个实验来研究一下。现在给大家提供的

实验器材有：一根磁铁、一个线圈、一个发光二极管电路板(教师同时演示介绍发光二极管)。见图5.5.2。

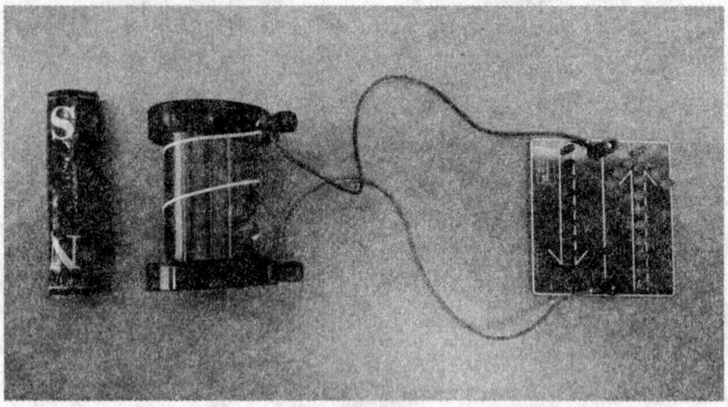

图5.5.2 学生分组实验

[学生分组实验]邀请完成的同学将其观察到的实验结果通过黑板上贴图的方式和大家分享。

请学生把实验器材放回原处。

[教师讲解]在磁铁插入、拔出线圈的过程中，回路中均产生了感应电流，我们知道产生感应电流的条件是闭合回路中的磁通量发生了变化。

[教师提问]在这四种情况中，穿过线圈的磁通量变化了吗？是增大了？还是减小了？

[学生回答、教师协助]教师协助学生完成磁通量变化的分析过程，并标示出磁铁磁场方向。

[教师提问]观察这四种情况，你能看出感应电流的方向和磁通量变化之间有什么规律吗？

[过渡转化]自然界的规律往往隐藏在纷繁复杂的现象中，为了寻找这个规律，我们能否将不同的物理量转换成相同的物理量再进行比较呢？磁铁周围存在磁场，通有感应电流的线圈周围也会产生磁场。

[教师提问、学生回答]感应电流的磁场方向怎么判断？右手螺旋定则。教师示范第一幅图并在图上标出磁场方向。见图5.5.3。

[教师提问]两种磁场之间是否存在一定的规律呢？请大家将感应电流激发的磁场方向、磁铁的磁场方向均在实验表格中标示出来，再仔细观察，你有什么发现吗？

[学生标识，寻找规律过程]邀请完成的同学将感应电流的磁场方向通过黑板上贴图的方式和大家分享。

[教师提问]你们能够看出感应电流的磁场和穿过线圈的(原磁场)磁通量变化之间的规律吗？

[师生共同讨论]

[教师总结]当磁铁靠近线圈时，穿过线圈的磁通量增大，感应电流的磁场方向与原磁场方向相反，阻碍磁通量的增加；当磁铁远离线圈时，穿过线圈的磁通量减小，感应电

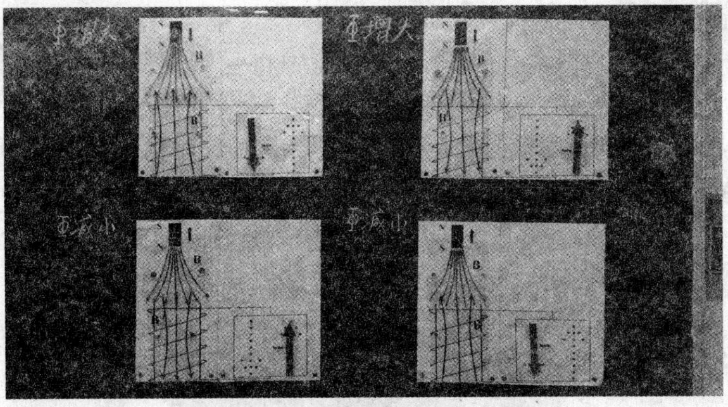

图 5.5.3　实验展示板

流的磁场方向与原磁场方向相同，阻碍磁通量的减小。

[教师追问]能否用一句更为简洁的话高度概括这种表述呢？

[教师讲解]物理学家楞次已经通过大量的实验总结出了这句话，请大家打开课本第 11 页，仔细体会楞次定律的内容。

[教师板书]感应电流的磁场总要阻碍引起感应电流的磁通量变化，这就是楞次定律。

[教师强调]阻碍非阻止。

[教师讲解]楞次定律间接告诉了我们判断感应电流方向的方法。

[教师举例、分析]当 N 极向下插入线圈的过程中，你能判定闭合线圈中的电流方向向哪吗？教师分步骤讲解分析。

[教师提问]请学生判断：当该磁铁离开线圈时，线圈中产生感应电流的方向向哪呢？

[学生分析]

[教师演示实验]教师利用电流传感器验证刚才对线圈中产生感应电流方向的判断。见图 5.5.4。

[小结]由此可见楞次定律的确可以帮助我们判断感应电流的方向。

[教师 PPT 展示]这是我们上节课熟知的模型：闭合电路中一部分导体在切割磁感线时会产生感应电流，请你用楞次定律判断感应电流的方向。

[学生分析]

[教师讲解]针对导线切割磁感线的这种情况，有没有更简洁的判断方法？英国电气工程学家弗莱明(J. A. Fleming)提出了另一种更为简洁的判断感应电流方向的方法——右手定则。介绍右手定则内容。

[教师分析、总结]回到刚才的问题，再次用右手定则判断。运用楞次定律判断感应电流的方向与用右手定则判断感应电流方向是一致的，二者之间并不矛盾。右手定则用来判断导体切割磁

图 5.5.4　教师演示实验

感应线时产生的感应电流方向，而楞次定律是判断感应电流方向的普遍适用规律。

[过渡]说到右手定则，让我想起电流在磁场中将受到安培力的作用，安培力的方向可以利用左手定则进行判断。

[教师分析]导体棒切割磁感线时，安培力总是阻碍导体棒的运动。

[教师双手演示、PPT 同步展示]其实在你用右手定则判断电流方向，左手定则判断力的方向的过程中，就明确地看到了安培力的方向一定与运动方向相反。见图 5. 5. 5。

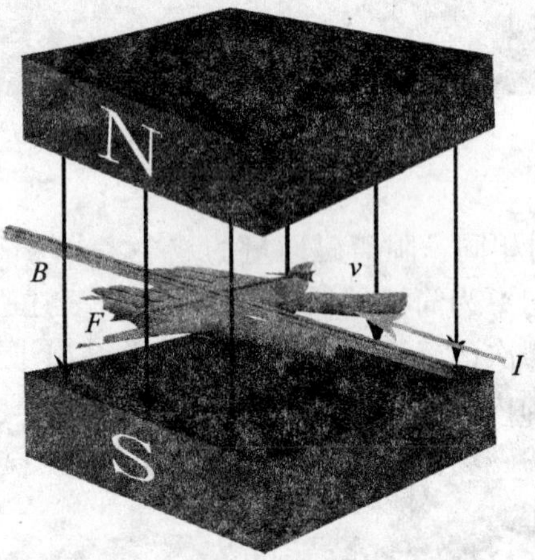

图 5. 5. 5

[教师分析，并提出新问题]这给我们一个启示：感应电流受到的磁场力总要阻碍此导体的运动。刚才分组实验中，磁铁与线圈之间有力的作用吗？下面让我们通过实验来体验这种阻碍作用的存在。

[学生分组实验]教师简单介绍仪器后，学生进行分组实验。见图 5. 5. 6。

图 5. 5. 6 学生分组实验

请学生将实验器材放回原处。

[学生讨论感受]

[教师分析]不论磁铁N极朝下还是S极朝下，当磁铁穿过铜管时，紧握铜管的手感受到了一个竖直向下的力的作用，这个力正是铜管所产生的感应电流在磁场中受到的磁场力，而它的反作用力作用于磁铁上。

[教师分析]更进一步地说，当磁铁穿入铜管时，磁铁与铜管之间的作用力阻碍二者相互靠近；当磁铁穿出铜管时，磁铁与铜管之间的作用力阻碍二者相互远离。所以，磁铁从穿入到穿出的整个过程均受到向上的力的作用。这也就解释了这节课开始时观察的实验现象(出示实验器材)：磁铁移动为什么变得缓慢了。

[教师总结并板书]大量的实验表明，感应电流产生的效果总是要阻碍引起感应电流的相对运动。

[教师强调]二者之间的相互作用力也只是阻碍、减缓了相对运动而非阻止。

[教师说明]这是楞次定律的另外一种表述方法。利用这种表述，我们即使在没有明确感应电流方向的前提下，也能定性判断出感应电流所产生的磁场力方向，这将为我们以后解决某些问题带来便捷。

[教师讲解]两种表述具有共同之处，就是感应电流产生的后果总与引起感应电流的原因相对抗。这种原因可以是磁通量的变化，也可以是相对运动。

[回顾并提问]再回到开始的实验(出示实验器材)，磁铁在铜管中下落时，受到了磁场力的作用，由于磁场力对磁铁做负功，磁铁的机械能减少，减少的这部分机械能到哪里去了？难道凭空消失了吗？

[学生分组实验]教师简单介绍仪器后，学生进行分组实验请学生将实验器材放回原处。见图5.5.7。

[学生阐述]学生阐述观察到的现象，教师协助分析。

[教师总结]可见楞次定律是能量转化和守恒在电磁感应现象中的体现。这种能量转化和守恒关系是通过“阻碍”作用体现出来的。

[教师本节课总结]同学们，今天我们以实验探究的方式一起寻找到了楞次定律和右手定则，学会了判定感应电流方向的方法，窥探到了能量守恒定律的神秘之手，在这一系列的环节中，我们既体会到了物理定律的简洁形式，又惊叹于自然界宏观现象背后所蕴藏着的内在规律。

[作业布置](略)

【板书设计】

第二节　楞次定律

一、探究感应电流的方向与磁通量变化的关系

二、楞次定律

1. 感应电流的磁场总要阻碍引起感应电流的磁通量变化

图5.5.7　学生分组实验

2. 感应电流的效果总要阻碍引起感应电流的相对运动

【教学反思】

《楞次定律》一课充分体现了科学探究的过程，由于牵涉因素多、规律抽象、知识容量大，所以本节课具有一定的授课难度。在前期准备中，我精心设计、制作了不少实验仪器，并试图将学生实验探究贯穿整个课堂。但是，在与几位指导教师的交流沟通中，他们明确告诫我：(1)学生在不预习的情况下，极难在短时间内找到隐藏的因素，总结出规律；(2)即使学生预习了，并顺利完成实验总结出规律，但这节课后，学生到底掌握了什么？(3)比赛中，我们既是去展示，更是去上好《楞次定律》这节课……经过这番点拨，我慎重考虑后，做出了以下调整：(1)增加教师引导环节，把非本节课重点难点的东西通过教师引导的方式告诉学生，而本节课的重点难点部分，如观察原磁场、感应电流的磁场、磁通量如何变化、总结规律等，则交给学生处理；(2)增加利用楞次定律判断感应电流方向的例题，教会学生使用楞次定律判断感应电流方向的一般步骤，增强本节课的实用性；(3)删除或者弱化一些花大量心血设计制作的演示实验，把时间留给学生思考和练习。

修改之后，我重新测试了上课效果并调查了学生的课堂感受，学生的反馈结果是：实验部分记忆深刻，知道了怎么判断感应电流的方向，整节课达到了预期的教学目标。

探究、高效、实用是本节课的设计理念，也是我平时上课所提倡并一直践行的。只有注重实用性的科学探究过程才能真正走进平时的课堂；只有兼顾高效的科学探究过程才能在正常教学时间内完成教学任务；只有根据不同学生群体充分利用教师不可或缺的引导作用，甚至课堂灵魂地位，科学探究过程才有更广泛的适用群体。给科学探究一片良好的土壤，让科学探究真正走入我们的平时课堂，让科学探究成为一种习惯性的教学手段，我觉得这才是最重要的，也是我尽己所能，努力想传递给大家的。

(案例由合肥市教育局教研室王可兵老师推荐)

【案例评析】

1. 教学目标具体准确。

2. 分析学情和教材比较透彻和全面，从而明确本节课的教学起点，为解决本节课的教学重点、难点，选择合适的教学策略。

3. 教学过程的设计，围绕目标，严谨有序，干净利落。每个教学环节设计合理，环节衔接恰当、过渡自然，教学环节完整。整个设计体现努力培养学生的逻辑思维能力和物理思维习惯。关键的教学环节配有实物照片，图文并茂，内容丰富，但有的教学环节表述有些简单。

4. 本教学设计自主设计的教具体现特色，凸显智慧，勇于创新。探究实验以发光二极管替代传统电流计，效果明显，操作简单，难点易突破。磁体在铜管中下落实验为主线，操作简单，效果明显，不仅降低了教学难度，更激发了学生学习物理的兴趣。

（点评教师：王天娇）

【案例 5-6】

《简谐运动》教学设计

蚌埠二中　渠雷雷

（安徽省“2012 年中国教育电视优秀教学课例评选”中荣获一等奖）

【教学目标】

1. 知识与技能

（1）了解什么是机械振动，知道机械振动的特点。

（2）认识弹簧振子，知道它是一理想化模型。

（3）知道简谐运动的概念，知道其图像是一条正弦或余弦曲线。

2. 过程与方法

（1）渗透物理学方法的教育，运用理想化方法，突出主要因素，忽略次要因素，抽象出物理模型——弹簧振子，研究弹簧振子在理想条件下的振动。

（2）通过观察演示实验，总结概括出弹簧振子运动的特征，培养学生的观察、概括能力。

3. 情感、态度与价值观

（1）通过对简谐运动图像的探究，培养学生认真严谨、实事求是的科学态度。

（2）让学生体验对猜想做出正确检验时的愉悦心情，增强对科学探究的兴趣。

【教学重点】

1. 简谐运动概念的形成。

2. 弹簧振子的位移—时间图像是一条正弦曲线。

【教学难点】

简谐运动位移—时间函数关系的建立。

【教学资源】

PPT 课件，数码相机，三脚支架，弹簧振子模型。

【教学过程】

1. 引入机械振动的概念

[教师]人类生活在运动的世界里，机械运动是最常见的运动。在机械运动中，除了平动和转动之外，还包括振动。

[投影]生活中的一些机械振动（视频动画演示）。

[学生活动]列举生活中有关振动的一些实例。

[教师]振动现象随处可见，秋千的摆动、钟摆的摆动、人过独木桥时桥板的颤动都是振动。琴弦的振动让我们感受到优美的音乐，而大地的振动——地震则给人类带来巨大的灾难。可见，振动与我们的生活密切相关。今天我们将从最简单的情况出发来研究振动。

2. 弹簧振子模型的建立

[演示]大家请看，我手边一根弹簧悬挂一个小球就构成了一个最为简单的振动系统。现在小球处于静止状态，小球静止时的位置叫做平衡位置。当我用手把小球向下拉离平衡

位置一定距离，然后松手，请大家注意观察之后小球的振动有何特点？

[学生回答]物体的振动是往返运动。

[教师]同学们观察得非常细致，振动的小球在平衡位置附近往复运动。物理学上就把这种物体在平衡位置附近的往复运动称为机械振动，简称振动。平衡位置就是物体原来静止时的位置。

振动的过程比较复杂，那我们怎么研究物体的振动呢？大家再来看一下刚刚演示的这个实验，物体虽然还在振动，但和初始时的振动已经不一样了(幅度变小了)，为什么？(在这里要让学生体会研究问题时“从简单到复杂”、“理想化模型”等科学研究方法。)

[学生回答]因为受到了阻力的作用。

[教师]很多同学已经想到是受到阻力的缘故。实际上，一个振动物体，在这样的环境当中，会受到阻力的作用。那么我们要想研究振动本身的规律，我们就要先突出主要矛盾，找它最重要的规律和特点，这就需要建立一个理想化的物理模型——弹簧振子。

介绍弹簧振子：小球和弹簧所组成的系统，不计阻力和弹簧的质量，这样的理想化模型叫弹簧振子。

3. 弹簧振子 X-t 图像的得到

[教师]确定了研究对象后，再来确定研究方法。研究物体运动常用的最直观的方法就是图像法，而对于运动中的小球测量其速度难度较大，因此我们就利用位移时间图像来研究弹簧振子的振动。因为水平方向弹簧振子的实物模型摩擦阻力影响较大，效果不好。所以，我们接下来以竖直方向弹簧振子实物模型为研究对象，来想办法得到它的位移时间图像。

怎么样去得到 X-t 图像呢？(提示学生只要记录下不同时刻小球所对应的不同位置就可以作出 X-t 图像。让学生体会科学探究的常用方法：图像法。)

仔细观察竖直方向弹簧振子的运动过程，变化太快，肉眼来不及反应。如何记录呢？这样的困惑我们在研究自由落体运动时也曾遇到过，当时我们是怎么解决的？

[学生回答]利用频闪照相(让学生通过从已有知识的对比和迁移来找到解决问题的方法)。

[教师]我们借助频闪照片记录下了连续相等时间间隔内物体所在的不同位置，实现了肉眼来不及实现的记录过程。今天我们仍然用这个办法来记录弹簧振子的运动过程。

[演示实验]用已经画有刻度的弹簧振子演示仪作为背景，用数码相机视频拍摄功能拍摄钢球的运动过程(图 5.6.1)。

把拍摄的视频文件导入电脑，使用 UleadGIFAnimator 软件打开所拍摄的视频文件，把视频文件解开成一帧一帧画面，并按所拍摄的时间顺序向右平铺开来，时间轴自左向右形成，相邻两帧照片的时间间隔为 0.04s(图 5.6.2)。

[教师]为了研究弹簧振子的运动规律，我们以小球的平衡位置为坐标原点 O，沿着它的振动方向建立坐标轴。小球在平衡位置的上方时它对平衡位置的位移为正，在下方时为负(利用电子白板画出坐标系)。

[学生活动]根据所拍摄的照片，选取一部分研究，从照片中读出其在不同时间所在

的位置(同时请两位同学上来在 Excel 表格中记录数据)，然后在 X-t 图像中把所记录的信息进行描点(台上的学生可直接在白板上操作)。

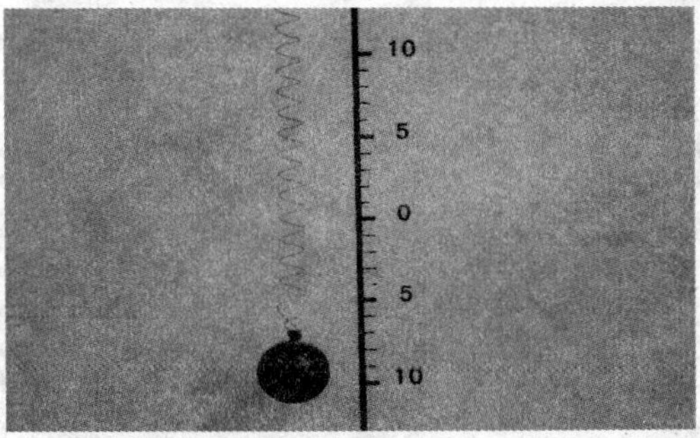

图 5.6.1

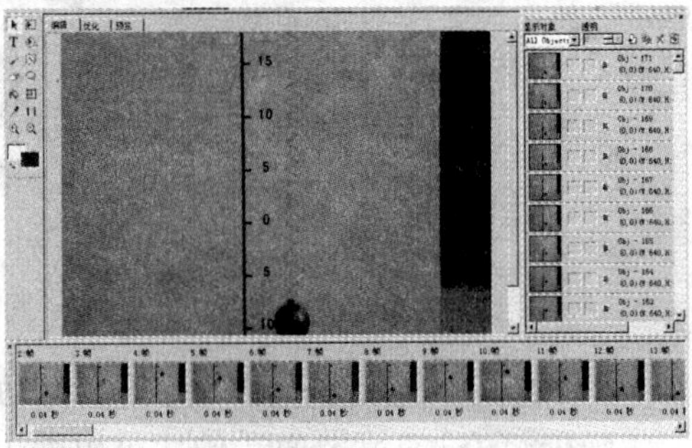

图 5.6.2

[教师]学生描点完毕后，提示学生观察点迹的排布情况，并描出图像。

4. 猜想并验证弹簧振子 X-t 图像是正弦曲线

[教师]上图中画出的小球运动的 X-t 图像好像在哪见过？是不是很像我们数学课上学习过的正弦曲线？你用什么方法检验？

(本处设问只是要引起学生的思考，不一定要立刻回答。)

确定弹簧振子位移时间关系的方法：

方法一：验证法

假定是正弦曲线，可用刻度尺测量它的振幅和周期，写出对应的表达式，然后在曲线中选小球的若干个位置，用刻度尺在图中测量它们的横坐标和纵坐标，代入所写出的正弦函数表达式中进行检验，看一看这条曲线是否真的是一条正弦曲线。

[学生展示]用测量的数据及计算验证数据，得到结论：曲线基本符合正弦函数规律(让学生自己计算验证，给学生最大的自由度，培养学生能力，以极大地调动学生学习的积极性)。

方法二：拟合法

在图中，测量小球在各个位置的横坐标和纵坐标，把测量值输入计算机中作出这条曲线，然后利用计算机进行拟合，看一看是否为一条正弦曲线。

[学生活动]把测量值输入 Excel 并作出散点图，如图 5.6.3 所示(让学生体会到 Excel 等软件给科学探究提供了便捷)。

[教师]理论和精细的实验都表明：弹簧振子的振动图像是一条正弦曲线。

5. 确立简谐运动的概念

[教师]归纳：上述弹簧振子的位移与时间关系遵从正弦函数的规律，即它的 X-t 图像是一条正弦曲线，物理学上把这样的振动叫简谐运动。

简谐运动是最简单、最基本的振动。它表示振动的质点在不同时刻偏离平衡位置的位移，是位移随时间的变化规律，它不是振子运动的轨迹。

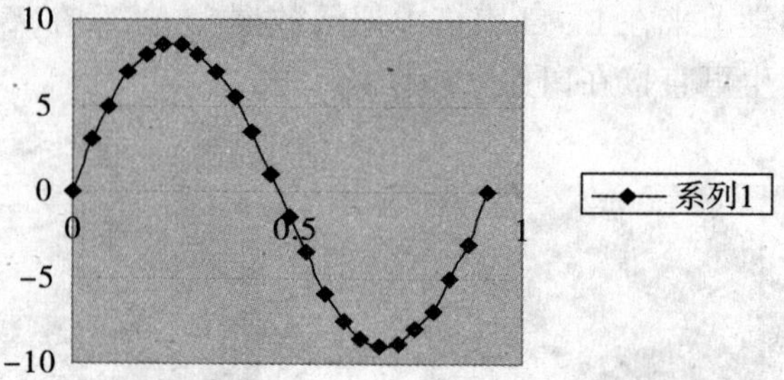

图 5.6.3

6. 通过 *X-t* 图像进一步讨论简谐运动特点

[师生讨论]通过图像我们还可以看出：

(1)任意时刻质点的位移的大小和方向。如图 5.6.4 所示，质点在 t_1、t_2时刻的位移分别为 x_1和$-x_2$。

(2)任意时刻质点的振动方向。看下一时刻质点的位置，如图 5.6.5 中 a 点，下一时刻离平衡位置更远，故 a 此刻向上振动。

(3)任意时刻质点的速度、位移的变化情况及大小比较。

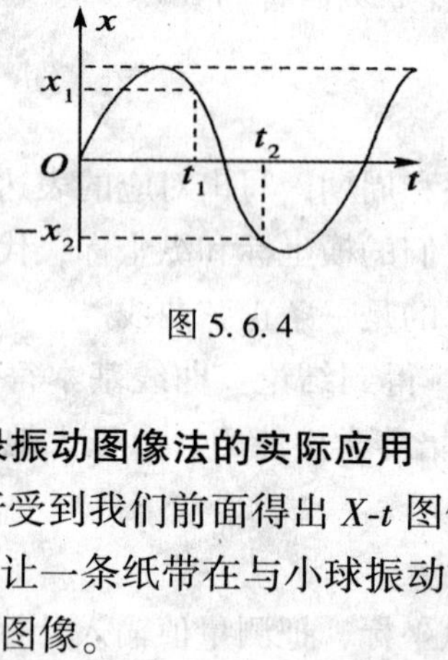

图 5.6.4

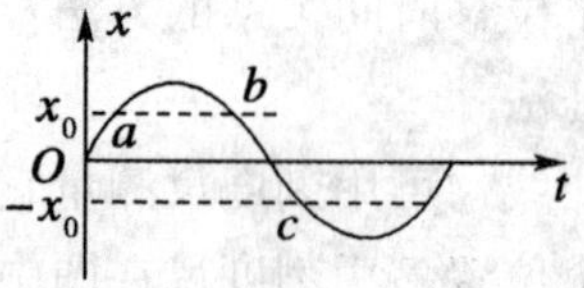

图 5.6.5

7. 直接记录振动图像法的实际应用

[教师]由于受到我们前面得出 *X-t* 图像的启发，有人就提出：在弹簧振子的小球上安装一支记录笔，让一条纸带在与小球振动方向垂直的方向上匀速运动，笔在纸带上画出的就是小球的振动图像。

[演示]以沙摆演示这种记录方法。

[视频]用视频介绍直接记录法在心电图仪和地震仪等仪器上的应用。

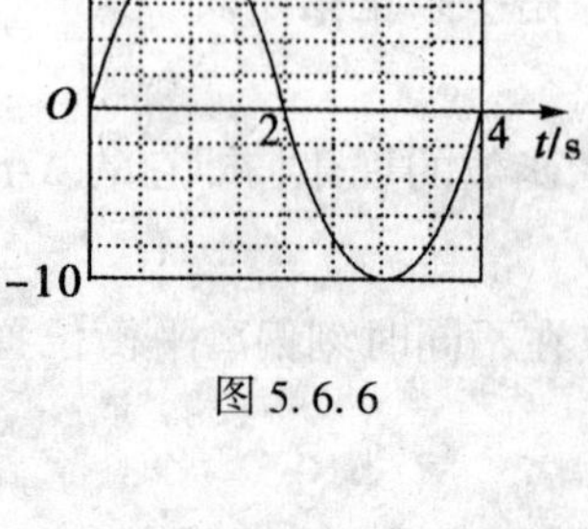

图 5.6.6

8. 巩固练习

图 5.6.6 是某质点做简谐运动的振动图像，根据图像中的信息，回答下列问题：

(1)质点离开平衡位置的最大距离有多大？

(2)在 1.5s 和 2.5s 这两个时刻，质点的位置各在哪里？相对平衡位置的位移各是多少？

(3)在 1.5s 和 2.5s 这两个时刻，质点向哪个方向运动？

(4)在 $t=0$ 到 $t=4s$ 的范围内，质点相对平衡位置的位移的方向在哪些时间内跟它的瞬时速度的方向相同？在哪些时间内跟它的瞬时速度的方向相反？

(5)质点在第 2s 末的位移是多少？

9. 课堂小结

[教师]我们来回顾一下本节课的学习过程，其实体现了研究物理问题的基本思路：

(1)理想化模型是复杂问题简单化的切入口——弹簧振子。

(2)图像法是研究运动最常用的方法——X-t 图。

(3)猜想和验证是科学探究的必经之路——验证方法。

【教学设计说明】

本节课注重了物理知识与方法相结合、理论探究与实验探究相结合。知识层面主要从振动的定义、弹簧振子的概念、振动图像等方面展开探究，这其中涉及了理想化物理模型、图像法、猜想并验证等科学探究中常用的思想和方法，因此本节课知识体系的展开和物理探究方法的展开完全是糅合在一起的。整节课以方法为主线将学生的认知过程与探究过程加以链接，学生在学习物理知识的同时又学习了物理方法，体验提出问题—应用方法—解决问题的科学探究的一般过程。另外本节课在电子白板上利用动画 GIF 制作软件描绘简谐运动图像，从内容安排和媒体形式上不断给学生以新鲜感，学生就能带着一种高涨的、激动的情绪从事学习与思考，这样就诱发了学习的主动性。

【案例评析】

1. 关于本节内容教学目标的设定

以下给出我对本节内容教学目标说明，以作参考：

(1)机械运动一般指平动、转动和振动，简谐运动是最简单、最基本的一种机械振动形式。

(2)当把实验装置抽象出“弹簧振子”模型后，通过观察振子的运动，体会振子作简谐运动的过程和规律。

(3)以振子的平衡位置为原点，规定向右为正方向，以 x 表示振子偏离平衡位置的位移，分析振子的受力情况，以及 x 随时间 t 变化的关系。

(4)明确简谐运动 X-t 图像的物理意义，并通过实际操作、处理，把机械运动的 X-t 图像描绘出来。

2. 关于教学过程

教学过程中层次十分清楚，逻辑合理。

在教学过程中，老师采用照相，并恰当运用信息技术，把 X-t 图像呈现出来，对学生学习和体会图像的物理意义是非常有益的，而且在后面还结合砂摆实验形象地在白纸上描绘出图像，二者是相互启发，且互为补充的！

（点评教师：杨思锋）

【案例 5-7】

《实验：研究平抛运动》教学设计

安徽省蚌埠市第三中学 朱蕾

（2013 年第七届全国中学物理教学创新大赛评选活动中荣获一等奖）

【课前准备】

《普通高中物理课程标准(实验)》中明确提出，高中物理课程应促进学生自主学习，让学生积极参与，乐于探究，勇于实验，勤于思考，提供多样化的教学方式帮助学生学习物理知识与技能，培养其科学探究能力，使其形成科学态度与科学精神。本节课的教学设计就是以《普通高中物理课程标准》所提出的这种思想为指导。

1. 教材分析

本节课所使用教材是人民教育出版社普通高中课程标准实验教科书必修 2 第五章《曲线运动》第三节《实验：研究平抛运动》。主要内容有：描绘平抛运动的轨迹，利用轨迹判断是否为抛物线以及求出平抛初速度。

本节是一节重要的学生实验探究课，建立在上一节理论探究的基础上，是本章前一部分运动的合成与分解方法的延续和应用，也为后一部分继续学习圆周运动规律和分析普通曲线运动规律打下了良好的基础。本节课主要是学生实验，以小组讨论、交流、协作为手段，深入体验和感悟了实验探究的各个环节，培养了学生的动手动脑能力，提高了科学素养。

2. 学情分析

(1)知识背景。学生在前面的教学过程中已经掌握了如何利用牛顿第二定律来分析物体运动和受力间的关系，同时了解了合运动与分运动间的相互关系，能运用运动合成、分解的知识处理曲线运动，并且知道了做抛体运动的物体轨迹应该满足抛物线的特征。

(2)能力基础。高一现阶段的学生具有较强的观察和抽象思维能力，并具备了一定的实验探究能力，比较熟悉各种实验器材操作流程和注意事项。具有一定的设计实验方案，分析、处理问题，归纳实验结论的能力。

3. 教学设计思路

本节课主要设计了两个探究内容：一是探究如何描绘平抛运动的轨迹；二是探究如何利用平抛运动的轨迹研究它的运动规律。教学的主要实施过程：通过三组学生探究活动描绘出轨迹，确定轨迹是否为抛物线以及求出平抛的初速度，然后再利用数字化实验器材加以更精确的探究。

本设计主要是调动学生参与活动的积极性，激发学生自主学习的热情，培养科学的实验态度，加深对物理学科的理解。

(1)通过对教科书上多种实验方法的探讨，确定分组实验的方法和器材；

(2)能利用所选器材进行实验，描绘出小球、水流、物块的平抛运动的轨迹；

(3)利用小游戏引入和图片展示，为学生创设虚拟式的情境；利用分组器材，为学生提供研究平抛运动规律的实验情境；

(4)通过课堂上的交流活动，积极建构问题性情境。

【教学流程图】

见图 5.7.1。

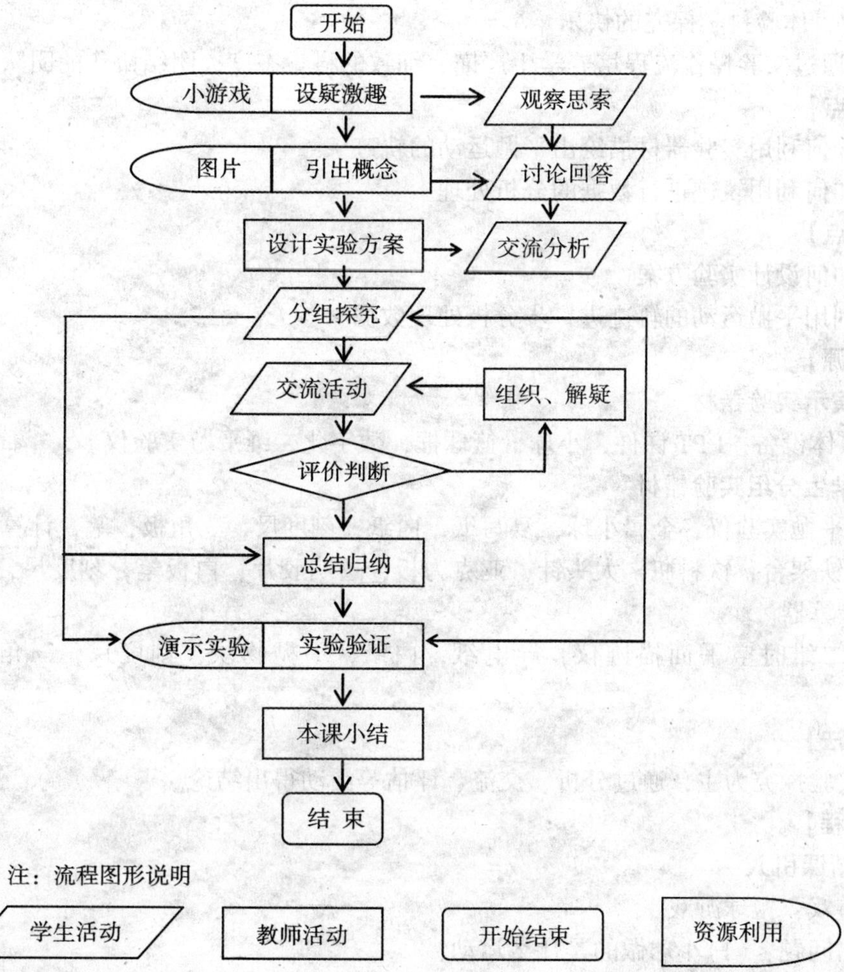

图 5.7.1

【教学目标】

1. 知识与技能

(1)知道平抛运动的条件和相应的控制方法。

(2)知道用实验仪器描绘平抛轨迹的方法。

(3)知道判断运动轨迹是否为抛物线的方法。

(4)掌握平抛运动初速度的计算方法。

2. 过程与方法

(1)学习、体会描绘平抛运动轨迹的多种实验方法。

(2)体验设计实验方案的过程，了解研究平抛运动的基本方法，体会物理问题的探究思想和实验设计思想。

3. 情感、态度与价值观

(1)通过动手实验，将感性认识和理性思维相结合，获得成功的体验，激发对科学研究的兴趣，体验科学探究的快乐。

(2)通过实验操作流程培养学生严谨、细致的科学态度，团结协作的团队精神。

【教学重点】

1. 如何利用实验器材描绘出平抛运动的轨迹

2. 如何利用轨迹进行数据的分析处理

【教学难点】

1. 如何设计实验方案

2. 利用平抛运动的轨迹进一步分析处理数据

【教学资源】

1. 演示实验器材

多媒体设备，PPT 课件，小球，篮球框，数字化二维平抛实验仪。

2. 学生分组实验器材

(1)平抛实验仪，金属小球，复写纸，白纸，刻度尺，三角板，笔，计算器。

(2)铁架台，饮料瓶，大头针，亚克力板，透明胶片，白板笔，刻度尺，三角板，接水盘，计算器。

(3)二维时空平面描迹仪，导电纸，白纸，平抛物块，刻度尺，三角板，笔，计算器。

【教学方法】

以实验探究为主，通过分析、交流、评估等活动得出结论。

【教学过程】

1. 新课引入

小游戏：抛球游戏。

提出问题：(1)小球做的是什么运动？

(2)小球在空中的运动转瞬即逝，怎么才能够留住它的轨迹呢？

学生活动：观察现象，思考、回答。

教师活动：展示图片，见图 5.7.2 至图 5.7.4。

图 5.7.2 空中的飞机线

图 5.7.3 雪地上的车辙

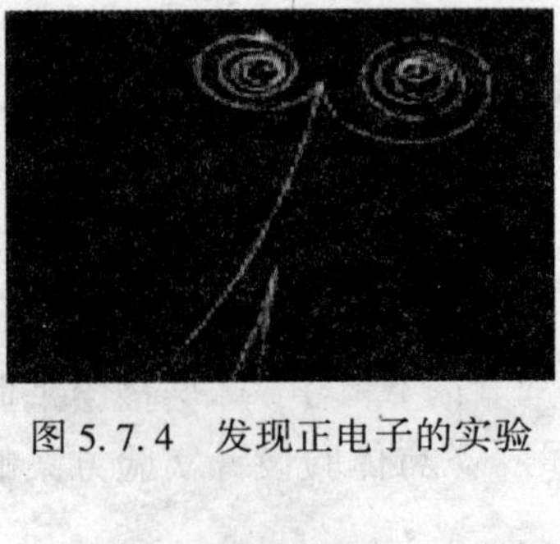

图 5.7.4 发现正电子的实验

归纳小结、引出研究方法：生活中还有很多类似的现象，我们可以通过观测和记录、分析运动物体的位置、轨迹和图像来进一步研究它们，这种实验方法叫留迹法。

提出问题：怎样才能够描绘平抛运动的轨迹呢？

2. 学生分组实验探究

(1)设计实验方案

教师活动：指导学生阅读课本，讨论如何能够利用相关的实验器材描绘出平抛物体运动的轨迹。

学生活动：分组讨论、交流。

教师组织学生汇报各组的设计方案。

方案一：描迹法——平抛运动演示仪(见图 5.7.5)

教师活动：组织小组代表发言，提出具体问题，将问题进行归纳和呈现。

提出问题：

①研究对象是谁？

②怎样保证物体做平抛运动？

③如何利用你手边的实验器材描绘出平抛运动的轨迹呢？

④怎么确定抛出点？怎么确定其他点的空间位置呢？

图 5.7.5　平抛运动演示仪

学生回答，师生共同归纳：

平抛物体是金属小球，实验前应该调整金属板保持竖直，调节斜槽末端保持水平，将小球从同一个位置由静止多次释放，这样可以保证每次实验轨迹都是相同的。在抛出前应该先确定小球的抛出点，位置在斜槽末端上方球心处，调节水平槽的高度，在白纸上画好 X、Y 轴，使小球每次下落在槽上后在背后的白纸上留下点迹，将这些点用平滑曲线连接就可以得到轨迹。

方案二：喷水法

问题同上。

学生回答，师生共同归纳：

在饮料瓶侧壁上扎个小孔，打开瓶盖，水流在压力作用下会水平喷出，在较短的时间和距离内水流稳定近似做平抛运动。在透明胶片上描出水流喷出点，画好坐标轴同时可以通过观察透明胶片背面水流的运动，在胶片上描绘出水流的空中轨迹。见图5.7.6。

方案三：描迹法——二维平面描迹仪

问题同上。

学生回答，师生共同归纳：

二维平面描迹仪是利用电火花放电的原理将平抛运动的物体的点迹留在纸上。实验前，可以调节底座螺钉将面板调成竖直，并把发射枪调到水平状态，保证物块做平抛运动。接通电源开关后物块水平飞出后在竖直放置的白纸上会留下平抛运动的轨迹。见图5.7.7。

图5.7.6 喷水法实验仪

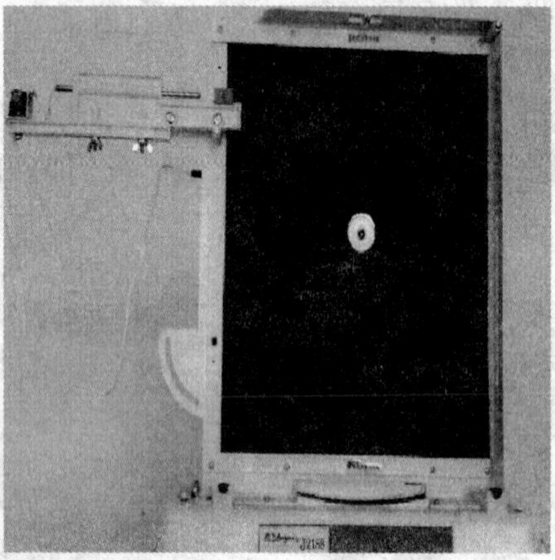

图5.7.7 二维平面描迹仪

(2)分组实验探究

教师活动：组织学生分组实验，巡视、回答问题，指出不足之处，不去控制和干扰学生的探究活动。

学生活动：分组讨论、交流实验设计方案，动手尝试，协同配合，尝试记录运动轨迹。

学生回答，师生共同归纳：

(3)汇报实验结果

学生活动：三组同学分别派代表上台，利用实物展示，汇报各组的实验结果。

利用方案一：描迹法——平抛运动演示仪获得轨迹1(见图5.7.8)。

利用方案二：喷水法获得轨迹2(见图5.7.9)。

利用方案三：描迹法——二维平面描迹仪获得轨迹3(见图5.7.10)。

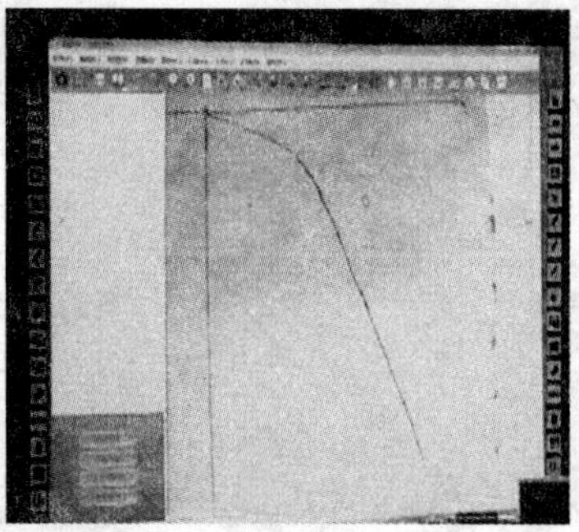

图 5.7.8　学生获得的轨迹 1

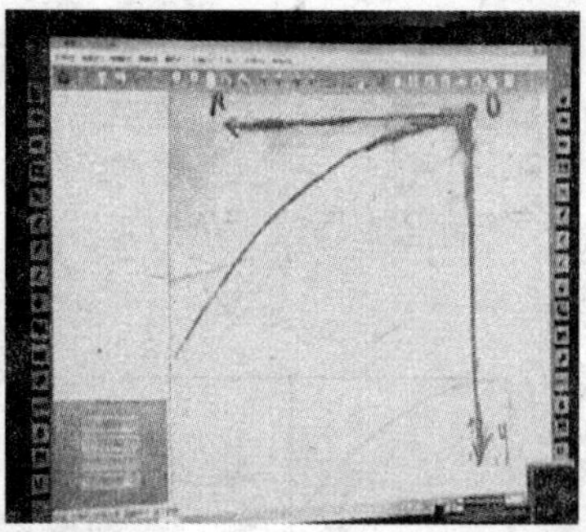

图 5.7.9　学生获得的轨迹 2

图 5.7.10　学生获得的轨迹 3

教师加以点评，师生交流、讨论。

(4)处理实验数据

①判断平抛运动轨迹是否为抛物线。

提出问题：得到了平抛的运动轨迹，怎么证明它们是抛物线呢?

学生活动：分析、讨论抛物线方程，提出验证方案。

总结归纳：抛物线轨迹上各点应满足 $y=kx^2$，在轨迹上测出若干点的坐标$(x，y)$，代入方程中检验是否满足 y 与 x^2成正比的关系。见图 5.7.11。

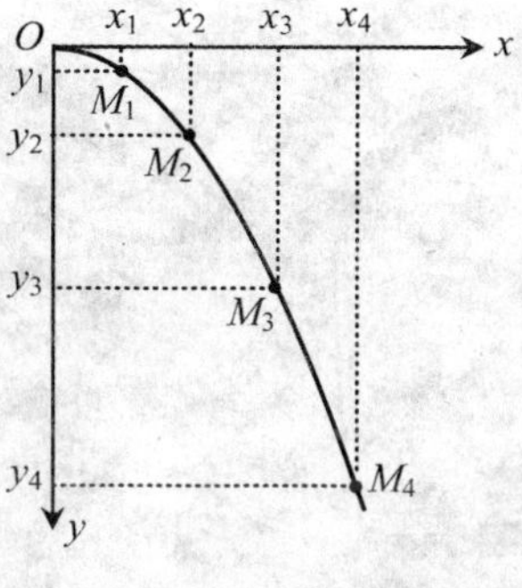

图 5.7.11　研究平抛运动的轨迹

师生交流：总结判断方法，组织学生实验探究。

教师活动：巡视、回答问题 。

学生活动：讨论、交流，采集数据分析推算。

总结归纳：请学生自由发言，描述实验条件、实验过程，展示实验结果，得出平抛运动轨迹的特点。

(2)利用轨迹分析平抛初速度

提出问题：如何利用轨迹点推导平抛运动的初速度?

学生活动：观察，思考，讨论，总结理论探究方法。

(如图 5.7.12 所示)：

$$y=\frac{1}{2}gt^2\Rightarrow t=\sqrt{\frac{2y}{g}}$$

$$x=v_0t\Rightarrow v_0=\frac{x}{t}=x\sqrt{\frac{g}{2y}}$$

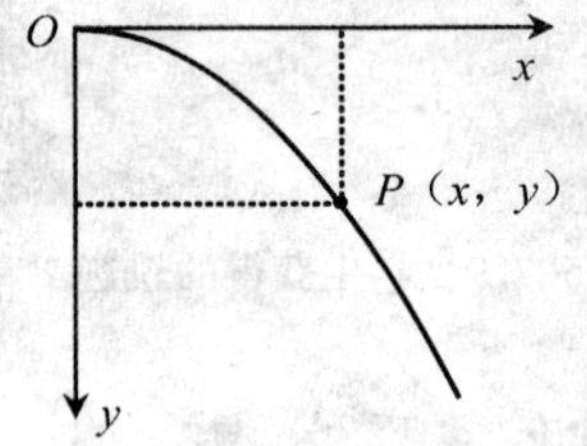

图 5.7.12　研究平抛运动的轨迹

测出轨迹上某一点的坐标(x，y)，代入可求出 v_0，选取不同位置的点，多次测量后求出平均值。

3. 数字化(DIS)系统研究平抛运动

分析、比较各种实验方案、产生误差的因素，介绍数字化实验器材(见图 5.7.13)及原理。

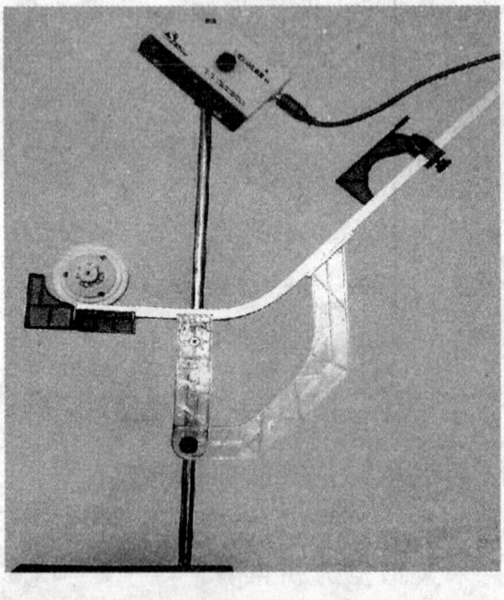

图 5.7.13　数字化二维平抛运动实验器

教师活动：利用数字化平抛实验器材进行实验，获得并展示平抛运动的轨迹，利用软件进行水平和竖直方向运动分析，进行轨迹的曲线拟合，并通过导出数据利用 Excel 表格进行数据的分析处理。分析在误差允许的范围内，得到的轨迹上的点满足抛物线的方程(见图 5.7.14)。

学生活动：观察实验过程，了解用更精密的实验仪器研究平抛运动的方法。

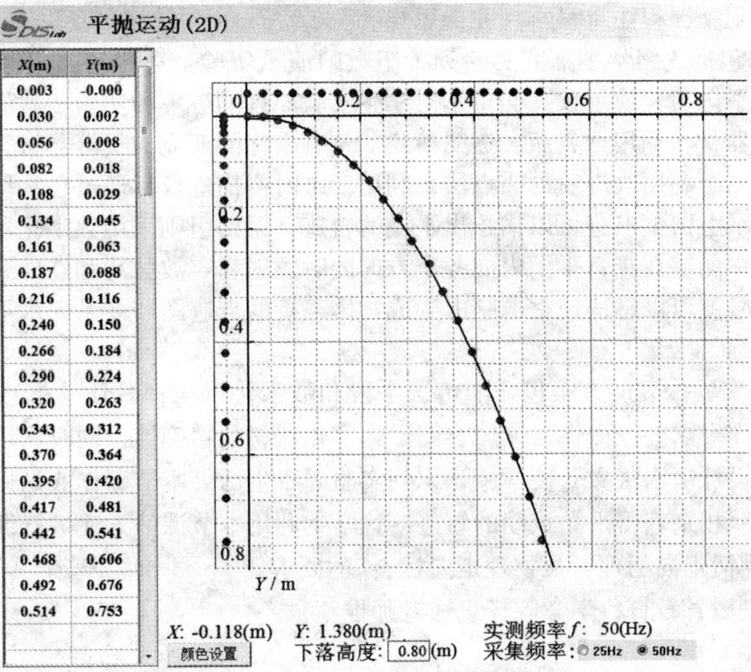

X(m)	Y(m)
0.003	-0.000
0.030	0.002
0.056	0.008
0.082	0.018
0.108	0.029
0.134	0.045
0.161	0.063
0.187	0.088
0.216	0.116
0.240	0.150
0.266	0.184
0.290	0.224
0.320	0.263
0.343	0.312
0.370	0.364
0.395	0.420
0.417	0.481
0.442	0.541
0.468	0.606
0.492	0.676
0.514	0.753

图 5.7.14　数字化实验系统获得的轨迹

4. 课堂小结

提问学生：本节课经历了哪些过程？获得了哪些体验？有哪些收获？

5. 布置作业——课外探究

请你根据课本上的参考案例三，利用数码相机的摄像功能，对水平飞出的小球每秒拍摄几十帧照片。想一想，如何利用照片来研究小球运动规律？

【板书设计】

见图 5.7.15。

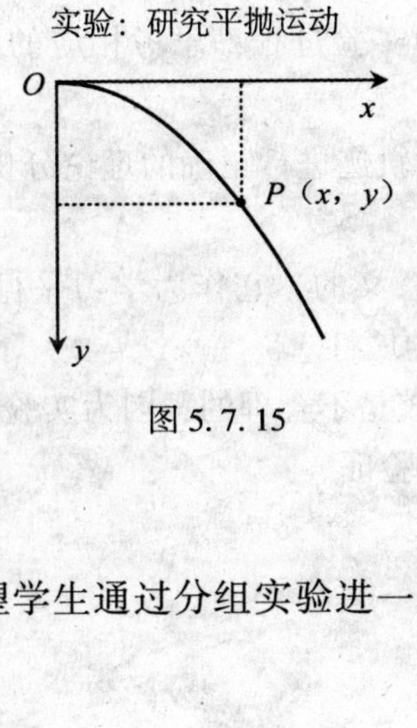

图 5.7.15

【教学反思】

1. 本节课的设计思路是希望学生通过分组实验进一步了解平抛运动的规律，让学生经历设计方案、动手实验、描绘轨迹的过程，在教师的指导下完成对实验数据的处理，设计方案充分体现新课程注重科学探究的思想。

2. 本节课包括3组学生探究实验和1组教师演示实验：第一组方案基于课本上传统的方式，采用平抛实验演示仪，侧重于对学生实验原理的理解和实验步骤的考查。第二组采用生活中的器材，利用饮料瓶、透明薄膜、刻有坐标的亚克力板等器材，研究水流平抛时的轨迹。第三组利用改进后的描点法，利用二维时空描迹仪，通过小物块平抛时火花放电在背后的白纸上留下点迹可以描绘出平抛的轨迹。第四组则采用数字化器材，在信号发射器平抛过程中能够在竖直平面内向各个方向同时发射超声波脉冲和红外线脉冲，再利用接收器捕捉信号就可以迅速地在电脑上生成物体飞行的点迹图和一系列水平、竖直方向上的空间位置坐标。

3. 本节课实验探究的方案包含了传统手段和数字化手段，既让学生感受到传统手段的直观性和操作要求的严谨性，又体会到了数字化器材的精确性，同时利用生活中随处可见的饮料瓶来设计喷水法实验使学生认识到实验源于生活。本节课作业是让学生利用数码相机进行频闪照相来获得平抛运动的轨迹，让学生利用本节课的方法进行课外探究，体现了新课标“从生活走向物理，从物理走向社会”的要求。

（案例由安徽省教育科学学院杨思锋老师推荐）

【案例评析】

1. 关于本节内容的知识分析和学情分析

我认为学情分析是恰当的，但知识分析需要作些补充，即本节内容是作为学生实验要求的，主要就应该基于实验教学的标准去认识。我们认为前面学习了“平面内运动的合成与分解”，这是理论方法层面的，而研究平抛运动的方法是上述理论的一种应用，本实验就在于通过实验，检验理论与实验的一致性，这是其一；其二，就是作为实验的教学要求，如实验条件的实现和实际操作过程等；第三是通过实验操作和分析，深化对平抛运动，包括运动的合成与分解等知识的理解。

2. 关于教学目标

我们给出以下教学目标说明，以作参考：

(1)理解各种实验的理论和实验操作过程；

(2)在理论指导下，经历各种实验过程，思考相应的实验现象与理论之间的一致性，以及产生差异的原因；

(3)能对实验中所得到的运动轨迹进行正确的理论分析和处理。

3. 关于教学过程

教学环节中“喷水法”是没有意义的，它作为学习平抛运动开始引入时的演示实验是可以的，但本身不具有物理实验的属性。

对所得“轨迹”与抛物线的比较是不合理的，因为实验本身数据的分析不是处于“研究探索”阶段，更大程度上是体会、验证。

（点评教师：杨思锋）

【案例 5-8】

《自由落体运动》教学设计

【教材分析】

1. 课标要求是："通过实验认识自由落体运动现象"，要求学生能通过一些实验或具体的活动来了解和体验自由落体运动。理解自由落体运动产生的条件与实质。

2. 本节教材是学生学完匀变速直线运动规律后，知识的迁移和应用部分，因此本节是本章的一个比较重要的、典型的应用型知识点。表现其一：落体运动快慢的产生原因分析，要用到实验探究，突破原有认知，体会并应用忽略次要因素、抓住主要因素这一科学思维方法，这不仅有利于学生掌握分析物理问题的方法，也有助于培养学生的探究能力；其二，这是一个贴近日常生活的实际问题，能激发学生的学习兴趣和体会物理的生活化。

3. 自由落体运动是日常生活中比较常见的物理现象，学生往往能感受到，但并没有注意到这一现象的特点，也不明确这就是自由落体运动现象。怎样才能让学生不是机械化地记住自由落体运动的现象，而是通过各种方式真正理解自由落体运动的条件与本质所在，才是本堂课学习重点和难点。

【学情分析】

对自由落体运动，学生有一定感性和模糊的体会，但理解自由落体运动概念，对学生而言有一定的困难。我觉得这主要来自两方面：首先是物理语言的误导，使学生认为只要从某一高度随意下落的物体做的都是自由落体运动；其次生活中的落体运动与自由落体运动的区别——现实与理想的差异。因此，在本节课教学中利用了实验和理论探究的方法，让学生自己体验、分析、归纳、讨论、评价等得出结论。激发了学生的学习兴趣，养成动手与合作能力，形成学生透过现象看本质的物理意识。

学生有匀变速直线运动规律、打点计时器及纸带分析的学习基础，完全可以通过自主体验与自主学习来完成本节课的内容。学生可能将自由落体运动与匀变速直线运动知识割裂，教学中要注意引导学生，将新知识纳入旧知识结构，让学生体会到自由落体运动只是特殊匀变速直线运动而已。

【设计思想】

为了体现新课程所倡导的教学理念，在教法上，采取以学生为主体，以问题为中心，以教师为引导，以小组的合作为主要方式，让学生进行简单的实验设计，亲身体验科学实验探究的过程。为了让学生更好地体验科学研究的方法和过程，发展自主学习能力，培养良好的思维品质，强化小组交流与合作意识，要淡化机械式训练，摒弃灌输式教学；教师一定要把握好自己的角色，适时适度地"引导"和"参与"，决不能搞形式化的探究。在以往的教学中，课堂教学实施往往过于注重知识传授，学生被动地接受，很难从多方面培养学生的综合素质。

从兴趣入手，精心设计学生活动——以趣味实验的新手段引入，充分调动学生学习热情和探究欲望，通过分组实验，感受物体下落快慢的原因；进而小组讨论、验证、交流自由落体运动的条件；感悟自由落体这一理想化模型的实质；成功解释生活中自由落体现象；强调学生思维和体验过程，让学生亲身经历科学探究，变过去教师要学生学，为学生自己“我要学、我想学、从中我学到了什么”的主动建构知识的自主学习；通过交流、合作的互动过程，更进一步培养学生团结、协作的精神。当然，同时要发挥教师的课堂机智，适时地去引导，去启发，去控制，去答疑，去评价，这是符合新课标以学生发展为本的要求，成功实现新课程理念下师生关系的转换。

【教学目标】

1. 知识与技能

(1)认识自由落体运动现象；

(2)知道产生自由落体运动的条件；

(3)能够运用匀变速直线运动规律分析、解决有关自由落体运动的问题。

2. 过程与方法

(1)经历实验观察、实例探究讨论交流的过程，体验自由落体运动现象。

(2)经历实验和理论探究过程，体会科学探究的方法，领略运用匀变速直线运动规律解决实际问题的方法。

3. 情感、态度与价值观

(1)体会生活中的自由落体运动现象，形成“学以致用”的思想，激发学生的学习热情。

(2)体验自主学习过程，养成乐于细心观察、勤于思考和相互交流的学习习惯和合作精神。

【教学重、难点】

1. 教学重点

什么是自由落体运动及产生自由落体运动的条件、实质。

2. 教学难点

(1)物体下落快慢影响因素的探究；

(2)自由落体运动的运动性质的分析。

【教学策略与手段】

“情景设置—问题链接—自主探究—形成共识—得出结论”的学生自主探究教学模式。

【课前准备——媒体的设计与准备】

演示实验：多媒体设备一套，钩码，牛顿管，抽气机，天平，自制课件。学生每4人1组：刻度尺，铁架台，打点计时器，小石头，羽毛，纸带，铁片、书签若干(长10cm左右)，纸片若干张，钢球(大小各一个)，面积相等的金属片和纸片等。

【教学过程】

1. 新课引入

教师节的时候，大家有礼物送给老师，来而不往非礼也，今天老师也有礼物回赠给大家，是有我亲笔签名的精美书签。

(师生活动，请几个学生参与活动，谁能捏住书签就送给谁，由于书签比较短，少有学生能捏住。激发学生的好奇心和学习兴趣，课堂气氛活跃。)

教师：同学们一定想知道为什么有人捏不住书签？它与我们今天要认识和研究的一种运动——自由落体运动密切相关。

2. 新课教学

同学们仔细观察过落体运动吗？我们来看，从同一高度释放小石头和羽毛，很显然石头比羽毛先落地(教师演示)。

提出问题：是否重的物体一定比轻的物体下落得快？(让学生分组实验探究)(板书)

(1)分组实验，发现问题。

教师将学生分组。学生分组实验——利用面积相等的金属片和纸片，设计小实验，动手做一做，并对看到的现象进行说明(学生的实验方案可能有：将纸片团成纸团，纸团、金属片同时释放；将纸片团成纸团，纸团、纸片同时释放；金属片、纸片呈竖直同时释放；纸片放在金属片上，释放等)。

组内讨论交流。小组代表说说，小组成员在实验中发现的现象，以及想知道的疑问。

教师对学生的实验方式和交流问题，做出适当的反馈与评价(引导学生关注观察两物体落地的前后次序，将其原因暂时搁置)。

(2)师生合作研讨，得出自由落体运动的概念。

学生的实验方法可能各种各样，为了将教学面向全体学生，让全体学生明确概念，教师演示，引导学生观察从同一高度同时下落的轻重物体下落的快慢，并归纳总结。

步骤①：先让金属片和一张等面积的薄纸片同时从同一高度下落(观察结果：重的物体下落得快)。

步骤②：把薄纸片揉成纸团再和金属片同时从同一高度下落(让同学用耳朵听声音，结果：只有一个声音，说明轻重不同的物体同时落地)。

步骤③：把金属片和一张面积较大的薄纸片从同一高度下落到水平桌面(观察结果：轻的物体下落得快)。

师生结合实验探讨得出结论：物体下落的快慢不是由它们的轻重决定的。生活中看到的物体下落有快慢是由于空气阻力的原因。

提出问题：那么在没有空气阻力时物体的下落是什么样的情况呢？

演示：把事先抽成真空(空气相当稀薄)的牛顿管拿出来，让牛顿管中的硬币、鸡毛、纸片、粉笔头从静止一起下落。

学生：同时落下。

老师：这就是自由落体运动。教师再把牛顿管放气，重复实验，构成强烈的对比。

知识介绍：

1971年美国宇航员斯科特在月球表面上让一把锤子、一根羽毛同时下落，观察到它们同时落到月球表面上。

同学们根据这些过程、结论，给自由落体运动下一个定义：

一、自由落体运动：(板书)

(1)物体只在重力作用下从静止开始下落的运动，叫做自由落体运动。

(2)做自由落体运动的物体，在同一地点从同一高度下落的快慢是相同的。

(**设计意图：**此环节，让学生自己猜想、观察、思考、理解、体会，学生在体验中突破与原有认识的冲突，在教师引导下可以从以上实验中总结结论，提出物体下落快慢与物体质量无关的设想。另外，学生可能会提出关于下一环节的一些问题，教师也要做出适当评价，并为下面作铺垫。）

教师：在认识了什么是自由落体运动之后，新的问题就产生了，同学们一定想知道它是什么性质的运动呢？

教师：结合前面物体下落的现象，你觉得自由落体运动究竟是一种怎样的运动？

（3）实验探究二——探究自由落体运动的性质。

①回味现象，进行猜想。

让学生回忆上面实验现象，大胆猜想（学生可能会提出：变速直线运动、加速直线运动、匀加速直线运动等）。

②组内讨论验证。

小组内成员针对问题进行交流讨论。

讨论主题：可以利用实验桌上提供的器材自行设计实验，用你们的实验方式操作、记录、研究自由落体运动的特点。学生的实验设计方案可能有多种，教师必须做好充分的预设。

教师：组织学生分组实验，利用打点计时器记录重物的下落过程（提醒学生操作注意事项）。引导学生思考、讨论如何合理利用纸带记录的信息作初步分析。

小组实验，操作，记录，思考，交流讨论：

A. 轨迹一直线，方向一竖直向下。

B. 变速一速度越来越大一比较相等时间内发生的位移。

初步实验结论：大部分小组都能得加速运动的结论（此时教师一定要趁热打铁，是我们前面学过的匀加速直线运动吗？要是该多好呀？鼓励学生去探究是不是匀加速直线运动）。

学生可能会有以下处理方法：

连续相等时间内的位移之差 Δs 是一个常数；速度均匀增大（利用 v-t 图像）；$s \propto t^2$（利用 s-t^2 图像）——教师当场对书本第 47 页的“问题与练习”的问题 4 的闪光照片上的数据利用计算机的 Excel 的图表（见表 5.8.1）功能在投影上演示自由落体的 s-t^2 图像和 v-t 图像（见图 5.8.1），以扩展学生的思路，开阔学生的眼界，懂得用多种方法进行研究。

表 5.8.1

t/s	x/m	t^2/s^2
0	0	0
0.04	0.008	0.0016
0.08	0.032	0.0064
0.12	0.071	0.0144
0.16	0.125	0.0256
0.2	0.196	0.04
0.24	0.284	0.0576

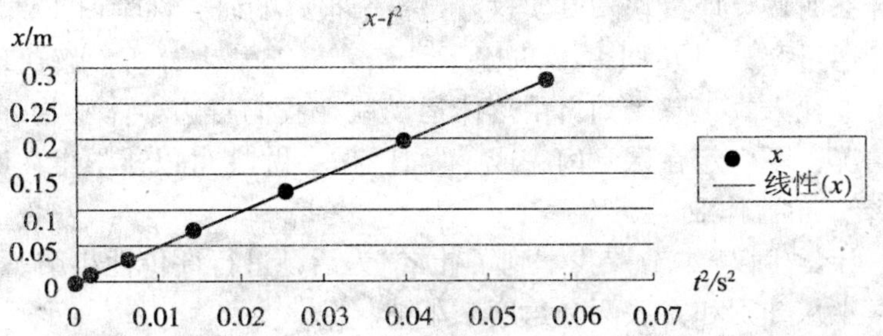

图 5.8.1

若还有其他的方法也可以。要鼓励学生多角度思考问题。教师对所列方法应当做适当的解释，也可以让发言的学生说明方法的理论依据。

③师生达成共识：

二、自由落体的性质(板书)

1. 自由落体运动是初速为零的匀加速直线运动

$$V_t = at；\ x = (1/2)at^2$$

教师引导：根据你处理的数据，请你计算自由落体的加速度。

公布各小组计算结果，教师把结果写在黑板上(各结果有可能有误差)。请同学们讨论在实验误差允许下，不同物体的自由落体运动，它们的加速度是否相同？

结论：相同。

2. 自由落体运动的加速度(板书)

(1)在地面附近的同一地点，一切物体在自由落体运动中的加速度都相同，这个加速度叫做自由落体加速度，也叫重力加速度，通常用 g 表示。

(2)重力加速度 g 的方向总是竖直向下的。

(3)教师强调我们这里的重力加速度的大小 $g=9.801\ m/s^2$。在粗略的计算中，可以把 g 取作 $10\ m/s^2$。

请学生看书本第 46 页的表格，说说能得到的信息：

在地球上不同的地方 g 的大小是不同的，从赤道到北极，随着纬度的升高而增大。

3. 反馈应用，巩固知识

教师：老师最近发明了一个仪器，能测出你到底是反应灵敏还是反应迟钝(开玩笑)，只要你一捏我就能知道你的反应时间(边在过道走，边为学生测量，学生的热情和积极性很高)，我把它叫做“反应时间测量尺”，你能知道我这把尺子的奥秘吗？

学生：知道(很不服气)。

教师：现实生活中人们遇到某种情况时，大脑能迅速作出反应。人从发现情况到作出反应采取行动所需的时间叫做反应时间。有些人反应时间对他们很重要，像运动员、战士、飞行员、司机等。你们也能做一把“反应时间测量尺”吗？同桌之间相互测一测彼此的反应时间，我们现在不是有一门研究性学习的课程吗？你完全可以用你自己制作的“反应时间测量尺”测一下不同年龄、不同性别、不同职业人的反应时间是多少？也可以看一个人在一天是什么时候反应最快？其实这就是一个很好的研究性学习小课题。

设计意图：通过“做一做”进一步巩固了结论，培养学生分析、解决问题的能力、动手能力和创造力，让人真正感受到自由落体运动就在我们身边，体验物理知识的生活化。根据教学时间情况，不一定在课堂内完成，尤其“做一做”(可以让学生在课外动手体验。)

4. 课堂小结，布置作业

课堂小结：让学生以“本节课我学到了什么”为话题进行评价性小结。

教师引导学生从知识和方法两个角度来小结。

课后习题与“做一做”。

(备注：案例由安徽省合肥市第六中学万德华老师推荐)

【案例评析】

1. 本节课的设计采取“情景设置—问题链接—自主探究—形成共识，得出结论”的教学程序，教师能够根据学生的设计情况，通过趣味实验的激发、问题的引领，让学生积极参与，通过自主体验、小组互动、组间互评、自我评价，改变学生以往的学习方式，体现新课程提倡自主学习的新理念。

2. 趣味实验虽简单，却是新课堂中学生积极参与、互动的催化剂，另外学生自行制作的测定反应时间尺效果非常好；教学软件的使用也让学生体会到科技的力量。

3. 学生自主探究时，教师要给予必要的指导，应该提示学生自主探究的三个环节，如果疏于引导，将会拖延时间，导致教学被动。

(点评教师：万德华)

附录 1

义务教育物理课程标准(2011 年版)

第一部分 前 言

物理学是人类科学文化的重要组成部分，是研究物质、相互作用和运动规律的自然科学。它一直引领着人类探索大自然的奥秘，深化着人类对大自然的认识，是技术进步的重要基础。尤其是20世纪初建立的相对论和量子论，引发了物理学的革命，对化学、生物学、地学、天文学等自然科学产生了重要的影响，推动了材料、能源、环境、信息等科学技术的进步，改变了人类的生产、生活的方式，对人类文明和社会进步做出了重要贡献。

物理学的迅速发展及其相关技术的广泛应用，使基础教育物理课程面临新的机遇与挑战。为了适应时代发展的需要，义务教育物理课程应体现物理学的本质，反映物理学对社会发展的影响；应注重学生的全面发展，关注学生应对未来社会挑战的需求；应发挥在培养学生科学素养方面的重要作用。为此，本标准确定了学生经过义务教育阶段物理课程学习后应达到的要求。

一、课程性质

义务教育物理课程应综合反映人类在探索物质、相互作用和运动规律等过程中的成果。物理学不仅含有探索大自然的知识成果，而且含有探索者的科学思想、科学方法、科学态度和科学精神等。

义务教育物理课程作为科学教育的组成部分，是以提高全体学生科学素养为目标的自然科学基础课程。此阶段的物理课程不仅应注重科学知识的传授和技能的训练，而且应注重对学生学习兴趣、探究能力和创新意识以及科学态度、科学精神方面的培养。

义务教育物理课程是一门注重实验的自然科学基础课程。此阶段的物理课程应注意让学生经历实验探究过程，学习科学知识和科学探究方法，提高分析问题和解决问题的能力。

义务教育物理课程应注重与生产、生活实际及时代发展的联系。此阶段的物理课程应关注学生的认知特点，加强课程内容与学生生活、现代社会和科技发展的联系，关注技术应用带来的社会进步和问题，培养学生的社会责任感和正确的世界观。

二、课程基本理念

(一) 面向全体学生，提高学生科学素养

以学生终身发展为本，以提高全体学生科学素养为目标，为每个学生的学习与发展提

供平等机会，关注学生的个体差异，使每个学生学习科学的潜能得到发展。

（二）从生活走向物理，从物理走向社会

贴近学生生活，符合学生认知特点，激发并保持学生的学习兴趣，让学生通过学习和探索掌握物理学的基础知识与基本技能，并能将其运用于实践，为以后的学习、生活和工作打下基础。

（三）注意学科渗透，关心科技发展

让学生了解自然界事物的相互联系，注意学科间的联系与渗透，关心科学技术的新进展，关注科技发展给社会进步带来的影响，逐步树立科学的世界观。

（四）提倡教学方式多样化，注重科学探究

在教学中，根据教学目标、教学内容及教学对象灵活采用教学方式，提倡教学方式多样化。注重采用探究式的教学方法，让学生经历科学探究过程，学习科学研究方法，培养其创新精神和实践能力。鼓励在物理教学中合理运用信息技术。

（五）注重评价改革导向，促进学生发展

在新的评价观念指导下，构建多元化、发展性的评价体系，注重形成性评价与终结性评价结合，发展性评价与甄别性评价结合，以促进学生科学素养的提高、教师专业素质的发展和物理教学的改进。

三、课程设计思路

义务教育物理课程以提高学生科学素养为宗旨，从课程基础性、实践性、时代性等方面提出了课程基本理念，从“知识与技能”、“过程与方法”和“情感·态度·价值观”三方面提出了课程目标。

科学探究学习方式是提高学生科学素养的一种重要而有效的途径，在设置义务教育物理课程的内容时，将科学探究纳入“课程内容”。本标准中的“科学探究”包含提出问题、猜想与假设、设计实验与制订计划、进行实验与收集证据、分析与论证、评估、交流与合作等要素。本标准对这些要素分别提出了“科学探究能力的基本要求”。

根据物理学的内涵，本标准以“物质”、“运动和相互作用”、“能量”为“课程内容”中“科学内容”的一级主题，对全体初中学生应掌握的物理内容提出了要求。每个一级主题含有若干二级主题，每个二级主题又含有若干三级主题。这些三级主题综合融进了“知识与技能”、“过程与方法”和“情感·态度·价值观”三个方面的课程目标。

为进一步将义务教育物理课程的基本理念和课程目标渗透到课程内容中，在科学内容中增设了样例和活动建议，它们不是硬性要求的内容，而是为了帮助教师理解科学内容中三级主题的具体含义。本标准还提出了实施建议，以便教师进一步参考。

第二部分　课程目标

义务教育物理课程旨在提高学生的科学素养，让学生：

◇学习终身发展必需的物理基础知识和方法，养成良好的思维习惯，在分析问题和解决问题时尝试运用科学知识和科学研究方法；

◇经历科学探究过程，具有初步的科学探究能力，乐于参加与科学技术有关的活动，有运用研究方法的意识；

◇保持探索科学的兴趣与热情，在认识自然的过程中获得成就感，能独立思考、敢于质疑、尊重事实、勇于创新；

◇关心科学技术的发展，具有环境保护和可持续发展的意识，树立正确的世界观，有振兴中华、将科学服务于人类的使命感与责任感。

通过义务教育物理课程的学习，学生主要在以下三个方面得到发展。

一、知识与技能

1. 认识物质的形态和变化、物质的属性、物质的结构与物体的尺度，了解新材料及其应用等内容，关注资源利用与环境保护等问题。

2. 了解自然界多种多样的运动形式，认识机械运动和力、声和光、电和磁等内容，了解相互作用规律及其在生产、生活中的应用。

3. 认识机械能、内能、电磁能、能量的转化和转移、能量守恒等内容，了解新能源的开发与应用，关注能源利用与可持续发展等问题。

4. 了解物理学及其相关技术发展的大致历程，知道物理学不仅含有物理知识，而且还含有科学研究的过程与方法、科学态度与科学精神。

5. 有初步的实验操作技能，会用简单的实验仪器，能测量一些基本的物理量，具有安全意识，知道简单的数据记录和处理方法，会用简单图表等描述实验结果，会写简单的实验报告。

二、过程与方法

1. 经历观察物理现象的过程，能简单描述所观察物理现象的主要特征，能在观察和学习中发现问题，具有初步的观察能力及提出问题的能力。

2. 通过参与科学探究活动，学习拟订简单的科学探究计划和实验方案，有控制实验条件的意识，能通过实验收集数据，会利用多种渠道收集信息，有初步的信息收集能力。

3. 经历信息处理过程，有对信息的有效性、客观性做出判断的意识，经历从信息中分析、归纳规律的过程，尝试解释根据调查或实验数据得出的结论，有初步的分析概括能力。

4. 能书面或口头表述自己的观点，能与他人交流，有自我反思和听取意见的意识，有初步的信息交流能力。

5. 通过学习物理知识，提高分析问题与解决问题的能力，养成自学能力，学习物理学家在科学探索中的研究方法，并能在解决问题中尝试应用科学研究方法。

三、情感·态度·价值观

1. 有学习物理的兴趣，有对科学的求知欲，能保持对自然界的好奇，乐于探索自然，能领略自然界的美妙与和谐，对大自然有亲近、热爱及和谐相处的情感。

2. 有将科学技术应用于日常生活、社会实践的意识，乐于探究日常用品或新产品中的物理学原理，乐于参与观察、实验、制作、调查等科学实践活动，有团队精神。

3. 有克服困难的信心和决心，能总结成功的经验，分析失败的原因，体验战胜困难、解决物理问题时的喜悦。

4. 养成实事求是、尊重自然规律的科学态度，不迷信权威，勇于创新，有判断大众传媒信息是否符合科学规律的初步意识，有将自己的见解与他人交流的意识，敢于提出与别人不同的见解，勇于放弃或修正不正确的观点。

5. 关注科学技术对社会发展、自然环境及人类生活的影响，有保护环境及可持续发展的意识，能在个人力所能及的范围内对社会的可持续发展作出贡献，有将科学服务于人类的意识，热爱祖国，有振兴中华的使命感与责任感。

第三部分　课程内容

一、科学探究

在本标准中，科学探究既是学生的学习目标，又是重要的教学方式。将科学探究列入“课程内容”，旨在让学生经历与科学工作者进行的相似的探究过程，主动获取物理知识，领悟科学探究方法，发展科学探究能力，体验科学探究的乐趣，养成实事求是的科学态度和勇于创新的科学精神。

通常，科学探究涉及提出问题、猜想与假设、设计实验与制订计划、进行实验与收集证据、分析与论证、评估、交流与合作等要素。科学探究的形式是多种多样的，在学生的科学探究中，其探究过程可涉及所有的要素，也可只涉及部分要素。科学探究的要素应灵活渗透在教材和教学课程内的各个方面。

在义务教育物理课程的学习中，对学生科学探究能力的基本要求主要体现在以下几个方面。(见表 A1.1)

表 A1.1

科学探究要素	科学探究能力的基本要求
提出问题	◇能从日常生活、自然现象或实验观察中发现与物理学有关的问题。 ◇能书面或口头表述发现的问题。 ◇了解发现问题和提出问题在科学探究中的意义。
猜想与假设	◇ 尝试根据经验和已有知识对问题的可能答案提出猜想。 ◇能对探究的方向和可能出现的探究结果进行推测与假设。 ◇了解猜想与假设在科学探究中的意义。

续表

科学探究要素	科学探究能力的基本要求
设计实验与制订计划	◇经历设计实验与制订计划的过程。 ◇明确探究目的和已有条件。 ◇尝试考虑影响问题的主要因素，有控制变量的意识。 ◇尝试选择科学探究方法及所需要的器材。 ◇了解设计实验与制订计划在科学探究中的意义。
进行实验与收集证据	◇能通过观察、实验和公共信息资源收集证据。 ◇会阅读简单仪器的说明书，能按要求进行操作。 ◇会使用简单仪器进行实验，会正确记录实验数据。 ◇具有安全操作的意识。 ◇了解进行实验与收集证据在科学探究中的意义。
分析与论证	◇经历从物理现象和实验中归纳科学规律的过程。 ◇能对收集的信息进行简单归类及比较。 ◇能进行简单的因果推理。 ◇尝试对探究结果进行描述和解释。 ◇了解分析与论证在科学探究中的意义。
评估	◇有评估探究过程和探究结果的意识。 ◇能关注探究活动中出现的新问题。 ◇有从评估中吸取经验教训的意识。 ◇尝试改进探究方案。 ◇了解评估在科学探究中的意义。
交流与合作	◇有准确表达自己观点的意识。 ◇能表述探究的问题、过程和结果。 ◇能听取别人的意见，调整自己的方案。 ◇能坚持原则又尊重他人，有团队意识。 ◇了解交流与合作在科学探究中的意义。

二、科学内容

本标准的科学内容分为“物质”、“运动和相互作用”、“能量”三大部分，表A1.2为科学内容的一级主题与二级主题。这种呈现形式不代表教材的结构或教学的顺序，教材编者可根据本标准编写不同特色的教材。

科学内容中的样例与活动建议是为教师提供的教学参考，教师可以从中选用，也可以结合当地情况开展更切合实际的教学活动。

义务教育物理课程应让学生通过观察、操作、体验等方式，经历科学探究过程，认识物理概念和规律，学习科学方法，树立正确的世界观。

表 A1.2

一级主题	二级主题
1. 物质	1.1 物质的形态和变化 1.2 物质的属性 1.3 物质的结构与物体的尺度 1.4 新材料及其应用
2. 运动和相互作用	2.1 多种多样的运动形式 2.2 机械运动和力 2.3 声和光 2.4 电和磁
3. 能量	3.1 能量、能量的转化和转移 3.2 机械能 3.3 内能 3.4 电磁能 3.5 能量守恒 3.6 能源与可持续发展

第四部分 实施建议

一、教学建议

(一)重视科学探究式教学

1. 正确认识科学探究式教学

在义务教育物理课程中，实施科学探究式教学对提高学生的科学素养具有重要的作用。因此，在科学探究中，教师不仅应关注让学生通过探究发现某些规律，而且应注重在探究过程中发展学生的探究能力，提高探索兴趣，增进对探究本质的理解，培养科学态度和科学精神。由于探究的问题常常涉及某一物理知识，这就容易造成教师把注意力仅放在知识目标上，而忽视"过程与方法"和"情感·态度·价值观"目标的达成，这是实施探究式教学时教师应特别注意的。

本标准把发展科学探究能力作为义务教育物理课程的一项重要目标，在"课程目标"中，对学生的科学探究能力提出了总体要求，又在"科学探究能力目标"中，分别对提出问题、猜想与假设、设计实验与制订计划、进行实验与收集征据、分析与论证、评估、交流与合作七个要素对应的科学探究能力提出了具体要求。教学中应把科学探究能力目标进一步分解细化，并根据自己的教学实践，转化为具体的教学目标和教学设计。

2. 合理设计科学探究活动

在探究式教学设计中，应首先依据课程目标和教学内容确定教学目标，如考虑通过探究活动，学生在科学内容的学习上应达到什么目标，在能力培养上应突出哪些方面，应注意哪些"情感·态度·价值观"方面的目标渗透等。另外，还应根据教学内容、学生情况及实验条件等预设探究活动的大致过程，并且清楚探究活动中的难点、重点与兴奋点等。在进行科学探究活动过程中，常常会出现'节外生枝"的情形，因此在教学设计中应预设哪些地方可能出现问题，解决这些问题的方式可能有哪些等。

探究式教学的设计，要循序渐进，既要整体考虑学生科学探究能力目标的逐步达成，又要分别考虑每次探究活动的侧重点。由于课时所限，不可能在每次探究活动中各个要素都面面俱到。一次科学探究活动可以侧重某些探究要素，通过一系列的探究活动，使所有要素对应的探究能力都得到培养，这不仅有利于在有限的课堂时间内完成科学探究任务，而且能使所侧重的探究过程更加深入、具体，这有利于提高学生的科学探究能力。

另外，教师还可结合当地条件和学生情况等设计一些课题，或让学生自己提出课题进行探究。这些自主设计的课题为实现本标准中所要求的科学探究能力目标提供了更多的课程资源。教师可引导学生利用课余时间对这些课题进行探究，这样使探究环境更加开放，时间也比较机动，为培养学生科学探究能力提供了更有利的条件。

3. 有效实施探究式教学

在进行探究式教学时，教师应创设一定的探究情境，激发学生的探究欲望。例如，通过引入生活实例或进行小实验等，设计认知冲突，使学生带着疑问、充满好奇地开始进行科学探究活动。

在科学探究活动中，应鼓励学生积极、大胆地参与，避免包办代替、简单否定等。例如，当学生所提的问题意义不大、针对性不强时，教师应给予鼓励和帮助，尽可能指出其合理之处，使学生看到自己的成绩，有继续参与的勇气，同时引导学生提出更好的问题。其实，在探究活动中，学生出现问题(如探究方案不够科学严谨，操作过程有误，或收集数据存在问题等)是正常现象，对此，教师应仔细观察，分析学生出现问题的原因，尽可能将学生的问题转化为课程资源，并将这些资源作为案例帮助学生纠正错误，引导其进行科学探究。

要正确理解科学探究，在探究教学中不仅要注重探究的结果，而且要注重探究的过程，落实本标准中对学生科学探究能力提出的基本要求。在本标准中，有"通过实验……"、"经历……"等行为动词，这表明探究过程既是学习过程，也是课程目标的要求。要让学生真正经历探究过程，不要为了赶进度而在学生还没有进行足够思考时草率得出结论。

在科学探究课结束前，教师应对学生的探究活动进行总结和评价，如分析哪些操作是正确的，哪些操作是错误的，并且说明为什么。在这样的反馈过程中，学生对自己的探究行为便有了反思，他们便知道如何修正错误，做得更好。这将提高科学探究课的效率，有利于学生探究能力的发展。

(二)发挥实验在物理教学中的重要作用

实验教学是物理教学的重要组成部分，是落实物理课程目标，全面提高学生科学素养的重要途径。要发挥实验在物理教学中的重要作用，需要正确认识物理实验的教学目标，注意把握实验教学的特点，合理开发实验教学的课程资源。

在物理课程中，实验和科学探究有着紧密的联系。从科学探究的角度看，实验是科学探究的重要方式之一。从实验教学的角度看，物理实验通常包括演示实验和学生实验等。跟科学探究一样，实验教学也具有多维的课程目标，除了学习知识、训练技能以外，物理实验还应在发展实验能力、提高科学素养方面发挥重要作用。应让学生通过设计实验、收集和分析实验数据等自主活动来提高实验能力，让学生在实验中认识尊重客观数据的重要性，从而养成实事求是的科学态度，在实验的相互配合中发扬合作精神，在认真收集、处理实验信息中培养严谨的科学态度和科学精神等。

本标准对义务教育物理课程的实验提出了明确的要求。在“内容要求”中，凡是用“通过实验”这一措辞陈述的知识内容，都必须通过实验来学习，这些实验是必须做的，是本标准对物理实验的基本要求。除此之外，为提高教学效果，教师还应尽最创造条件做一些其他力所能及的物理实验。本标准所要求的物理实验，可根据实验内容、教学目标、实验条件等，设计成演示实验或学生实验，有条件的学校应根据具体情况适当增设一些学生实验，增加学生的动手机会。无论是演示实验还是学生实验，都尽量让学生明确实验目的，理解实验原理。做演示实验时，由于实验的操作者是教师，学生的主要任务是观察和思考。因此，教师应注意引导学生观察实验现象，启发学生对实验现象所说明的问题进行积极思考和交流。进行学生实验时，应让学生在理解实验方案的前提下，自己选择实验器材，组合实验装置，自主进行实验。发给学生的文字资料应有利于学生积极思考，避免把实验步骤一条条地罗列给学生，并代替学生绘制各种表格，让学生“按方抓药”不求甚解地在表格中填入数据，这种菜单式的实验操作模式固然容易得出预期的实验结果，但不利于学生实验探究能力的培养。

应通过各种途径开发实验课程资源。教师可用已有的实验器材进行实验教学，也可用效果更明显、实验误差更小的新实验器材进行实验教学，还可让学生了解一些新的实验技术。同时，应大力提倡用身边的物品做实验，例如使用饮料瓶等日常用品进行物理实验，这样既可以拉近物理学与生活的距离，让学生深切地感受到科学的真实性，又补充实验课程资源，有利于增强学生的创新意识。

(三)在科学内容教学中注意落实三维课程目标

1. 依据课程目标进行教学设计

物理概念和规律是“课程内容”中科学内容的重要部分。在物理概念和规律的教学设计中，教师通常更加关注知识点的落实，因此，“知识与技能”的目标更能得到关注，而“过程与方法”、“情感·态度·价值观”课程目标则容易被忽视。要做好物理概念和规律的教学设计，不仅应重视物理概念和规律的具体内容、意义、适用条件等，而且还应重视学生建立物理概念、学习物理规律的过程。在这些过程中，学生不仅应学到物理知识，而且应学到科学方法，发展探究能力，逐步形成科学态度与科学精神等。

为了在物理概念和规律的教学中体现“过程与方法”课程目标，通过物理概念和规律的教学发展学生的探究能力和分析、解决问题的能力等，就需要把收集信息、处理信息、解释信息的过程，以及发现问题、分析问题、解决问题等过程，都列入教学设计的范畴。

显然，按照这样的教学设计，教师的教学方式必须有相应的改变，教师需创设能引导学生主动参与的教学环境，并使学生尽量有合作、交流，调查、质疑、辩论的机会，教学中教师要与学生积极互动，促进学生在教师的指导下主动地、富有个性地学习。

在进行科学内容的教学设计时，应注意融进“情感 · 态度 · 价值观”的课程目标。应注意控制教学内容的难度，循序渐进、由浅入深，注意保护学生的学习热情，使其能体验到成功的愉悦。在教学设计中应注重联系学生生活中的事例，让学生乐于探索日常生活中的物理学道理，引导学生从自然走向物理，从生活走向物理，从物理走向社会。在教学设计中，还需注意培养学生的科学态度及科学精神。

2. 让学生学会用物理知识和方法来解决问题

要使学生学会用物理知识和方法来解决问题，首先要增强学习应用物理知识解决问题的意识。要做到这一点，在物理概念和规律教学时，教学内容应尽量取材于学生的生活实际，让学生从熟悉的情境中学习知识。这不仅有利于学生理解概念和掌握规律，而且可以增强学生从实践中联系理论的意识。在学生建立概念和认识规律之后，应及时引导学生用掌握的知识来分析解决生活和社会中的实际问题，强化理论的应用意识。

要善于利用物理教学内容的特点，培养学生分析、解决问题的良好习惯，使学生在解决问题时，概念要分清楚，对象要弄明白，思维要有逻辑，步骤要有条理，说活要有证据。

要让学生学习基本的科学方法，并能将这些方法迁移到自己的生活之中。例如，让学生把“假设—检验”的科学探究思路用于探索身边的未知事物，把物理课中“尊重实验数据”拓展为生产、生活中“尊重客观事实”，用物理学的科学方法和精神对待周围的事物。

解答习题是学生学习自主解决问题的一种方式，这对巩固所学知识、发展分析和解决问题的能力都有好处。但是，不要把解答习题视为学生解决问题的唯一方式。同时，在设计和安排学生的习题时，应注意内容丰富、形式多样，注意使学生养成良好的思维习惯，提高分析和解决问题的能力，避免死记硬背、生搬硬套。

(四)加强物理学与生产、生活的联系

1. 注重联系生产、生活中的实例

教师备课时可以根据本标准的内容要求选取相关的各种资料。例如在讨论与生产、生活相联系的课题时，可以分别从资源(能源)、人口，以及环境和生态、交通和居住等方面考虑，要注意结合当地实际，选取学生常见的事例，把跟学生本人、本校、本地有关的现实内容充实在课堂中。在教学方式上，要尽可能采用图片、投影、录像、光盘等媒体，强化视听效果。由于物理学与生产、生活有着极为紧密和广泛的联系，教师不可能将庞大数量的信息在有限的教学时间内塞给学生。因此必须改变“只有讲过才算教过”的观念。有些内容可以精选、精讲，有些内容可点到为止，更丰富的内容让学生通过阅读教材和其他补充材料(包括视听材料)、收集各种形式的信息、调查研究和讨论展示等方式学习。除了教材介绍的内容外，教师可以结合当地实际提出一些相关的小课题让学生在课堂上交流。例如，在讲了电功和电功率之后，让学生观察家庭中各种用电器的铭牌和说明书，看看铭牌中的电功率是怎样标记的，家中各种用电器的电功率分别是多少，根据自己家中的用电器估算每月使用的电能和电费，跟实际电费作比较，根据自己家中的用电情况思考节约用电的途径，提出节电措施，并在实施一段时间后观察节电效果等。把这些现实中的物理问题用于课堂交流，将大大拉近物理学与生产、生活的距离。

2. 加强课外实践活动

学生的课后作业不应仅仅局限在对物理习题的演算上，阅读资料、观察调查、实践体验等课外活动都应成为学生课后作业的一部分，它们是物理教学联系生产、生活的重要方式。教师应选取那些既能引起学生兴趣，又与现实生活有密切联系的素材供学生课外学习，提出一些实际问题或现象让学生进行调查或观察。例如，日常生活中，人们看完电视节目后常常用遥控器关闭电视机而不断开电源，电视机始终处于待机状态。在学习电能和电能表时，教师就可让学生在家中亲自用电能表等测量电视机在待机状态下所消耗的电功率，并估算一个家庭一年由此所浪费的电能是多少。让学生完成这类家庭作业，对提高学生的实践能力、养成良好的习惯、增强节能意识都具有积极的意义。

教学中还应引导学生注意常见物理量的单位和数量级，如尺度、质量、速度、频率、功率等。使学生对生活中所涉及的这些物理量的大小有一个初步估计。在课后作业中，应尽可能通过一些实践活动让学生对这些物理量的大小获得一些感性认识，例如在学过质量单位后，可以给出一些物品让学生估测它们的质量。

纸笔测验的试题和课后的作业题，应尽量创设与生产、生活相联系的情境，让学生从实际情境中领悟题目所给的物理条件是什么，从所描述的具体要求中剖析题目所求解的物理量是什么。在设计这些试题时，注意题目的取材应尽量贴近生活，情境设计符合实际情况，数据合理等。

二、评价建议

新课程倡导“立足过程，促进发展”的学生学习评价，提倡运用多样化的评价方法，促进学生全面而富有个性地发展，促进教师反思和改进教学，实现评价的诊断、激励和发展的功能。以下从学习评价的指导思想、内容和方法等方面提出实施建议。

（一）指导思想

学习评价应以促进学生在“知识与技能”、“过程与方法”和“情感·态度·价值观”方面的发展为目的。评价要有助于学生对科学知识的理解，有助于培养学生的科学探究和实验能力，有助于培养学生的思维能力，有助于学生运用物理知识和方法解决学习和生活中的问题，有助于学生保持对学习的兴趣，对自然界的好奇心和对科学的求知欲，有助于培养学生坚持真理、勇于创新、实事求是的科学精神。

学习评价要重视形成性评价与终结性评价的结合，了解学生发展中的需求，帮助学生及时客观地发现其发展中的优势和不足，促进学生在原有水平上的发展，为改进教学提供真实可靠的依据。对学生的学习评价，教师应注意以下几个方面。

1. 重视评价的诊断、激励和发展功能

评价的目的是为了促进学生的全面发展，应改变以往过分强调甄别与选拔的做法，充分发挥评价的诊断、激励和发展功能。通过学习活动，诊断学生在发展中的优势与不足，并在此基础上提出有针对性的指导意见，有效促进学生的学业进步和全面发展，改进教学工作，促进教师的专业成长，做到评价与教学活动有机结合。

2. 促进学生全面发展，关注学生的个体差异

应在物理课程目标的指导下，制订促进学生全面发展的多元评价内容和评价标准，不仅要关注学生“知识与技能”的掌握情况，还应关注对于学生终身发展很重要的探究、沟通与合作、批评性思维和问题解决等能力的形成，关注“情感·态度·价值观”目标的达成。评价应关注学生的个体差异，重视学生的学习与发展的过程，激发学生内在发展的动力，帮助学生认识自我、建立自信，发展自己的潜能。

3. 倡导多主体参与评价，采用多样化的评价方式

改变过去仅由教师评价学生的单一评价方式，重视学生自我评价，使评价成为学生、同伴、教师等多主体共同参与和协商的活动，从不同的角度为学生提供学习、发展方面的信息，帮助学生更加全面地认识自我。明确评价的目的，对不同的学习目标和学习内容，应采用不同的评价方法，发挥各种评价方法的优势，注重评价手段的科学性与可操作性。

(二)评价内容

本标准从“知识与技能”、“过程与方法”和“情感·态度·价值观”三方面提出的课程目标是一个有机的整体，对任何一方面的忽视都可能会造成学生发展的偏颇。因此，学习评价内容的设置应与课程目标一致，对学生在这三个方面学习目标的达成情况进行具体、准确的评价。通过评价，明确教师应教些什么、学生应学些什么等信息，从而促进学生的全面发展。

1. 对“知识与技能”的评价

对“知识与技能”课程目标的评价应当包含对学生所学习的物理知识和实验基本技能，及其所达到的层次和水平的评价。对于知识，应着重评价学生是否能理解物理学概念、原理和规律并应用其解决生产、生活中的实际问题；能否了解物理学及其相关技术发展的大致历程；能否了解物理学对现代社会发展的影响。评价时，要准确把握“内容要求”中对知识内容的具体要求，以及知识的不同认知水平的要求，不宜随意拔高。例如，在“内容要求”第3.4.3条中对串、并联电路的要求是“会连接简单的串联电路和并联电路。说出生产、生活中采用简单串联或并联电路的实例。了解串、并联电路电流和电压的特点”。这里明确对学生提出了“了解串、并联电路电流和电压的特点”，但没有对串、并联电路的电阻关系提出明确要求，因此，在考试评价中，不应把串、并联(甚至混联)电路的电阻规律作为统一的教学要求让学生掌握。

应重视评价学生的实验技能，如能否正确使用本标准要求的实验仪器和测量工具；能否正确记录和处理实验数据等。评价学生的实验技能，可以采用纸笔测验的形式，但更好的方法是结合学生做实验的过程进行。例如，在“内容要求”第3.4.4条中，要求学生“会使用电流表和电压表”，第3.4.2条中，要求“通过实验，探究电流与电压、电阻的关系”。这样，可以结合“探究电流与电压、电阻的关系”的实验过程，通过观察学生能否正确选择电流表和电压表的量程，是否会正确连接电流表和电压表，是否会正确读数等，来综合评价学生是否达到本标准的要求——“会使用电流表和电压表”。

2. 对“过程与方法”的评价

应重视评价学生“过程与方法”课程目标的达成，注重评价学生在学习概念、规律过程中的表现，以及运用物理知识和科学方法解决实际问题的表现。不仅要关注学生通过学习过程获得了什么，还应记录学生参加了何种活动、在活动中有什么表现和进步等。具体地说应着重评价学生能否全面、细致地观察物理现象；能否有针对性地提出问题；能否拟订简单的研究方案并进行实验；能否通过不同渠道收集信息，是否有初步的信息收集能力；是否了解物理学的基本思想和方法，能否从不同的角度去独立思考问题，能否尝试利用科学方法来解决实际问题，是否有初步的分析、概括、解决问题的能力；能否准确地用书面或口头语言表达自己的观点；是否具有自我反思和听取他人意见的意识，并能做出自己的判断等。例如，在“探究浮力大小与哪些因素有关”活动的过程中，可以通过观察学生能否发现问题，能否有根据地对影响浮力大小的主要因素进行合理猜想，是否有控制变量的意识并能合理地选择研究方法，能否设计实验步骤并合理选择器材，能否分析并改进实验方案等来评价学生的科学探究能力。需要注意的是，在探究过程中，教师不仅要关注学生是如何做的，还要注意学生参与的热情和参与人数。通过评价，发现教学设计或学生学习存在的问题，以便改进教学，促进学生发展。

3. 对“情感·态度·价值观”的评价

在教学过程中应当使用多种方式来评价学生在“情感·态度·价值观”方面的真实表现和发展状况。具体地说应着重评价学生是否具有浓厚的学习兴趣以及保持对自然界的好奇心和对科学的求知欲；是否积极主动地与同伴配合参与探究活动；是否在探究过程中有发现问题并大胆质疑的意识；是否善于提出自己的意见、乐于听取同伴的建议并修正、发展自己的观点，能否尊重实验事实并实事求是地记录实验现象和数据；能否克服实验中遇到的困难并在活动中表现出对他人的关心；是否关注科学·技术·社会之间的联系；是否有可持续发展的意识；是否有将科学服务于人类的意识等。例如，在“内容要求”第3.4.7条中提出“了解家庭电路。有安全用电和节约用电的意识。”这就要求在评价学生知识的学习情况的同时，还应注重对学生安全用电和节约用电意识的评价。

(三)评价方法与使用

教师要了解不同评价方法的特点和功能，依据评价目的和内容来选择评价方法，倡导应用多种评价方法，客观、公正地评价学生的学业成就和发展状况。

1. 作业评价

作业不仅包括书面练习，而且包括课外小实验、收集资料、阅读预习等。教师可根据学生完成作业的质量，判断学生的知识掌握情况、学习能力和学习态度等。不同类型的作业要选定不同的评价方式，可用分数或等级记录，也可以用简练的、鼓励性的语言进行评价，力求准确、有针对性。

作业内容的选择应注意加强与生产、生活的联系，注意控制作业的难度和数量，使学生的学习循序渐进，教师应及时反馈学生作业中的问题，通过评语或面谈的方式与学生进行有效的交流，提高学生的学习水平。

2. 测验

测验是对学生某一阶段学习情况的评价。测验能确定学生当前对知识的掌握情况，反映出学生能力发展的水平及存在的问题等。它能有效地指导学生以后的学习，为教师改进和调整教学提供依据。测验主要包含口试、纸笔测验和现场操作等方式。其中，纸笔测验是较为常用的一种形式，使用纸笔测验时不仅要重视对“知识与技能”的考查，而且应积极探索对“过程与方法”“情感·态度·价值观”的考查。应加强试题的实践性、探究性和开放性，引导学生关心生产、生活中的物理现象，关注社会和科技的进步，保持学生学习物理的兴趣与热情。在测验中，应根据评价的目的和内容合理地设计试题的类型，有效地发挥各种类型试题的功能。

3. 作品评价

作品评价是一种体现学生综合应用知识和技能解决实际问题能力的综合性评价。作品主要包括调查报告、小论文、研究性学习成果、小发明、小制作等。作品评价可以通过作品展示的方式进行，通过学生、同伴、教师等多主体共同参与的评价，增强学生的自信和成就感，让学生学会欣赏并学习他人，反思自己作品的不足，大胆提出进一步改进的方案。

4. 成长记录

成长记录旨在体现学生发展变化的轨迹，使教师能够对学生的发展状况有清晰、全面的把握，促进学生的自我反思，激励学生的进步。成长记录可统一放进成长记录袋。其中的内容可包括作业、学习笔记、阶段总结、观察日记、调查报告、研究性学习小论文、小制作、研究报告，以及教师对学生活动表现的记录资料等。成长记录袋使用时要明确其使用的目的，教师应根据不同学生的个性特征和发展目标，指导学生选择成长记录袋应收集的内容，通过不同的作品，全面反映学生成长的历程，充分发挥成长记录的教育功能。

(四)评价应注意的问题

1. 尊重学生的个体差异

评价应注意学生的个体差异，达到评价的诊断、激励等功能，帮助学生发现学习中的问题，激励学生学习，促进学生的个性发展。例如，在教学过程中，应有针对性地设置不同难度的题目，提出不同难度的问题让学生回答，促进学生在各自水平上的发展。

2. 重视对“过程与方法”、“情感·态度·价值观”的评价

日常学习活动与测验除了注重对“知识与技能”的考查外，还应重视对“过程与方法”、“情感·态度·价值观”的评价。如在开展小组探究学习活动过程中，教师可以对学生的学习兴趣，参与活动的投入程度，灵活应用知识、方法思考和解决问题的水平，合作的意识等进行评价，激励学生学习。

3. 注意多种评价方式有机结合

实施中应合理利用评价的鉴别、诊断、激励等功能，定量评价与定性评价、形成性评价与终结性评价相结合，全面、清晰地反映学生的发展状况，发现学习过程中存在的问题，激励学生学习。例如，不同学生在同一测验中即使获得同样的分数，也不能说明他们在知识与能力等方面的发展状况是一样的。要全面地了解学生知识与能力的发展情况，还应综合运用课堂观察、作业、测验、作品展示等多种评价方式。

4. 实现有效的评价反馈

教师应将评价结果及时地反馈给学生。评价结果的及时反馈可以帮助学生发现、纠正学习中存在的问题，增强学生学习物理的兴趣和自信心，促进学生的发展。有效的激励必须建立在对学生学习过程及其发展变化全面了解的基础上，让学生了解自己获得了哪些提高、发展了什么能力、还有什么潜能，同时还应通过恰当的方式指出存在的不足，但应以鼓励、肯定和表扬为主，避免出现轻视、为难、伤害学生的情况。

三、教材编写建议

教材是学校教育中基本的课程资源，是教师开展教学活动和学生进行学习活动的主要参考。义务教育物理教材的编写应以本标准为依据，全面贯彻落实本标准倡导的课程理念和课程目标。

教材的编写是一个再创造的过程，体现了编者对本标准的理解。教材编者要发挥主动性和创造性，为满足我国不同地域、不同经济地区学生的需要，编写出具有不同风格和特色的物理教材。

教材的编写涉及许多方面，这里主要从“教材要为全面落实物理课程目标服务”、“内容的选择”、“内容的组织”、“内容的呈现”和“教材的编写要有特色”五个方面对教材的编写提出建议。

（一）教材要为全面落实物理课程目标服务

1. 全面落实课程目标

教材应全面体现课程理念，要为实现本标准所规定的课程目标服务。因此，它不能只是知识的载体，而应担负物理课程在“知识与技能”、“过程与方法”、“情感·态度·价值观”等多方面的教育任务。教材的编写是一个再创造过程，编者在编写教材时，要特别注意是否有利于三维课程目标的落实，是否有利于学生学习方式和教师教学方式的改进。按本标准编写的物理教材，应是充分体现本标准中所述三维目标的典范。

2. 倡导科学探究

强调让学生通过科学探究活动学习物理课程中的内容，是本标准的基本特点之一。义务教育物理课程要给学生提供必要的科学探究机会，让学生通过自己的思考、动手实验、查阅文献等，经历探究过程、体验探究过程的曲折和乐趣、发展科学探究的能力、增强对科学探究的理解。鉴于我国师生对于这样的学习方式还不熟悉，因此教材编者应根据本标准的课程基本理念、课程目标，在教材内容选择、组织和呈现方式等方面为探究活动的实施创造机会和条件。

3. 为学生的自主学习创造条件

教材是学生学习的重要资源，学生的学习应是在教师的引导下自主、创造性地使用教材，而不是“死记硬背”教材。因此，教材的编写要为学生的自主学习留出空间，不能只是一味地叙述知识，而应在“设置疑问”、“实验探究”、“方法点拨”、“科学归纳”及“讨论交流”等不同方面做出创造性的设计。

教材应为引导学生利用更丰富的课程资源服务，如可列出参考书目、网站及重要科学活动场地等，使学生的资料来源及学习方式更丰富多彩。

(二) 内容的选择

本标准中的"课程内容"为教学内容做了原则性的规定，同时也为教材的编写留有一定的空间。教材编者应很据本标准的要求编出内容更丰富、具体、灵活的教材。关于内容的选择应注意以下几点。

1. 有利于促进探究活动的开展

义务教育物理课程的内容是非常丰富的，教材应尽可能多地选择一些便于学生开展探究活动的内容。例如，本标准规定"通过实验，探究并了解液体压强与哪些因素有关"。教材除了应安排液体压强与哪些因素有关的探究实验或活动外，还应尽可能地安排一些其他的探究活动，如有关连通器的探究活动。探究活动要有一定量的保征，这样才能培养学生探究的意识和能力。同时，探究活动要注意选择那些便于学生开展活动的内容进行探究，以便有效地保证探究活动的具体实施。

教材中的物理概念和规律，对于学生而言可能是未知的，学生可以通过探究活动去学习，从中发展探究的能力。但是，作为人类的文明财富，学生往往已经通过各种途径对它有所耳闻，特别是，教师常会不自觉地以某种方式把相关的信息传递给学生。所以，在这样的探究活动中，学生的体验和真正科学发现过程的体验仍然有很大的差别。为了弥补这方面的缺陷，教材应安排一些没有确定答案的开放性探究课题，例如"探究热水瓶中水的多少与保温性能的关系"及"比较几种不同纸张的吸水性能"等。

2. 符合学生的知识基础、心理特点和认知规律

本标准为义务教育阶段的学生规定了需要掌握的科学内容，教材中科学内容的选择应以本标准所规定的内容为准。教材编者在选择内容时要注意初中学生已有的知识基础和心理特点，所选内容应是这一年龄段学生所熟悉和感兴趣的，所选内容要难易适度，避免给学生造成过重的学习负担。

3. 反映社会、经济和科技发展的需要，具有时代性

要注意选择那些与社会发展联系紧密的科学、技术内容，以使学生通过物理课程的学习增强社会责任感，培养学生用发展、联系的科学观点看待问题。要注意选择那些能反映科学技术发展的新成果，使教材具有鲜明的时代气息。

4. 有一定弹性，为不同的学生发展提供空间保证

在本标准提出的基本要求的基础上，教材要具有一定的弹性，以保证具有不同潜质和能力倾向的学生都能得到较好的发展。例如可以有针对性地选择一些内容，设计一些丰富多彩的栏目，供不同学生学习。

(三) 内容的组织

物理内容出现的顺序与方式、每项内容所用的篇幅等，都体现着一定的教育思想，教材编者在组织这些内容时，要注意贯彻本标准中的新理念，使教材便于学生学习和教师教学。

1. 为实施科学探究提供便利

从整体上说，科学探究活动对于教师和学生都是一件新事物，教材应给予帮助。在这方面要遵循由浅入深的原则。例如，可以把比较简单的、局部的探究活动安排在第一学

年，对于较复杂的探究活动，教材可以给出较详细的指导。以后随着学习的深入，探究能力的增强，学生自己设计的内容可以逐渐增多，完整探究活动的比例也可逐渐加大。

教材不仅要对学生课内的探究活动进行指导，而且要为学生课外的、自主的、形式多样的探究活动提供指导。

2. 重视学生的生活经验

本标准重视学生的生活经验在学习科学知识中的作用，编者在教材的编写中要注意体现这样的精神。例如，学生在生活中已经潜在地认识了能量，教学中通过列举实例，学生便可形成能量的初步概念，以后在不断的学习中再逐渐加深对这个概念的认识。

3. 便于学生建构知识、提高能力

教材内容的组织要符合学生的认知规律，要便于学生建构知识、提高能力。初中学生在学习一些新的物理内容时，对所学内容可能已经有一定了解，教材对于这些内容的组织要注意以学生已有的知识和经验为起点，合理地设计、组织教学内容，以便于学生主动地探索知识的发生与发展。教材内容的组织，要遵循由易到难、由具体到抽象、由简单到复杂、循序渐进的原则，要与初中学生的认知结构和心理发展水平相适应。

(四)内容的呈现

1. 形式生动活泼

教材的呈现形式要生动活泼、图文并茂。文字叙述要符合初中学生的年龄特点，便于学生阅读和理解。图片是呈现科学情境的重要形式，教材要注意充分发挥图片形象、直观、易懂、有趣的特点。教材的版式要新颖，要符合初中年龄段学生阅读的习惯和特点，做到形式和内容的有机结合。

2. 传递多种有教育价值的信息

教材应传递多种有教育价值的信息。在教材传递的信息中，与科学内容相伴的还有大量其他信息，这些信息都是宝贵的课程资源，同样对学生起着潜移默化的教育作用，不能忽视。例如，教材中所用图片和图表要尽可能选用与内容要求相符的最新科技成果，特别要反映我国科技发展的新面貌，使学生除了学到科学知识和科学方法外，还能感受到时代的脉搏，保持积极向上的精神状态。教材编写中还应注意性别和民族政策问题。

科学是全人类文明的结晶，在涉及物理学发展史和科学家的事迹时，要注意世界上多种文明对科学发展的贡献，特别是中华文明的贡献。

(五)教材的编写要有特色

本标准中的“科学内容”按科学知识的内在属性，将学习内容分成了“物质”、“运动和相互作用”、“能量”三大部分，教材可以按这个结构编写，也可以将这些内容按其他线索展开，以体现自己的特色。

教材的编者可以根据本标准的要求，针对不同的读者编写出具有鲜明特色的教材。例如可以编写在学习某些重要概念规律方面具有特色的教材，也可以编写在开阔学生眼界、拓宽知识面方面具有特色的教材；可以编写在强调物理学与其他自然科学相互渗透方面具有特色的教材，也可以编写在广泛展示物理学及其技术和社会联系方面具有特色的教材。

我国幅员辽阔，人口众多，社会经济、文化发展极不平衡，城市和农村、经济发达地区和不发达地区，学生的生活经验和学习条件差异很大，迫切需要多样化的各有特色的教材。

四、课程资源开发与利用建议

物理课程资源是指为学习物理课程可利用的所有资源，它包括教科书、教师教学用书、学生课外用书、科技书刊、音像资料、教学软件、互联网、图书馆、实验室，以及校外的博物馆、科技馆、工厂、农村等。有效地开发和利用课程资源，是切实提高物理教学质量的有效手段。物理课程资源是多方面的，为了更好地开发和利用课程资源，这里主要从“文本课程资源”、“实验室课程资源”、“多媒体教学资源”和“社会教育资源”四方面对课程资源的开设和利用提出建议。

(一) 重视文本课程资源的开发与利用

许多课程资源是以文本形式呈现的，如教科书、教师教学用书、学生课外用书等，文本课程资源在学生学习活动中发挥着非常重要的作用。我国地域广阔，人口众多，经济发展不平衡，学生、学校等方面的基础不同，对文本课程资源的需求也就不尽相同，因此要求文本课程资源的编写和出版单位，要根据不同的需要开发出不同特色、多样化的物理文本课程资源。除一些特定的编写、出版单位外，教师也可以根据学生实际，自己编写某些教学补充材料。

此外，各种内容丰富、形式多样的与物理学有关的阅读资料，如科技图书、期刊、报纸等，也是学生学习的文本课程资源，是课堂学习的重要补充。学校一方面应鼓励学生通过多种渠道发现、获取这些资源，另一方面要尽可能地配备一些相关的图书、期刊等。学校要合理开放图书馆，引导学生很好地阅读课外资源，以扩大学生的视野、培养学生自主学习的能力。

(二) 实验室课程资源的开发与利用

物理课程的实践性很强，学生的观察实验、动手操作等活动在学习过程中要占很大的比例，特别是本标准中的许多教学内容要求通过科学探究活动来学习。因此，学校要开设专门的实验室，并配备相应的仪器设备，为教学提供必需的保证。

学校和教师应根据本标准的要求安排足够的学生实验和演示实验，以保证学生实验活动的开展和实验技能的培养。除专门配备的仪器外，应提倡师生利用身边的物品、器具、材料等进行物理实验。利用日常物品做实验，不但具有简便、直观等优点，而且有利于学生动手能力和创新意识的培养。

随着科学技术的不断发展和应用，数字化实验室在中学物理实验中的应用也越来越广泛，有条件的学校可以利用这类仪器做一些用传统仪器不易做或不能做的实验。

(三) 发挥多媒体教学资源的优势

现代信息技术的迅猛发展和网络技术的广泛应用，为丰富物理课程资源提供了技术条件。应鼓励开发和使用丰富的多媒体教学资源，使物理课程的学习更生动、活泼、丰富多彩。

1. 音像资料的收集与选择

物理教学离不开现实的物理情境。但是，学生的直接经验、学校的实验室条件，都是有限的，不可能什么内容都做实验，也不可能让学生做太多的现场参观，因此，切合学习实际的音像资料是十分必要的。音像资料的选材可以是多方面的。比如，可以收集学生难以见到的、有重要物理意义的现象以及展示科学技术发展等方面的实况录像，如卫星发射，风力发电，山村水磨，激光手术等工作情景的录像；也可以利用快录、慢录、显微摄影等技术手段拍摄的音像资料，向学生展示物理过程的细节，如可利用快录快放展示颜料在液体中的扩散，用快录慢放展示足球受力后的形变及运动方向的变化等；还可以收集课堂上难以完成的实验录像资料，如用水银柱测量大气压等。

音像资料可以使用一些动画对科学知识进行说明，但不宜过多。音像资料的主要功能应是帮助学生接触科学现实。

2. 多媒体软件开发与使用

计算机多媒体软件以其交互性和超文本链接的能力显示了它在科学教育中的巨大发展潜力。在计算机多媒体软件的使用中，应提倡使用智能型软件。这些软件是按照物理规律制作而成的，而不是简单的模拟。这种教学软件可以丰富学生对于物理情境的感性认识，深化对于科学规律的理解，同时也可以做一些中学实验室中不好完成或不能完成的实验。

3. 学校局域网及数据库的建设

学校应加快局域网、数据库的建设和与互联网的连接，鼓励学生从网上获取信息，为学生创设基于网络的自主学习的环境。让学生充分利用诸如电子阅览室、教育网站等网上教育资源，使教学媒体从单一媒体向多种媒体转变，使教学活动信息传递多样化。

(四)社会教育资源的利用

社会教育资源主要来源于报刊、电视、展览、科技馆、少年宫、公共图书馆，以及工厂、农村、科研单位、大专院校等。为了让所有学生都受到良好的科学教育，除了学校教育的主渠道之外，充分开发社会教育资源也是一个非常重要的方面。

电视是一种普及的大众传播媒介，教师可用多种方法促使学生更好地利用电视进行科学学习。例如，可以结合课堂教学内容向学生预报某电视台的节目，建议学生收看并用纸笔记录，进行讨论交流等，还可要求学生经常观看新闻及一些科技节目，以便其了解科学技术的最新成果，养成关心科技发展的习惯。

科技馆、少年宫集中了许多有趣的大中型科学教育的器材，这是一般学校难以做到的，教师应充分利用这些科学教育资源，有目的地组织学生参观学习。工厂、农村、科研单位也是很好的社会教育资源，参观这些地方可以使学生体会科学·技术·社会的关系。这样的参观往往具有科学教育、思想品德教育等多种功能，可以由不同学科的教师联合组织。

互联网也是一种非常好的社会教育资源，应很好地利用这些公用资源。在互联网上可以找到很多国内外的科学教育网站，有综合性的，也有专科的，有的和初中课程结合十分紧密，有的对于扩大知识面很有好处。教师应向学生介绍一些好的网站，也可以下载一些与课程直接相关的内容，在教学中使用。

附 1　学生必做实验说明

关于学生实验，在“科学内容”的相关主题中已提出了要求。学校应充分利用已有的实验器材，努力开发适合本校情况的实验课程资源，尽可能让学生自己动手多做实验。为了便于教学与评估，现列出以下学生必做的实验项目。

1. 用刻度尺测量长度、用表测量时间
2. 用弹簧测力计测量力
3. 用天平测量物体的质量
4. 用常见温度计测量温度
5. 用电流表测量电流
6. 用电压表测量电压
7. 测量物体运动的速度
8. 测量水平运动物体所受的滑动摩擦力
9. 测量固体和液体的密度
10. 探究浮力大小与哪些因素有关
11. 探究杠杆的平衡条件
12. 探究水沸腾时温度变化的特点
13. 探究光的反射规律
14. 探究平面镜成像时像与物的关系
15. 探究凸透镜成像的规律
16. 连接简单的串联电路和并联电路
17. 探究电流与电压、电阻的关系
18. 探究通电螺线管外部磁场的方向
19. 探究导体在磁场中运动时产生感应电流的条件
20. 测量小灯泡的电功率

附 2　行为动词说明

本标准中部分行为动词界定：

类型	水平	行为动词举例
认知性目标行为动词	了解	了解、知道、描述、说出、列举、举例说明、说明
	认识	认识
	理解	解释、理解、计算
技能性目标行为动词	独立操作	会、会测量、会选用、会使用、会根据……估测、会用……测量

续表

类型	水平	行为动词举例
体验性目标行为动词	经历	尝试、观察、经历、探究、能
	认同	关心、关注、有……意识
	内化	养成

附录 2

普通高中物理课程标准(实验)

第一部分　前　言

物理学是一门基础自然科学，它所研究的是物质的基本结构、最普遍的相互作用、最一般的运动规律以及所使用的实验手段和思维方法。随着人类对物质世界认识的深入，物理学一方面带动了科学和技术的发展；另一方面推动了文化、经济和社会的发展。经典物理学奠定了两次工业革命的基础；近代物理学推动了信息技术、新材料技术、新能源技术、航空航天技术、生物技术等的迅速发展，继而推动了人类社会的变化。

一、课程性质

高中物理是普通高中科学学习领域的一门基础课程，与九年义务教育物理或科学课程相衔接，旨在进一步提高学生的科学素养。

高中物理课程有助于学生继续学习基本的物理知识与技能；体验科学探究过程，了解科学研究方法；增强创新意识和实践能力，发展探索自然、理解自然的兴趣与热情；认识物理学对科技进步以及文化、经济和社会发展的影响；为终身发展，形成科学世界观和科学价值观打下基础。

二、课程的基本理念

(一)在课程目标上注重提高全体学生的科学素养

高中物理课程旨在进一步提高学生的科学素养，从知识与技能、过程与方法、情感态度与价值观三个方面培养学生，为学生终身发展、应对现代社会和未来发展的挑战奠定基础。

(二)在课程结构上重视基础，体现课程的选择性

普通高中教育仍属于基础教育，应注重全体学生的共同基础，同时应针对学生的兴趣、发展潜能和今后的职业需求，设计供学生选择的物理课程模块，以满足学生的不同学习需求，促进学生自主地、富有个性地学习。

(三)在课程内容上体现时代性、基础性、选择性

高中物理课程在内容上应精选学生终身学习必备的基础知识与技能，加强与学生生活、现代社会及科技发展的联系，反映当代科学技术发展的重要成果和新的科学思想，关注物理学的技术应用所带来的社会问题，培养学生的社会参与意识和对社会负责任的态度。

(四)在课程实施上注重自主学习，提倡教学方式多样化

高中物理课程应促进学生自主学习，让学生积极参与、乐于探究、勇于实验、勤于思考。通过多样化的教学方式，帮助学生学习物理知识与技能，培养其科学探究能力，使其逐步形成科学态度与科学精神。

(五)在课程评价上强调更新观念，促进学生发展

高中物理课程应体现评价的内在激励功能和诊断功能，关注过程性评价，注意学生的个体差异，帮助学生认识自我、建立自信，促进学生在原有水平上发展。通过评价还应促进教师的提高以及教学实践的改进等。

三、课程结构

本高中物理课程由12个模块构成，每个模块占2学分，其中物理1和物理2为共同必修模块，其余为选修模块。学生完成共同必修模块的学习后，可获4学分，接着必须再选择学习一个模块，以便完成6个必修学分的学习任务。在获得6个必修学分后，学生还可以根据自己的兴趣、发展潜力以及今后的职业需求继续学习若干选修模块。

在本课程的必修与选修模块设置中，有以下基本思考。

(1)在共同必修模块物理1和物理2中，学生通过对物体运动规律、相互作用、能量等核心内容及相关实验的深入学习，进一步体会物理学的特点和研究方法，了解自己的兴趣和发展潜能，为后续课程的选择和学习做准备。

(2)本课程不仅通过选修模块体现了课程的选择性，而且还在必修模块中为学生有个性地发展提供了机会。学生完成共同必修模块学习后，已获4个必修学分，余下的2个必修学分可以通过选学后续课程获得。

(3)完成必修学分的学习后，学生可以根据学习兴趣、发展潜能和今后的职业需求选学有关内容。学生最好参照“高中物理课程结构框图”的顺序选择课程，以便循序渐进，为今后发展奠定基础。学生也可以跨系列选学相关模块，根据需要决定学习某系列模块的先后顺序。

(4)本课程是为大多数高中学生发展设置的国家课程，为了让学有所长的学生更充分地发展，我们建议学校根据具体情况开设相关的课程，如“物理实验专题”、“物理专题研修”等，以便进一步提高学生的实验素养，增强学生的创新意识，发展学生的自主学习能力和独立研究能力等。

四、课程模块说明

共同必修——物理1、物理2：这是全体高中学生的共同学习内容。在该模块中，学生通过学习运动描述、相互作用与运动规律、机械能和能源、抛体运动与圆周运动、经典力学的成就与局限性等物理学的核心内容，经历一些科学探究活动，初步了解物理学的特点和研究方法，体会物理学在生活和生产中的应用以及对社会发展的影响，同时为下一步选学模块做准备。

选修系列——选修1-1、选修1-2：本系列课程模块以物理学的核心内容为载体，侧重物理学与社会的相互关联和相互作用，突出物理学的人文特色，注重物理学与日常生活、社会科学以及人文学科的融合，强调物理学对人类文明的影响。

选修系列——选修2-1、选修2-2、选修2-3：本系列课程模块以物理学的核心内容为载体，侧重从技术应用的角度展示物理学，强调物理学与技术的结合，着重体现物理学的应用性、实践性。

选修系列——选修3-1、选修3-2、选修3-3、选修3-4、选修3-5：本系列课程模块侧重让学生较全面地学习物理学的基本内容，进一步了解物理学的思想和方法，较为深入地认识物理学在技术中的应用以及对经济、社会的影响。

无论哪一组模块，不仅含有物理学概念、规律和实验，而且含有物理与社会发展、物理与技术应用、物理与生活等方面的内容。

第二部分　课程目标

一、课程总目标

学习终身发展必备的物理基础知识和技能，了解这些知识与技能在生活、生产中的应用，关注科学技术的现状及发展趋势。

学习科学探究方法，发展自主学习能力，养成良好的思维习惯，能运用物理知识和科学探究方法解决一些问题。

发展好奇心与求知欲，发展科学探索兴趣，有坚持真理、勇于创新、实事求是的科学态度与科学精神，有振兴中华，将科学服务于人类的社会责任感。

了解科学与技术、经济和社会的互动作用，认识人与自然、社会的关系，有可持续发展意识和全球观念。

二、课程具体目标

(一)知识与技能

1. 学习物理学的基础知识，了解物质结构、相互作用和运动的一些基本概念和规律，了解物理学的基本观点和思想。

2. 认识实验在物理学中的地位和作用，掌握物理实验的一些基本技能，会使用基本的实验仪器，能独立完成一些物理实验。

3. 初步了解物理学的发展历程，关注科学技术的主要成就和发展趋势以及物理学对经济、社会发展的影响。

4. 关注物理学与其他学科之间的联系，知道一些与物理学相关的应用领域，能尝试运用有关的物理知识和技能解释一些自然现象和生活中的问题。

(二)过程与方法

1. 经历科学探究过程，认识科学探究的意义，尝试应用科学探究的方法研究物理问题，验证物理规律。

2. 通过物理概念和规律的学习过程，了解物理学的研究方法，认识物理实验、物理模型和数学工具在物理学发展过程中的作用。

3. 能计划并调控自己的学习过程，通过自己的努力能解决学习中遇到的一些物理问题，有一定的自主学习能力。

4. 参加一些科学实践活动，尝试经过思考发表自己的见解，尝试运用物理原理和研究方法解决一些与生产和生活相关的实际问题。

5. 具有一定质疑能力，信息收集和处理能力，分析、解决问题能力和交流、合作能力。

(三)情感、态度与价值观

1. 能领略自然界的奇妙与和谐，发展对科学的好奇心与求知欲，乐于探究自然界的奥秘，能体验探索自然规律的艰辛与喜悦。

2. 有参与科技活动的热情，有将物理知识应用于生活和生产实践的意识，勇于探究与日常生活有关的物理学问题。

3. 具有敢于坚持真理、勇于创新和实事求是的科学态度和科学精神，具有判断大众传媒有关信息是否科学的意识。

4. 有主动与他人合作的精神，有将自己的见解与他人交流的愿望，敢于坚持正确观点，勇于修正错误，具有团队精神。

5. 了解并体会物理学对经济、社会发展的贡献，关注并思考与物理学相关的热点问题，有可持续发展的意识，能在力所能及的范围内，为社会的可持续发展做出贡献。

6. 关心国内、外科技发展现状与趋势，有振兴中华的使命感与责任感，有将科学服务于人类的意识。

第三部分 内容标准

科学探究及物理实验能力要求

物理学是一门以实验为基础的自然科学。在高中物理课程各个模块中都安排了一些典型的科学探究或物理实验。高中学生应该在科学探究和物理实验中达到以下要求。(见表A2. 1)

表 A2. 1

科学探究要素	对科学探究及物理实验能力的基本要求
提出问题	能发现与物理学有关的问题 从物理学的角度较明确地表述这些问题 认识发现问题和提出问题的意义
猜想与假设	对解决问题的方式和问题的答案提出假设 对物理实验结果进行预测 认识猜想与假设的重要性

续表

科学探究要素	对科学探究及物理实验能力的基本要求
制定计划与设计实验	知道实验目的和已有条件，制定实验方案 尝试选择实验方法及所需要的装置与器材 考虑实验的变量及其控制方法 认识制定计划的作用
进行实验与收集数据	用多种方式收集数据 按说明书进行实验操作，会使用基本的实验仪器 如实记录实验数据，知道重复收集实验数据的意义 具有安全操作的意识 认识科学收集实验数据的重要性
分析与论证	对实验数据进行分析处理 尝试根据实验现象和数据得出结论 对实验结果进行解释和描述 认识在实验中进行分析论证是很重要的
评估	尝试分析假设与实验结果间的差异 注意探究活动中未解决的矛盾，发现新的问题 吸取经验教训，改进探究方案 认识评估的意义
交流与合作	能写出实验探究报告 在合作中注意既坚持原则又尊重他人 有合作精神 认识交流与合作的重要性

第四部分 实施建议

一、教学建议

教学过程是体现课程理念、实现课程目标的一种创造过程。根据《标准》(即《普通高中物理课程标准(实验)》，下同)的课程理念和课程目标，结合中学教学的实际情况，提出以下教学建议。提出建议不追求全面，而是有针对性地强调教学中值得注意的几个问题。

(一)从课程目标的三个维度来设计教学过程

本《标准》在知识与技能，过程与方法，情感、态度与价值观三个维度上，提出了高中物理课程的具体目标。在教学中，课程目标的这三个维度不是相互孤立的，它们都融于同一个教学过程之中。在设计教学过程时，需要从三个维度来构思教学内容和教学活动的安排。例如，在匀变速直线运动的教学中，教师可以让学生提出自己的实验方案来验证对自由落体运动快慢的猜想，提高他们制定科学探究计划的能力；可以用打点计时器研究自由落体运动，在获得知识的同时提高对实验数据的处理能力；可以讨论伽利略对自由落体运动的研究方法，体会科学研究方法对科学发展的意义；可以展示人类在月球上所进行的有关实验照片，激发学生探究科学的热情，领略自然规律的普适性；还可以通过对打桩机的重锤下落和高台跳水运动员等自由落体运动实例的讨论，增强学生将物理知识应用于生活和生产的意识。

应该对学生在高中阶段的物理课如何实现课程目标有一个总的思考。与初中相比较，高中物理课程无论在知识的深度和广度上，还是学习方法上都有很大的不同，要增强学生学好物理学的自信心，让学生有一个逐步适应和学会学习的过程。教师应帮助学生，使他们在独立获取物理知识、探究物理规律、解决物理问题等方面获得具体的成果；让学生得到成功的体验，享受成功的愉悦，激发学习的热情和责任感。

(二)提高科学探究的质量，关注科学探究学习目标的达成

通过初中课程的学习，学生对科学探究的过程有了一定的体验，并具有了初步的科学探究能力。高中阶段的物理课，应该在这个基础上更加关注学生在科学探究过程中的学习质量，进一步加深对科学探究的理解，提高科学探究的能力。

科学探究的课题有的是与教学内容、教学进度相吻合的。在课堂教学中，有些探究的物理问题是由教师和教科书直接提出，虽然其中不乏关于问题背景的介绍，但很少有让学生主动发现和构思问题的机会。在高中阶段，教师有必要对一些探究的物理问题创设一些情境，让学生在观察和体验后有所发现、有所联想，萌发出科学问题；或者创设一些任务，让学生在完成任务中运用科学思维，自己提炼出应探究的科学问题。

要提高学生制定探究计划的能力，就要使学生学会把探究的课题分解为几个相对独立的小问题，会思考解决每个问题的不同方法，根据现实条件选择、优化有关方法，从而形成探究的方案；学会从原理、器材、信息收集技术、信息处理方法、操作程序等不同方面来构思探究的计划；学会在制定探究计划时查询相关资料；学会在相互交流中完善探究计划。教师应该在教学中尽量为学生提供学习制定探究计划的机会。

在指导学生收集信息和分析、处理信息时，教师不要预先设定表格，让学生“照方抓药”。在收集信息时，要注意培养学生客观的思维品质，不要只把注意力集中在与探究假设相符的物理事实上，同样需要观察和收集那些与预期结果相矛盾的信息。在通过一定的科学探究之后，应该让学生学会依照物理事实运用逻辑判断来确立物理量之间的因果关系，树立把物理事实作为证据的观念，形成根据证据、逻辑和现有知识进行科学解释的思维方法。

在教学中应重视学生对科学解释的评估。为此，可以让学生提出并比较不同的解释，看看所收集的证据究竟更支持哪种解释。学生之间的公开讨论、评议是提高评估能力的有效方法。关于科学探究的交流和表达，教学中应该让学生从以下两个方面关注自己表达能力的提高：一是交流内容的组织，包括课题的提出、探究计划框架、信息收集过程和数据整理、基本论点和对论点的解释、存在的问题和新发现等，应学会根据课题特点有所侧重；二是陈述的形式，包括文字、表格、图像、公式、插图等，学会根据内容选择恰当的形式进行交流。在此基础上，教学中要提供学生当众交流的机会，让学生准备有条理的讲稿，并进行准确和富有逻辑的发言。

学生在科学探究的各个环节所发展的能力往往是不平衡的：有的学生在某些环节的探究行为中自主性较强，与这些环节相对应的探究能力得到很好的发展；而在另外一些环节中，教师需要作必要的引导或指导，让学生在这些方面得到锻炼。因此，教师在设计、实施科学探究教案时，应该对不同案例的具体教学目标进行认真分析，以便了解学生在探究经历中的薄弱环节，及时采取改进措施。

(三)使物理贴近学生生活、联系社会实际

家庭、学校、社会都有大量学生感兴趣的物理问题：如家庭中新型电器、炊具中的物理原理；公共交通设施、交通工具中某些新装置的物理原理；新型通信工具；等等。教师应选择与学生生活联系密切的素材用于教学。课堂教学中，教师可以使用可乐瓶、易拉罐、饮料吸管、胶带纸等生活中的常见物品来做物理实验。学生的课后作业也应该因地制宜地引导学生关注周围的生活，例如：游乐场中的物理；车站、码头上的物理；超级市场中的物理等。把这些与学生的生活密切相关的事物引入物理课，就会增加学生对物理课的亲切感。

物理学与社会的联系可以分别从资源(能源)、人口、环境和生态、交通、居住等方面，结合本地的社会现象进行讨论。恰当地采用照片、图表、模型、幻灯、电影、录像、光盘等视听媒体，鼓励学生在课堂上发表通过自己收集信息所形成的有关见解。

开展跨学科的研究活动，鼓励学生把物理知识与其他学科知识结合起来研究周围的生活和社会现象。例如：进行小型水电站调查，学生从能量转化的估算、发电和配电设备、发电功率跟当地用电需求的关系等物理知识；从水电站建设对当地生态环境影响等生物知识；从水电站周围的地质结构、水电站对周边地区的经济影响等地理知识来综合思考研究主题。在研究中提高学生科学与经济、社会互动作用的认识，增强将科学服务于人类的社会责任感和使命感。

(四)突出物理学科特点，发挥实验在物理教学中的重要作用

物理实验是高中物理教学中的重要内容。共同必修模块中的物理实验，是《标准》对高中学生最基本的实验要求。在必修和选修模块中，都程度不同地体现了对物理实验的进一步要求。可以指导对物理实验有兴趣的学生在校本课程中，选修具有更高要求的物理实验专题。

在高中物理教学中，应该重视学生对物理实验的理解。在观察演示实验时，不仅要学生关注所观察的现象，同时要让学生理解该物理现象是用来说明什么问题和怎样说明问题的。应该尽量让学生了解实验装置的工作原理。在进行学生实验时，应该让学生在明确实验目的、理解实验原理的前提下独立操作实验。

重视学生实验技能的提高，使学生能正确使用高中物理实验项目中的仪器和工具，获得较准确的实验信息，但要避免进行刻板的技能训练，因为随着科技进步，对技能的要求也在不断地变化。

实验是了解、研究自然规律的重要方法，它的作用不只是为了获取信息。应该让学生认识到实验操作是在相关原理的指引下进行的，学会把实验获得的信息演绎、归纳成结论，只动脑不动手和只动手不动脑都是不正确的。

学生实验是学生探究并获取知识与应用知识过程中的一个有机组成部分，应该在合理的环节和预定的计划中去完成。

教师应该积极开发适合教学的实验项目，充分利用实验资源做实验。鼓励教师将电子计算机等多媒体技术应用在物理实验中，同时提倡使用身边随手可得的普通物品做物理实验。

实验室是培养学生科学态度和科学作风的场所，教师应培养学生对实验严肃认真的态度，对实验结果实事求是，如实记录实验数据，并把实事求是的作风带到平时的学习和生活中去。

二、评价建议

高中物理课程标准是高中物理课程评价的依据。评价应该落实课程标准的目标和理念，在内容和形式上，应该关注以下几个方面。

- 强调评价在促进学生发展方面的作用，不强调评价的甄别与选拔的功能。
- 重视学习过程的评价，不以考试的结果作为唯一的评价依据。
- 把学生在活动、实验、制作、探究等方面的表现纳入评价范围，不以书面考试为唯一的评价方式。
- 倡导客观记录学生学习过程中的具体事实，不过分强调评价的标准化。
- 教师要转变在学生学习评价中的裁判员角色，要成为学生学习的促进者、合作者，学习评价的指导者，学习潜能的开发者。提倡评价的多主体。
- 学生要参与学习过程的评价，进行自我评价和同学之间的互评。

（一）评价目的

评价目的是为了提高学生的科学素养和教师的教学水平，为学校实施素质教育提供保障。充分发挥评价的促进发展的功能，使评价的过程成为促进教学发展和提高的过程。

物理课程的评价应帮助管理者、教师、学生、家长等了解高中物理教学情况；促进学生在知识与技能、过程与方法、情感态度与价值观方面的全面发展；发现学生潜能，了解学生需求；使学生能看到自己在发展中的长处和不足，增强学习物理课程的自信心；激励、引导学生发展；形成生动、活泼、开放的教育氛围。评价应该鼓励学生发展自己的特长和爱好。例如，激励他们在理论学习、物理实验、科学制作、社会调查等方面或某一方面有比较突出的发展。

（二）评价内容

评价内容要多元化，要为学生有个性、有特色的发展提供空间。物理课程的评价应从知识与技能、过程与方法、情感态度与价值观三方面进行。注重适应时代发展需要的基础知识和基本技能，强调知识和技能在生活、生产中的应用。评价要有助于学生对科学过程和物理知识的理解；有助于学生发展科学探究和实验能力；有助于学生运用物理知识、科学探究方法、实验技能解决学习、生活中的问题；有助于学生发展科学的思维能力；有助于学生保持好奇心与求知欲，发展科学探索兴趣；有助于培养学生坚持真理、勇于创新、实事求是的科学精神。

评价中，应该关注学生对概念、原理、规律的理解和应用，提高物理实验的基本技能，对物理学基本思想和观点的了解等。测验和考试命题应该注重理解和应用，要研究并设计有利于学生思维发展、联系生活和社会的开放性试题；不宜过多考查记忆性内容，不应该在枝节问题上纠缠，故意设置误区，使学生对学习物理产生畏惧心理。

应重视评价学生的科学探究能力、实验能力、分析和解决问题的能力，以及在科学探究与学习过程中，应用物理学研究方法、数学工具的能力。提倡客观记录学生提出的问题以及在理论学习、物理实验、小论文、小制作和科学探究等活动中的表现，关注学生的观察和实验的能力、提出问题的能力、做出猜想和假设的能力、收集信息和处理信息的能力、交流的能力等。学生应该参与评价活动，通过记录学习过程，记录有代表性的事实，展示自己学习的进步。

要注意形成性评价与终结性评价的结合，即不仅要关注学生获得了什么，而且应该记录学生参加了哪些活动、投入的程度如何、在活动中有什么表现和进步等情况。动态观察学生在学习过程中的表现，细心了解其内心活动的变化，记录学生的每一点进步，并与过去相关的记录进行比较。

(三)评价形式

倡导评价方式的多样化。要对形成性评价和终结性评价给予同等重视，使发展变化过程成为评价的组成部分。物理教师要在教育、教学的全过程中采用多样的开放式的评价方法，如采用笔试、实验操作、课题研究、行为观察、成长记录档案、活动表现评价等方式评价学生。物理教师与学校要积极探索科学、简便易行的评价办法。

提倡建立学生学习记录档案。要通过学生的成长记录全面反映学生的发展情况，收集和分析能够反映学生学习过程、结果的资料，是客观、公正地评价学生学习的关键。在学生学习档案中，要收录物理学习的重要资料，例如：遇到的疑难问题及思考；在探究活动中最出色的表现；被否定过的观点；通过努力最后解决的难题；设计巧妙的小发明、小制作；考试和测验的信息；优秀的小论文、典型的作业、学习中的观察记录、社会调查与实践活动记录、教师和同学的观察与评价、来自家长的信息等。提倡记“课堂日志”和“现场笔记”，把教学中发生的重要事情如实记录下来，客观描述、评价学生在活动中的表现。学校和教师要对收集的资料进行分析，形成对学生发展情况的分析报告，客观描述学生的成绩、优势和不足。提倡多主体评价，评价者可以是教师、家长，也可以是学生。

提倡评价方式的多元化。要根据学生的学习档案、笔试、实验操作技能的考核等多方面的表现，综合评定学生的学习与发展的水平。提倡一部分笔试采取开卷的形式，不能把考试成绩作为给学生分类的标签。

(四)关于学分管理、学习等级评定及高考的建议

所有学生要达到高中毕业水平，都必须完成物理1、物理2的学习，必须从选修1-1、选修2-1、选修3-1系列中选学一个选修课程模块，即完成6个必修学分的物理课程学习。接着，学生可以根据自己的兴趣、发展潜能以及今后的职业需求再从选修1、2、3系列中选学若干个物理选修课程模块。

根据学生在相应课程模块的学习中评定的综合等级，决定学生是否获取相应课程模块的学分。在高中阶段物理课程的学习中，应允许学生跨年级、跨组选修，允许学生重修、重考任一课程模块。

报考高等学校的学生，考试内容应包含共同必修课程物理1、物理2，以及部分选修模块。选修模块考试内容的选择，应根据报考学校的类别与专业的需要确定。学生的成长记录等形成性评价结果应该是高校录取学生的依据。特别强调高考招生的改革应与本课程标准的实施配套。

三、教科书编写建议

教科书是最基本、最重要的课程资源之一。在课程改革理念和目标的实施过程中，教科书的编写具有重要的作用。为此，根据普通高中课程改革的特点和高中物理课程标准的基本理念和目标，对教科书的编写提出如下建议。

（一）教科书编写要为全面落实课程目标服务

1. 理解科学领域的科目所担负的教育任务

现代科学不仅仅是一种知识体系，还包括科学精神、科学思维和科学方法。因此，教科书应从整体上认识和理解科学。教科书不应只是知识的载体，而应担负物理课程在知识与技能、过程与方法、情感态度与价值观等多方面的教育任务。

2. 教科书的编写是一种再创造过程

教科书的编写依据首先是课程标准。在以模块形式呈现的物理课程中，在允许学生选修的情况下，教科书如何适应新型的课程结构，而不过分受相关内容的学科体系的约束，是编写教科书时应该探索的一个新课题。

教科书内容的深、广度既依据课程标准，又渗透着教科书编者对课程标准的领会；既有对科学内容的把握，又结合丰富的教学实践经验。教科书应该比课程标准的要求更具体，更充实，更生动，更便于教学的实施。所以，教科书的编写是一个再创造过程。

3. 倡导科学探究，注重科学探究质量

没有探究，就没有科学。高中阶段的物理课程要给学生提供必要的科学探究机会，让学生通过自己的思维、动手实验、查阅文献等，体验探究过程的曲折和乐趣，发展科学探究的能力，增强对科学探究的理解。高中阶段尤其要注重科学探究的质量。鉴于我国师生对于这样的学习方式还不熟悉，因此，教科书的编者应根据课程标准的基本理念和课程目标，在教科书的内容选择、呈现方式等方面为科学探究活动的实施创造机会和条件。

4. 教科书应为学生的自主发展创造条件

在以往的一些教育理念和实践中，教科书是教学的中心，教师的作用只是讲解教科书，以使学生掌握教科书，形成了这样一种关系：教学时教科书通过教师展现在学生面前，考试时教科书经过教师过滤变为考题去检查学生。这样，学生并不一定需要直接与教科书建立联系，以至于有相当一批学生不读教科书，只看“笔记”，只做“习题”。

新的教学理念认为，教科书与师生的关系应该是教师、学生与教科书形成一个系统，相互影响、相互丰富、相互补充。教师应该努力促进学生与教科书的直接联系，在教师的影响下，发展和丰富学习的内容，从而使学生真正成为学习活动的主人，进入自主学习的境界。

教科书应为学生自主学习创造条件。为此，教科书编者既要以严谨的态度撷取科学的果实，又要以轻松的笔调展现科学的魅力，并深入浅出地勾画出科学思想发展的脉络。

教科书不是唯一的课程资源。教科书应为引导学生利用更丰富的课程资源服务，如可列出参考书目和网站等。在网络时代，教师、学生、教科书都会在与网络的互动联系中丰富自己，从而使学生的学习活动走向自主与开放。

(二)内容的选择

1. 既要落实课程标准的要求，又要突出特色

课程标准对教学内容作了原则性的规定，成为教科书编写时选择教学内容的依据。但是，在课程标准的框架下，教科书在内容选择上允许并且应该有必要的自主空间。教科书中物理内容的顺序和方式不一定就是课程标准中的顺序和方式。课程标准中的例子和活动建议只是为了说明内容标准而设置，教科书编者可以选用，也可以选用其他类似内容。物理学是一门基础科学，同样的内容主题，在程度、要求、呈现方式、侧重点等方面可以不同。对不同的学生，即使所学知识差异不大，能力要求也可以有一定差别。否则，无法出现多样化的各有特色的教科书。

2. 坚持时代性与基础性相结合的原则

教学内容的选择应坚持时代性与基础性相结合的原则。教科书首先要追求为发展方向不相同的所有选课学生奠定必要的基础，同时也要以适当形式对有兴趣且有余力的学生提供更多的可供选择的学习内容，甚至可以对一些高中阶段不能完全掌握、但对开阔学生科学视野极为有益的内容，开一些“窗口”，以便帮助学习者开启科学的大门，踏上探究科学真理的道路。

3. 教科书的内容应重视科学的发生过程

科学过程是科学家群体从事科学活动的智力劳动过程。科学发展的历史表明，每一个科学上的新发现，特别是具有重大意义的科学发现，都为后继者提供宝贵的教益和启迪。教科书既应对科学过程所凝练、升华的科学思维方式和科学研究方法有较为精到的展示，让学习者汲取前辈科学家科学思维和研究方法的滋养；也要以鲜活的资料弘扬其科学精神和献身于科学的意志品质，使学习者受到生动的情感态度与价值观的熏陶和感染，有利于健全人格的养成。

4. 关注科学探究活动

高中阶段的物理课程要在提高科学探究的质量上下工夫。教科书应为此提供机会和条件：一方面把探究活动的方式引向多样化，如文献探究、网络查询等方法均可适当引入高中物理教学；另一方面加大研究性学习的力度，为较深入的科学探究奠定基础。科学探究活动的具体内容、方式和要求等，应根据不同模块的性质和任务有所不同。例如：大部分的模块可以以探究教科书中所涉及的科学规律为主；偏重技术领域的模块可以以操作或制作性探究活动为主；偏重科学原理领域的模块可以以理论性探究活动为主；偏重社会领域的模块可以以验证物理学发展史中重大发现的探究活动为主；而专题研究性模块可以以探究具有较高科技含量的具有新鲜感的物理问题为主，并可安排一些开放性探究课题。

观察实验、抽象思维与数学方法相结合，是物理科学探究的基本方法。教科书要引导高中学生从科学探究中得到感悟和体验。

5. 重视发展学生的科学思维能力

教科书要在发展学生“抽象与概括、分析与综合、推理与判断”等科学思维能力方面，比义务教育阶段的物理教科书向前推进一步。义务教育阶段较多的是直接概括；在高中阶

段，由于学生抽象思维能力的提高和高中物理课程所研究问题的深化，则较多地要求在抽象的基础上进行概括，且分析的深度和综合的广度也有所提高。在义务教育阶段，物理规律多是由观察和实验直接得出的；在高中阶段，有些物理规律要经过推理得出，而且处理问题要较多的运用推理和判断。

科学的语言表达能力与科学的思维能力是密切相关的。物理图像是科学表达的一种“语言”，编写教科书要重视包括图像在内的科学语言的运用以及教育功能的展现。

6. 优化练习和习题的选择

一个好的习题，就是一个科学问题。在设计练习和习题时，应多选择有实际科技背景或以真实物理现象为依据的问题，既训练学生的科学思维能力，又联系科学、生产和生活的实际，因而具有生命力。切忌那种脱离实际的纯“思辨游戏”式的题目。

（三）内容的组织与呈现

1. 教科书应成为提出问题、分析问题和解决问题的范例

教学内容在教科书中出现的顺序与方式，每项内容所用的篇幅等，都体现一定的教育思想和教学理念。科学始于观察，思维源于问题，教科书在讲解物理概念、原理和规律时，应从观察和问题出发，引导学生展开想像的翅膀，提出各种可供检验的猜想和假说，再经过分析和验证，直到问题的解决。因此，教科书本身就是一个如何提出问题、分析问题和解决问题的范例。这样就能使学生既理解了概念、原理和规律本身，又能领悟科学研究方法，同时也降低了学习难度。

在此基础上，恰当揭示物理概念、原理和规律的实质及蕴含的物理思想，努力做到“复杂问题简单化，简单问题理性化，理性问题具体化”。

2. 为实施探究活动提供指导和帮助

从整体上说，科学探究活动对于教师和学生都是一件新事物，教科书应该给予指导和帮助，要遵循由浅入深的原则。例如，可以把比较简单的、局部的探究活动和研究性学习的内容安排在前面，对于较复杂的探究活动，教科书可以给出较为详细的指导。随着学习深入，探究和研究能力增强，学生自行设计和选择的内容可以逐渐增多，完整的探究活动和深入的研究性学习比例逐渐加大。

3. 呈现形式要生动活泼

教科书的呈现形式要生动活泼，文字要有较强的可读性和欣赏性。图片是呈现科学情境的重要形式，在选择图片时应在内容、时代性上下工夫。版式要新颖，恰当处理版面和内容的关系，力求全书图文均衡、图文并茂、相得益彰。

适当把信息技术的应用渗透到教科书中。例如，把录像带、光盘和文字教科书构成一种统一的课程资源，都是扩展教学渠道的有益探索。

4. 教科书应传递多种有教育价值的信息

教科书应传递多种有教育价值的信息。在教科书（特别是其中的图片）传递的信息中，与科学内容相伴的还有大量其他信息，这些信息也是宝贵的课程资源，同样对学生起着潜移默化的教育作用，不可忽视。例如，教科书中的图片和数据表格，应该尽可能选用与内容要求相符的最新科技成果，特别要反映我国科技发展的新面貌。用这样的教科书，使学生除了学到科学知识和科学方法外，还能感受到时代的脉搏，保持积极向上的精神状态。

图片中的人物性别和民族角色的呈现，要反映我国男女平等和多民族国家的形象。

科学是全人类文化发展和进步的结晶，在涉及物理学发展史和科学家的事迹时，要注意世界上多种文明对科学发展的贡献，要恰当介绍和评价中华文明的贡献。

(四)突出教科书的特色

高中物理课程是科学领域中的一门学习科目。基于既要保证共同基础又要满足选择性的课程要求，物理学科又设计了若干模块。课程标准按模块对科学内容提出了基本要求，但没有规定内容的具体组织方式和呈现形式。教科书的编者应该在课程标准要求的基础上，参照上述编写建议，突出自己的编写特色。

城市地区和农村地区、经济发达地区和不发达地区，学生的生活经验、视野和学习条件差异很大，编者应该为不同的学生编写不同的教科书。我国地域辽阔，人口众多，社会经济文化发展极不平衡，迫切需要多样化的各具特色的教科书。

四、课程资源利用与开发建议

课程资源包括教科书、教师和学生的教学用书、科技图书、录像带、视听光盘、计算机教学软件、报刊、互联网、图书馆、实验室、专用教室、实践基地，以及校外的博物馆、展览馆、科技馆、公共图书馆、电视节目、工厂、农村、科研院所等。课程资源是决定课程目标能否达成的重要因素之一。充分利用现有的课程资源，因地制宜，多渠道、多方式地开发新的课程资源，是切实提高教学效益、促进课程改革实施的重要途径。

(一)重视教科书等文字课程资源的利用与开发

我国地域辽阔、人口众多、经济社会发展不平衡，应该组织编撰适应不同地区需要、不同特色的多样化的教科书。

倡导不受某一种教科书的束缚，吸收和利用各种有利于学生发展的课程资源。教师应根据本校特点和学生的需求，精选课程资源，充实物理课程的教学内容。组织社会力量编写某些教学材料，并指导选择、利用这些资源。

各种科技图书、科技期刊和报纸是物理课程的重要文字课程资源。学校图书馆应该向全体学生开放，教师应指导学生有效地阅读科技图书、科技期刊和报纸，激发学生热爱科学、探索科学的热情，拓展学生的知识面，促进学生自主地学习。

(二)加快多种媒体课程资源的利用与开发

现代信息技术的迅猛发展和网络技术的广泛应用，为物理课程提供了丰富的课程资源。将信息技术与物理课程整合，既有利于学生学习物理知识和技能，又有利于培养学生收集信息、处理信息、传递信息的能力。

1. 常用课程资源的开发和利用

挂图、幻灯片、投影片、录像带、视听光盘、多媒体软件等都是常用的课程资源，这些资源有利于创设形象生动的物理情景，丰富物理教学的内容，激发学生的学习兴趣，促进学生对知识的理解和掌握。

多媒体计算机已经显示出它在科学教育中的巨大发展潜力。在物理课的学习中，应根据实际内容的需要，选用多种类型的多媒体辅助教学软件，重视传统媒体和计算机多媒体的有效利用，充分发挥它们在物理教学中的功能。

加强课程资源的管理，尽快建立多媒体课程资源的数据库，努力实现跨学校多媒体资源的共享，以提高利用效率。

2. 积极开发和利用网络课程资源

网络技术丰富了课程资源。局域网的构建为物理课程资源的开发和利用提供了机遇。为学生创设基于网络下的自主学习环境，让学生学会独立学习和合作学习；充分利用诸如电子书籍、电子期刊、数据库、数字图书馆、教育网站和电子论坛等网上物理教育信息资源，使教学媒体从单一媒体向多种媒体转变；使教学活动从信息的单向传递向双向交换转变；使学生从单独的学习向合作学习转变。

3. 重视广播和电视课程资源

广播和电视的科技信息是直观和重要的课程资源。倡导教师实时收集这些课程信息，丰富物理教学的内容，例如，航天发射、核电站、纳米技术、环境保护等。鼓励学生课后主动地通过这些渠道丰富自己对教学内容的理解和认识，开阔视野，成为课程资源的建设者。

(三)开发实验室的课程资源

实验是物理课程改革的重要环节，是落实物理课程目标、全面提高学生科学素养的重要途径，也是物理课程改革的重要资源。

1. 建立开放性实验室

观察现象、进行演示和学生实验，能够使学生对物理事实获得具体、明确的认识，这是理解概念和规律的必要基础。观察和实验对培养学生的观察和实验技能，培养实事求是的科学态度，引起学习兴趣，具有不可代替的重要作用。大力加强演示和学生实验：学校和教师应根据课程标准的要求安排足够的学生实验和演示实验；应最大限度地利用实验室现有的器材，力求利用多年闲置的器材开发新的实验；充分地开发和利用实验室的丰富课程资源，尽快改变实验室的封闭式管理状态，实验室应该尽快向学生开放，鼓励学生主动做课外实验。

2. 倡导利用日常器具做实验

实验室的课程资源不仅限于实验室的现有设备，学生身边的物品和器具也是重要的实验室资源。利用日常器具做实验，不但具有简便、直观等优点，而且有利于学生动手，发展学生的实验技能，培养学生的创新意识。

3. 信息技术要进入物理实验室

重视将信息技术应用到物理实验室，加快中学物理实验软件的开发和应用，诸如通过计算机实时测量、处理实验数据，分析实验结果等。

(四)社会课程资源的开发和利用

社会课程资源主要来源于报刊、电视、科技馆、博物馆、公共图书馆，以及工厂、社区、农村、高等院校和科研院所等。为了让所有学生受到良好的科学教育，除了学校教育的主渠道之外，充分开发社会教育资源，逐步建立校内、外课程资源的转化机制，实现课程资源的广泛交流与共享。

互联网可以用于支持师生之间和学生同伴之间的沟通。除了传递教育信息外，可作为认知工具来用。互联网上的科学教学网站与传统的课堂教学相比具有个别化、交互性、信息资源的丰富性和时空不限性，鼓励教师和学生能熟练运用这种新的资源。教师应向学生介绍与科学教育相关的网站。

科技馆、博物馆等场馆集中了许多有用的大、中型科学教育的器材，教师应充分利用这些科技教育资源，有目的地组织学生参观学习，这种感受和体验是课堂教学所不能替代的。

附

《标准》中部分行为动词界定

类型		水平	各水平的含义	所用行为动词
知识技能目标动词	知识	了解	再认或回忆知识；识别、辨认事实或证据；举出例子；描述对象的基本特征	了解、知道、描述、说出、举例说明、列举、表述、识别、比较、简述、对比
		认识	位于“了解”与“理解”之间	认识
		理解	把握内在逻辑联系；与已有知识建立联系；进行解释、推断、区分、扩展；提供证据；收集、整理信息等	说明、解释、估计、理解、分类、计算、分析、判断、区分、阐述
		应用	在新的情境中使用抽象的概念；进行总结、推广；建立不同情境中的合理联系等	评估、使用、验证、运用、掌握
	技能	独立操作	独立完成操作；进行调整或改进；尝试与已有技能建立联系等	测量、测定、操作、会、能、设计、制作
体验性要求的目标动词		经历	从事相关活动，建立感性认识等	观察、经历、体验、感知、学习、调查、探究
		反应	在经历基础上表达感受、态度和价值判断；做出相应反应等	关心、关注、体会、乐于、敢于、勇于、发展、保持
		领悟	具有稳定态度、一致行为和个性化的价值观念等	形成、养成、具有、领略、体会、思考

附录3

中学教师专业标准(试行)

为促进中学教师专业发展，建设高素质中学教师队伍，根据《中华人民共和国教师法》和《中华人民共和国义务教育法》，特制定《中学教师专业标准(试行)》(以下简称《专业标准》)。

中学教师是履行中学教育工作职责的专业人员，需要经过严格的培养与培训，具有良好的职业道德，掌握系统的专业知识和专业技能。《专业标准》是国家对合格中学教师的基本专业要求，是中学教师开展教育教学活动的基本规范，是引领中学教师专业发展的基本准则，是中学教师培养、准入、培训、考核等工作的重要依据。

一、基本理念

(一)学生为本

尊重中学生权益，以中学生为主体，充分调动和发挥中学生的主动性；遵循中学生身心发展特点和教育教学规律，提供适合的教育，促进中学生生动活泼学习、健康快乐成长、全面而有个性的发展。

(二)师德为先

热爱中学教育事业，具有职业理想，践行社会主义核心价值体系，履行教师职业道德规范。关爱中学生，尊重中学生人格，富有爱心、责任心、耐心和细心；为人师表，教书育人，自尊自律，以人格魅力和学识魅力教育感染中学生，做中学生健康成长的指导者和引路人。

(三)能力为重

把学科知识、教育理论与教育实践相结合，突出教书育人实践能力；研究中学生，遵循中学生成长规律，提升教育教学专业化水平；坚持实践、反思、再实践、再反思，不断提高专业能力。

(四)终身学习

学习先进中学教育理论，了解国内外中学教育改革与发展的经验和做法；优化知识结构，提高文化素养；具有终身学习与持续发展的意识和能力，做终身学习的典范。

二、基本内容

见表A3.1。

表 A3.1

维度	领域	基本要求
专业理念与师德	职业理解与认识	1. 贯彻党和国家教育方针政策，遵守教育法律法规。 2. 理解中学教育工作的意义，热爱中学教育事业，具有职业理想和敬业精神。 3. 认同中学教师的专业性和独特性，注重自身专业发展。 4. 具有良好职业道德修养，为人师表。 5. 具有团队合作精神，积极开展协作与交流。
	对学生的态度与行为	6. 关爱中学生，重视中学生身心健康发展，保护中学生生命安全。 7. 尊重中学生独立人格，维护中学生合法权益，平等对待每一个中学生。不讽刺、挖苦、歧视中学生，不体罚或变相体罚中学生。 8. 尊重个体差异，主动了解和满足中学生的不同需要。 9. 信任中学生，积极创造条件，促进中学生的自主发展。
	教育教学的态度与行为	10. 树立育人为本、德育为先的理念，将中学生的知识学习、能力发展与品德养成相结合，重视中学生的全面发展。 11. 尊重教育规律和中学生身心发展规律，为每一个中学生提供适合的教育。 12. 激发中学生的求知欲和好奇心，培养中学生学习兴趣和爱好，营造自由探索、勇于创新的氛围。 13. 引导中学生自主学习、自强自立，培养良好的思维习惯和适应社会的能力。
	个人修养与行为	14. 富有爱心、责任心、耐心和细心。 15. 乐观向上、热情开朗、有亲和力。 16. 善于自我调节情绪，保持平和心态。 17. 勤于学习，不断进取。 18. 衣着整洁得体，语言规范健康，举止文明礼貌。
专业知识	教育知识	19. 掌握中学教育的基本原理和主要方法。 20. 掌握班集体建设与班级管理的策略与方法。 21. 了解中学生身心发展的一般规律与特点。 22. 了解中学生世界观、人生观、价值观形成的过程。 23. 了解中学生思维能力与创新能力发展的过程与特点。 24. 了解中学生群体文化特点与行为方式。
	学科知识	25. 理解所教学科的知识体系、基本思想与方法。 26. 掌握所教学科内容的基本知识、基本原理与技能。 27. 了解所教学科与其他学科的联系。 28. 了解所教学科与社会实践的联系。
	学科教学知识	29. 掌握所教学科课程标准。 30. 掌握所教学科课程资源开发的主要方法与策略。 31. 了解中学生在学习具体学科内容时的认知特点。 32. 掌握针对具体学科内容进行教学的方法与策略。
	通识性知识	33. 具有相应的自然科学和人文社会科学知识。 34. 了解中国教育基本情况。 35. 具有相应的艺术欣赏与表现知识。 36. 具有适应教育内容、教学手段和方法现代化的信息技术知识。

续表

维度	领域	基本要求
专业能力	教学设计	37. 科学设计教学目标和教学计划。 38. 合理利用教学资源和方法设计教学过程。 39. 引导和帮助中学生设计个性化的学习计划。
	教学实施	40. 营造良好的学习环境与氛围，激发与保护中学生的学习兴趣。 41. 通过启发式、探究式、讨论式、参与式等多种方式，有效实施教学。 42. 有效调控教学过程。 43. 引发中学生独立思考和主动探究，发展学生创新能力。 44. 将现代教育技术手段渗透应用到教学中。
	班级管理与教育活动	45. 建立良好的师生关系，帮助中学生建立良好的同伴关系。 46. 注重结合学科教学进行育人活动。 47. 根据中学生世界观、人生观、价值观形成的特点，有针对性地组织开展德育活动。 48. 针对中学生青春期生理和心理发展特点，有针对性地组织开展有益身心健康发展的教育活动。 49. 指导学生理想、心理、学业等多方面发展。 50. 有效管理和开展班级活动。 51. 妥善应对突发事件。
	教育教学评价	52. 利用评价工具，掌握多元评价方法，多视角、全过程评价学生发展。 53. 引导学生进行自我评价。 54. 自我评价教育教学效果，及时调整和改进教育教学工作。
	沟通与合作	55. 了解中学生，平等地与中学生进行沟通交流。 56. 与同事合作交流，分享经验和资源，共同发展。 57. 与家长进行有效沟通合作，共同促进中学生发展。 58. 协助中学与社区建立合作互助的良好关系。
	反思与发展	59. 主动收集分析相关信息，不断进行反思，改进教育教学工作。 60. 针对教育教学工作中的现实需要与问题，进行探索和研究。 61. 制定专业发展规划，不断提高自身专业素质。

三、实施建议

(一)各级教育行政部门要将《专业标准》作为中学教师队伍建设的基本依据。根据中学教育改革发展的需要，充分发挥《专业标准》引领和导向作用，深化教师教育改革，建立教师教育质量保障体系，不断提高中学教师培养培训质量。制定中学教师准入标准，严把中学教师入口关；制定中学教师聘任(聘用)、考核、退出等管理制度，保障教师合法权益，形成科学有效的中学教师队伍管理和督导机制。

(二)开展中学教师教育的院校要将《专业标准》作为中学教师培养培训的主要依据。重视中学教师职业特点，加强中学教育学科和专业建设。完善中学教师培养培训方案，科学设置教师教育课程，改革教育教学方式；重视中学教师职业道德教育，重视社会实践和教育实习；加强从事中学教师教育的师资队伍建设，建立科学的质量评价制度。

(三)中学要将《专业标准》作为教师管理的重要依据。制定中学教师专业发展规划，注重教师职业理想与职业道德教育，增强教师育人的责任感与使命感；开展校本研修，促进教师专业发展；完善教师岗位职责和考核评价制度，健全中学绩效管理机制。中等职业学校参照执行。

(四)中学教师要将《专业标准》作为自身专业发展的基本依据。制定自我专业发展规划，爱岗敬业，增强专业发展自觉性；大胆开展教育教学实践，不断创新；积极进行自我评价，主动参加教师培训和自主研修，逐步提升专业发展水平。